新芸とその時代

昭和のクラシックシーンはいかにして生まれたか

野宮珠里

人文書院

はじめに

一九六〇～八〇年代初頭にソ連やヨーロッパから一流アーティストを続々と招聘し、日本を代表する音楽事務所として一時代を築いた「新芸術家協会」。北海道で「内地」から演奏家を呼んで公演を行っていた地方マネジャーから身を起こした西岡芳和《よしかず》（一九二二～二〇一三）が五五年に東京で創業した会社である。

戦後の復興期から高度成長時代にかけて、クラシック音楽の需要は今では想像できないほど高まりを見せていた。「良い音楽を安く、多くの人に」のスローガンの元、急速に会員数を増やしていた労音（勤労者音楽協議会）などの鑑賞団体の広がりや、公共ホールの急増を背景に、それまで存在した一発屋の「興行師」や「呼び屋」とは違った、「音楽マネジャー」という職業が求められた時代であった。国内外の音楽家を「適正価格」で安定的に供給するミッションを、新芸はある時期まで誠実にこなしていた。

新芸が招聘した演奏家は質・量ともに同時代の他の事務所を圧倒していたことは、巻末の年表を見ればおわかりいただけるだろう。

業界のトップランナーが、なぜ八一年に突如倒産したのか。日本の経済成長を追い風に業績を伸ばしたものの、最大の得意先であったソ連の国家体制の〝揺らぎ〟やオイルショックなどのあおりを受け、次第に負のスパイラルに巻き込まれていく、新芸消長の軌跡を追ったのが本書である。

「なぜ、いま、新芸を?」。たびたび質問を受けたが、取材には理由がある。

音楽高校・大学で学んでいた私は新芸主催のコンサートで、あこがれの音楽家たちの演奏に触れ、感動体験をしている。オンラインでの発券システムが整備される前の時代、プレイガイドに行列せずに人気のコンサートのチケットを確実に手に入れるには、招聘元の音楽事務所の会員になるのが一番だった。会員登録して最初に聴いたのが、七九年に来日したフィッシャー＝ディースカウであり、カラヤン＆ベルリン・フィルの普門館公演であった。

多感な時期の感動は一生ものだ。特に普門館で聴いたヴェルディのレクイエムでは、大人数のオケの圧倒的な迫力とピアニシモの透き通った響き、巨大な空間を突き抜けて響いたフレーニの第一声の輝きは今も脳裏に焼き付いている。まさに異次元の体験だった。

そんな機会を与えてくれた音楽事務所が、八一年夏に突如倒産する。新聞の社会面でも大きく報じられ、原因は社長の個人的な投機の失敗とされたが、どうにも腑に落ちなかった。あれほど素晴らしい演奏会を手がけていた事務所がなぜ、赤字を抱えて倒産しなければならなかったのか。ある意味素朴な疑問が心の中から消えなかった。

倒産から二〇年後の二〇〇一年、思いがけないチャンスが訪れた。知人の紹介で、西岡に直接話を聴く機会を与えられたのだ。西岡は赤坂の雑居ビルの一室で、マネジメント業を細々と続けていた。差し出された名刺には、「株式会社新協」「株式会社ニューアーティスツ」と記され、西岡の名前は「芳和」ではなく「督起《よしかず》」と書かれていた。

かつてのカリスママネジャーも齢七八歳を過ぎ、時々鋭い眼光を発することはあったが、落ち着いた普通の老紳士だった。煙草をひっきりなしに吸いながら、かすかに北海道なまりのある語り口で、新芸創業前の北海道時代からの思い出話を、数回にわたって聞かせてくれた。その時のメモが、今回の取材の入り口となっている。

社員わずか三〇人ほどの会社が、世界の一流アーティストを次々に招聘し、日本のクラシック界を牽引していた時代からすでに半世紀が過ぎ、音楽をめぐる環境は、演奏、聴衆、マネジメント、すべてが様変わりした。今や新芸の軌跡も時の流れと共に風化しつつある。関係者は高齢となり、西岡をはじめ亡くなった人達も少なくない。そんな中で、元社員や所属アーティスト、通訳や舞台監督などへの取材や、ジグソーパズルのピースを一つずつ拾い集めるような資料調査を重ねるうちに、新芸の仕事の全体像が浮かび上がってきた。

新芸の足跡を追う取材は、戦後の日本でクラシックの演奏会がどのように行われ、また受容されたか、その歴史を俯瞰する作業でもあった。

これから記す物語は、昭和の音楽界を支えた人々へ、そして遠ざかりゆく昭和という時代へのささやかなオマージュである。クラシック音楽をめぐる当時の熱気や高揚感を読者と共有できれば幸いである。

＊西岡の本名は「芳和《よしかず》」であったが、仕事上で「禧一」と名乗ることもあった。その後一九九五年に「督起《よしかず》」と戸籍上も改名している。

もくじ

はじめに　3

一章　萌芽――北海道時代　15

1　幾春別――創業者・西岡の誕生　15

近代炭鉱発祥の地

2　北海道帝国大入学　18

療養中に音楽鑑賞／北大オケに入団／戦時下の演奏活動／消えたクラーク像／オケを支えた「副業」／井口基成の「酒」

3　内地からの「呼び屋」始動　26

「みんな音楽に飢えていた」／鑑賞団体設立／国鉄のパス活用／音楽学生の思い出

4　北海道初の「第九」公演　31

「四天王」をソリストに／中山悌一が後押し／オケの交代／超満員の聴衆／残された大赤字

二章　上京　36

1　新生「二期会」事務所からのスタート　36

あわや事務局長に／友人河内を推す／結成披露演奏会／封印されたオペラ／「オルフェウス」の波紋／戦後に「オペラ研究部」／「ボエーム」で旗揚げ／「プリモ・ダンナ」の反応／藤原歌劇団の北海道公演／哀れを誘った三毛ネコ

2　オペラ「夕鶴」をめぐって　49

演劇の付帯音楽が発端／女性演出家の草分け／演出助手が見た二期会・藤原／初演――宇野重吉の涙／千田是也の「ローゼン」

3　聴けなかったカラヤン　55

地方マネジャーの悲哀／カラヤンを指揮？

三章　覚醒　59

1　東京で本格始動　59

戦後のバレエブーム／「白鳥の湖」初演余話／バレリーナとの結婚

2　「新芸術家協会」誕生　63

社員第一号／第二回「三人の会」／「ひそむ安易さ」／巨大プログラムが話題／大物演奏家来日の陰で／あわてて「立ち席」用意／砂原美智子の北海道公演／エルマンの興行／ヤミドルで逮捕者も／新芸一期生――女性マネジャーの草分け／新事務所でダークダックス／ヒュッシュに涙する若者

四章　雌伏——76

1　労音誕生　76
会員六五万人／大阪労音の誕生／東京労音は四年後／もう一人の社員一期生／入場税足かせに／シュトラウス、豊島園でコンサート／「ワルツの父」の曽孫／後楽園でもコンサート／第一次倒産

2　オペラ「夕鶴」制作　83
新芸の初仕事か／映画館や小学校でも／つう役・大谷冽子／二分する評価／北海道公演の感動／西岡の手紙／新人演出家抜擢／なぐり一本かばんに入れて／オケ伴奏が必須／マニラの雪／つう役二五年——伊藤京子／人間と違う表情を／転機を経て／伊藤最後の「夕鶴」

3　起死回生のシャンソン　97
空前のブーム／イヴェット・ジロー初来日／再来日で興行

4　N響への接近　100
架空の会場申し込み／N響弦楽四重奏団、ベッシュ／有馬大五郎と出会う／ロイブナー——歩く「ヘ長調」／夫人の伴奏は外山雄三／「西岡さんは親分肌」／若手演奏家を育てる

五章　飛躍——112

1　ヨーロッパへ　112
ウィーンで「修業」／二人の「有力者」——田中路子とタウプマン／N響・若手音楽家海外へ／五九年にチェコの音楽家招聘？／ウィーン・コンツェルトハウス弦楽四重奏団招聘／室内

楽ブームに乗って／続いてバドゥラ＝スコダ／魅力の源は「なまり」／オーストリア政府から勲章

2　シュヴァルツコップ来日まで　123
予定より三年遅れて／来日キャンセルで訴訟／デムスが仲介役に／一七秒の沈黙／自己批判の厳しさ

3　ウィーン・フィル招聘　127
「キーマン」来日／初招聘――アッバードに辛口評価／ベーム旋風再び／ベーム最後の日本公演／「すべてがファーストクラス」

4　カラヤン＆ベルリン・フィル普門館公演　134
念願の大イベント／ウィーン楽友協会の「恩義」／「聖地」での開催へ／ワセオケでテスト／七九年の演奏曲目／カラヤン流危機管理術／日本製電子オルガンを使用／「もっと鳴らせ！」／「ベルリン・フィルの一員になった」楽器／デジタル録音による初の全国放送／トラたちの回想①「フルパワーの音」／トラたちの回想②「立ち上がった音の壁」／トラたちの回想③「ミラクルな体験」／台風二〇号襲来／チケット完売せず／高額な入場料金への批判／「次はもうけさせてやる」

5　〝新人〟ポリーニ　157
「名前が出ていない」／ショパンエチュードの衝撃／放送権料が一〇倍に

6　幻のホロヴィッツ招聘　160
「来日確実」の報道／神話のはじまり／生演奏に接して／西岡の結論

六章　蜜月――――165

1　大阪万博まで　165

ソ連への接近／赤い呼び屋／まずは東欧圏／労音のソ連ものに関与／在日ソ連大使館の記録／ソ連側の評価／ポストＡＦＡ

2　国家の威信を懸けて――ボリショイ・オペラ来日　170

大阪万博に総勢四〇〇人／大きな「忘れ物」／社員を増強／舞台裏の攻防／譲らぬ「リアリズム」／クライマックスでの珍事／大引っ越し公演の「お値段」／水面下のつばぜり合い

3　ムラヴィンスキー初来日まで　182

三度目の正直／リヒテルの「代役」／七〇年来日中止の真相／フルツェワの戦略／七九年来日中止の亡命事件／ＫＧＢ登場／突然のオケ交代

4　幻のピアニスト、リヒテル　192

「争奪戦」の構図／「プラハの春」余波／異例の決着／「あなたのヤマハを弾く」／ミケランジェリに認められ／生涯ヤマハを愛した巨匠／日本に魅せられて／リヒテルの出演料／七四年の来日／「赤ちゃんのような人」／指切りげんまんと「イナリ」／長期出国申請の噂

5　功労者たち　207

北朝鮮からソ連への亡命者／許の経歴／著書出版の顚末／「この本はバイブル」／もう一人の功労者

6　三大バレエ招聘　215
全国を巡演／自炊する団員たち／来日公演を彩ったスターたち

七章　日本人の音楽家支援と音楽祭　218

1　柳川守　218
才能を見いだされた高校生／戦後の来日演奏家第一号／留学後の試練／カラヤンと共演／理想の師、そしてコンクール／一五年ぶりの帰国
2　賀集裕子　223
エリザベート・コンクール入賞／土壇場での強さ／海外コンクール進出の黎明期／「ずば抜けた技巧」／理想の音を求めて
3　海野義雄　228
岩城宏之と新芸専属に／突然のソ連デビュー／ソ連での「偉大な成功」／一〇大協奏曲の夕べ
4　大橋国一　232
ヨーロッパの第一線で活躍／「ウィーン」という共通項／後輩をバックアップ／病気で断たれたキャリア
5　音楽祭開催　236
財団を設立／東京音楽芸術祭開幕／新たな試み／ロシア＝ソビエト音楽祭／論評されぬ第二回

八章　王者の落日 243
1　相次ぐトラブル 243
人民芸術家の亡命／揺れるボリショイ・バレエ／モスクワ五輪ボイコットの余波
2　終焉へ 247
オペラは鬼門か／一流主義を貫いて／恩人の死／「バッハの伝道師」急逝／スターンとの友情／ムラヴィンスキー&レン・フィル直前のキャンセル／火の車の経営／来日中止の真相／一本の電話
3　残映 258
「敗戦処理」／ゲルブとの対決／負のスパイラル／アーティストたちとの友情
おわりに——新芸とは何だったか 263
ビジネスモデルを確立／日本人の耳を作った／感動は消えない
参考文献 267
新芸が招聘または演奏会をマネジメントした外国人演奏家（1959〜1981） 272
あとがき 294

新芸とその時代　昭和のクラシックシーンはいかにして生まれたか

一章　萌芽——北海道時代

創業者の西岡が音楽マネジャーとしてのノウハウを身につけた場所は、生まれ故郷の北海道である。北海道大の学生オーケストラのマネジャー時代、卒業後に設立に加わった音楽鑑賞団体での活躍ぶりを、関係者の証言などからたどっていきたい。

旧幾春別炭鉱錦立坑櫓。櫓の上部には北炭の赤い星のマークが残る。2016年（著者撮影）

1　幾春別——創業者・西岡の誕生

近代炭鉱発祥の地

北海道のＪＲ札幌駅から函館線の快速電車で岩見沢まで約四〇分、さらにバスに乗り継ぎ約五〇分で三笠市幾春別《いくしゅんべつ》町（旧・三笠山村）に着く。三笠市は北海道の近代炭鉱発祥の地で、日本の近代化を支えた場所である。西岡が生まれた幾春別付近にも幾春別、奔別《ほんべつ》といった炭鉱があった。

新芸術家協会の創業者、西岡芳和は一九二二（大正一一）年九月二

五日、西岡芳太郎・房夫妻の長男としてこの地に生まれた。芳和の長男、昌紀によると、芳太郎の家系は元々佐賀県、房の方は福島県がルーツだという。

幾春別という美しい地名の語源はアイヌ語だ。昔、幌向《ほろむい》（現岩見沢市）に住んでいたアイヌたちがこの地域一帯を「イ・クシ・ウン・ペッ」（それの彼方にある川、の意味）と呼んでいたらしい。明治期に開拓者が入り、当初は「郁春別」の文字があてられていたが、一八八九（明治二二）年に幌内村から独立、村が発足する際に「幾春別」と改められた。

父・芳太郎について、西岡は「空知《そらち》郡の小学校の教員で転々としていた。最後は田舎の小さな小学校の校長をして、定年後は室蘭の日鉄の教習所で教えていた」と語っている。

西岡が生まれた町の空気に触れたくなり、私が幾春別を訪れたのは二〇一六年の九月上旬だった。小雨の降る天候のせいもあってか、町に人影はまばらだった。炭鉱で栄え、映画館や百貨店、飲食店が建ち並ぶ繁華街があったという往時の面影はない。アンモナイトのコレクションで知られる市立博物館で聞いたところ、一九四七（昭和二二）年の大火で、古い建物の多くは焼けてしまったという。

だが、町のシンボルであった炭鉱の遺構は今も残っていた。旧幾春別炭鉱錦立坑櫓《にしきたてこうやぐら》は、かつての森林鉄道の線路跡を利用して整備された市立博物館周辺の散策路沿いにある。北海道に現存する最古の立坑櫓で二〇（大正九）年に完成したという。櫓の高さは約一〇メートル、地下約二一五メートルの深さがある。

もう一つは街を見下ろすように建つ旧奔別炭鉱（一九〇〇年開鉱）の立坑櫓（三笠市奔別町）。六〇（昭和三五）年に操業を開始。高さ約五一メートル、立て坑内径約六・四メートル、深さ約七三五メートルで、当時は東洋一の立坑といわれた。

「兵どもが夢の跡」といった風情の遺構から、かつての「ヤマ」のにぎわいを想像しつつ、偶然立ち寄った市立図書館で、父・芳太郎の名前が記された資料を見つけた。三笠市立幾春別小学校の開校七〇周年、八〇周年の記念誌である。この二冊から、芳太郎は一九二二（大正一一）年、すなわち芳和が生まれた年に幾春別小に赴任、理科や手工（工作）を教えていたことがわかった。

幾春別小は一八九〇（明治二三）年、当時幾春別炭鉱を経営していた「北海道炭礦《たんこう》鉄道株式会社」（北炭）によって設立された私立小学校がはじまりだ。一九〇二（明治三五）年に北炭が村に学校を寄付し公立となった。第一次世界大戦（一九一四〜一八年）を契機に日本の工業はめざましい発達をとげ、エネルギーの主力であった石炭が増産されると、幾春別の人口も急増。大戦後には一転、不況に見舞われ炭鉱労働者の大量解雇もあったが、近くの弥生炭鉱が生産を拡大したため、幾春別小の子どもの数は増加を続けた。二六（大正一五）年には児童数は一九〇七人、三〇学級で、一学級六〇人超の「すし詰め状態」だったという。西岡が生まれたのは、そんな激動の時代だった。

アカダモ（ハルニレ）の木。高さ24メートル、幹の周りは5.5メートルある大木。明治時代にはすでにあったようで、移住者がこの木を目印に幾春別に来たという。幾春別の激動の歴史を静かに見守り続ける（著者撮影）

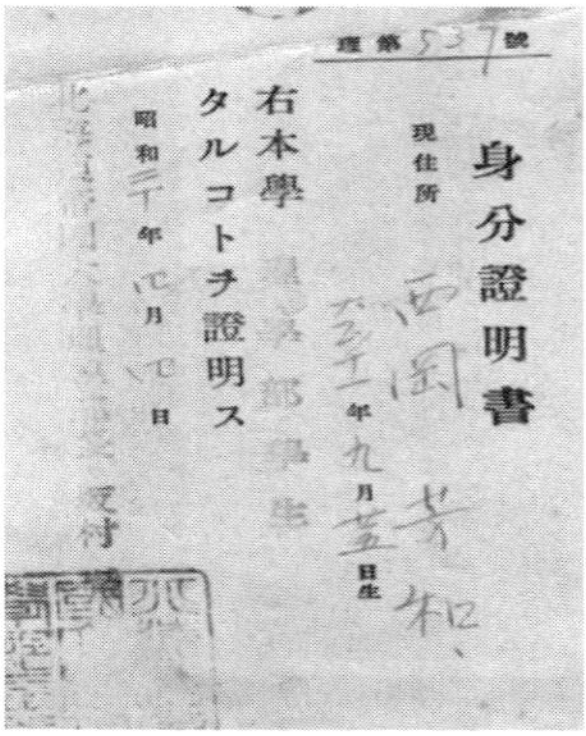

北海道帝国大の学生証（西岡昌紀提供）

2　北海道帝国大入学

療養中に音楽鑑賞

西岡が何歳まで幾春別で暮らしたかははっきりしない。その後岩見沢中学校（現北海道岩見沢東高校）に入学し、父親の転勤にともない室蘭中学校（現北海道室蘭栄高校）に転校したという。

一九四一（昭和一六）年に北海道帝国大（現北海道大）に入学。四八（昭和二三）年に理学部を卒業している。

予科一年の時に下宿生活を始めると健康管理ができなくなり、岩見沢中時代にかかった胸膜の病気が再発した。安静にしていなければならず、もっぱら音楽喫茶へ出かけてレコードを聴く日々が続いた。「当時は音楽喫茶がはやっていてね。トスカニーニ、ワルター、フルトヴェングラーのレコードが印象に残っているね。歌はヒュッシュかな」。中学時代にもギターやマンドリンを弾いていたが、クラシック音楽に急接近するのは、この頃からだった。

北大オケに入団

入学後、時期は不明だが、西岡は北大交響楽団に入団している。西岡家に保存されているアルバムには、昭和一七、一八年度と記された演奏会の写真があった。西岡は最初チェロを弾いていたが、次第にマネジャーとして天賦の才を発揮する。

　その頃、北大交響楽団は大きな節目を迎えていた。同団は北海道初の本格的なオーケストラで、『北海道大学交響楽団五〇年史』（七一年発行）によると、二一（大正一〇）年に、農学部の学生らが組織した「札幌シンフォニー・オーケストラ」が始まりだ。医学部の学生も参加したが、医学部と農学部の気風が合わず、脱退した医学部生を中心に「文武会音楽部管弦楽部」が組織された。以後、一つの大学の中で二つの楽団が競い合う状態が続く。だが、戦時色が強まる中、学内のサークル活動に制限や整理統合が強いられるようになり、四一（昭和一六）年に二団体は合併。「北海道帝国大学報国会全学会文化部洋楽班管弦楽団」といういかめしい名前の楽団が誕生した（以下「報国会」）。

　報国会の最初の定期演奏会は四一年一二月六日に札幌市公会堂で行われた。プログラムはベートーヴェンの交響曲第一番ハ長調▽ヨハン・クリスチャン・バッハの小交響曲ニ長調作品一八の四▽モーツァルトのドイツ舞曲ニ長調K五〇九▽シューベルトの交響曲第七（八）番ロ短調「未完成」。

　指揮をした管孝男はこう回想している。

　「シューベルトの未完成交響楽が演奏さ

チェロを弾く西岡（西岡昌紀提供）

大学の研究室での西岡（西岡昌紀提供）

れたが、そのすさまじい迫力は忘れ難いものになっている。いま忘れもしないと述べたばかりであるが、この気迫が未だ覚めやらぬうちに『米英と戦闘状態に入れり』という大本営発表をラジオの臨時ニュースで知り、やがて対米英宣戦に突入したからである。（中略）この無茶な宣告には背すじのよだつ思いであったことを覚えている」（『北大理学部五〇年史』）

管は当時理学部に勤務、西岡を北大交響楽団に誘ったのも管だったらしい。その後東大教授や帝京大薬学部長を歴任。宇宙開発事業団スペースシャトル利用委員会ライフサイエンス分科会長といった要職も務めている。

戦時下の演奏活動

四一年一二月八日の太平洋戦争開戦後、報国会は「出陣学徒壮行音楽会」や「戦意昂揚演奏会」なども行いながら活動を続行。終戦前は四四年一二月一〇日まで演奏会の記録があるが、実際は四五年にも「公式の記録に残らない」演奏は続いたらしい。四一年に予科医類に入学した相沢幹は北大交響楽団五〇年史に当時の様子を記している。

「……演奏会の冒頭に洋楽班全員で、あるいは全聴衆ともども『海行かば』を奏し歌うのが一つの形式のようになったのである。（中略）昭和一九年から二〇年へと敗戦が日一日と本土にまで迫ろうとしている時、空襲にそなえての夏の燈火管制下では、暗幕で密閉した練習室はまさにむし風呂であり、石炭その他の燃料が底をついた真冬の練習室では弦楽器奏者も管楽器奏者も、文字通り手がこごえてしまうのであった。（中略）セロのA線に琴の糸を使ったり、管楽器の破損は応急の手細工で済ませざるを得ない状態が終戦後も暫《しばら》く続くのであった。東京の大空襲、沖縄の戦場化と共にいよいよ北大内の研究、教育もギリギリ瀕死の様相と化した。しかし空腹をかかえながらも練習だけは続けられた。軍需工場に出かけて徴用された婦女子、勤労学徒のためにささやかな音楽会をもった事も、公式の記録に残らないひとこまであった。そして八月一五日の終戦を迎えたのである」（一部抜粋）。相沢はその後、北大医学部長を務めている。

当時の思い出を西岡自身はこう語っている。

「当時、北大のオーケストラには相沢、管といった人たちがいて、このオーケストラにはそれまで培った基礎があるから、絶対つぶしてはいけないと話したものだ。僕はチェロを弾いていたけれど、体が弱く、その後マネジャーに転向した。軍の圧力は北大では弱かったが、最後のころは『ゲートルぐらい巻いて音楽会をやってくれ』といわれた。それでもゲートルを巻いたのは二人ぐらいで、みんなに聞いたら『ない』という（笑い）。要するにみんな軍に反発していて、将校なんかばかにしていた。僕も軍事教練は全然出なかった。そのうちに人数が合わないことに将校が気づいて調べられたが、僕は病気だということになって。病気なら見学しないといけないけれど、それも全然出ずに最後まで通しちゃった（笑い）」。

昭和17年度春季予科演奏会（西岡昌紀提供）

消えたクラーク像

西岡の学生時代のアルバムに、母校・北海道大学のシンボルであるクラーク像の写真がおさめられている。「少年よ、大志を抱け」の

西岡のアルバムにあったクラーク像の写真（撮影時期不明）

言葉で知られるウィリアム・スミス・クラーク（一八二六〜八六）は、米国の科学者、教育者で六七年にマサチューセッツ農科大学長に就任。日本政府の招きで七六年に来日し、北大の前身である札幌農学校の初代教頭を務めた。

　現在北大キャンパスにあるクラーク像は、戦後に再建されたものだ。「初代」の像は、クラークの生誕百年を記念して作られ一九二六（大正一五）年に除幕式が行われているが、戦時中の金属回収令によって、四三年に「献納」された。実はこの時、北大の歴史に残る珍事が起こった。献納式は六月二五日に行われたが、式の後に中央講堂に安置されていた像が、一時行方不明になったのだ（『北海道大学百年史　部局史』）。「予科理類二年の有志これを隠さんとする」（『部局史』年表）との記述がある。西岡が長男・昌紀に「クラーク博士の銅像を学友と共に隠して供出されるのを防いだ」と語った内容と符合するが、最終的には、夜間に数人で運び出したものの、隠しきれずに元の台座に戻したようだ。「そうとは知らず出校してきた者たちは、元のままの胸像を見て、よくできた代用品かと思ったのであった」（『部局史』）。結局供出を免れなかったクラーク像だが、四六年に学友会が再建を企てて資金を集め、四八年一〇月八日に除幕式が行われている。

　ところで、普段の西岡の学生生活はどのようなものであったのだろうか。西岡が学んだ理学部が北大に設置されたのは三〇（昭和五）年。西岡が北大に入学した当時の理学部には、雪の研究で知られる中谷宇吉郎や、後に東大学長となる茅誠司など第一線の研究者が教授陣に名を連ね、「昭和初期から戦時

北大卒業のころの西岡（西岡昌紀提供）

下にいたるわが国の基礎学問の発達を北大理学部が一手に引き受けたといっても決して過言ではない」（『北大理学部五〇年史』管孝男の回顧）状況だった。

西岡は理学部で無機化学を専攻したが、学業に励むというよりは、その専門知識を生かして、もっぱら「商売」に精を出していたらしい。生前の西岡に取材した元北海道新聞記者、前川公美夫の著書『北海道音楽史』では、当時のおもしろいエピソードが紹介されている。当時の西岡は、学校の実験材料のエチルアルコールで合成ウイスキーを作ったり、カセイソーダで石けんを作ったりしていた。特に「ストーブの上で油とカセイソーダをまぜればできる」石けんは、荒物屋に卸すと結構売れたらしい。

オケを支えた「副業」

西岡のみならず、多くの学生が学業より食糧の確保や、生計を立てるためのアルバイトにいそしんだ。北大の学内には進駐軍が入り、中央講堂なども接収され、西岡が所属した北大交響楽団の活動も、練習場を求めて「放浪」する日々が続く。それでも四五年一二月九日には管孝男と相沢幹の指揮で、大学病院内の大講堂を使って戦後初の演奏会を開いている。当時の西岡の動向については貴重な証言が残されている。北大交響楽団はこの頃、「東京から札幌を訪れる音楽家の演奏会の下請けを手伝うようになり特に、後年『新芸術家協会』を設立した西岡氏は当時の学生時代からマネージメントに抜きんでた才能を発揮した」（『北海道大学交響楽団五〇年史』相沢幹の回想）。

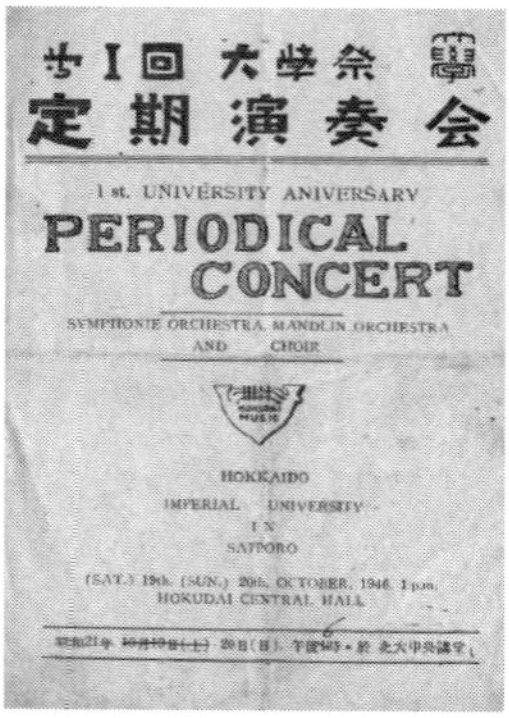

北大交響楽団が1946年の第1回大学祭で演奏した時のプログラム（著者蔵）

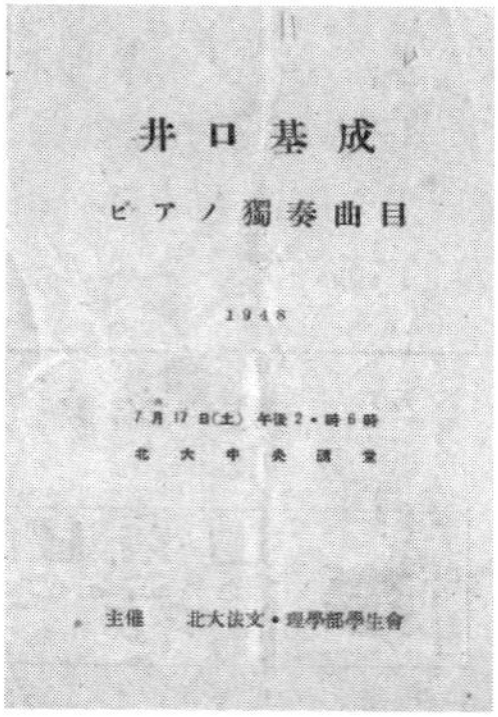

1948年に北大中央講堂で行われた井口基成の演奏会のプログラム（著者蔵）

演奏会を開いて得た収益は楽団の活動費のみならず、四七年に焼失した理学部工場の復興、法文学部の設置、医学部創立二五周年記念行事などの資金にあてられていたようだ。また、西岡の誘いで楽団の一員となった高木明夫の回想でも「天分とも言うべき才能を発揮して北大オーケストラの資金面を救った」西岡について詳しく記している。

「昭和二二、二三年頃は最も窮乏の時代で、何とかこの時期を切り抜けて演奏会を開こうと、前記西岡氏が東京から当時のソリスト、プリマドンナ等をよんで、リサイタルのあがりを蓄えて演奏会の資金としたものでした。その頃来札したのは、辻久子、大谷洌子《きよこ》、諏訪光世、高木東六等の人々でした。部員は夫々《それぞれ》に切符を売り捌《さば》き中央講堂を会場として只管《ひたすら》金かせぎに没頭しました」。

井口基成の「酒」

北海道に呼んだ演奏家の中には、ピアニストで東京音楽学校（現東京芸術大学）教授や桐朋学園大学の初代学長を務めた井口基成（一九〇八～八三）のような「大家」もいた。西岡は「井口さんは酒が大好きで、毎晩ウイスキー一本空けるので調達に苦労した」と語っていたが、実は井口も自伝で西岡について詳しく記している。

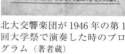

「北海道へは昭和二一年から七年間ぐらい毎月（著者注・毎年の誤りか）のように行き、演奏会を開いた。初めの北海道行きの頃土地のマネージャーをやってくれたのが、まだ北海道大学の学生であった西岡芳和君（禧一）であった。その一回で止めると思ったら引き続いて毎年のようにぼくを呼んで音楽会を開いた。（中略）この頃から酒の量はぐんぐん上がっていって（中略）特に冬場の北海道では寒さも厳しく飲まないといられないくらいだから、酒が切れたら困るわけだ。だから所定の駅に着くと西岡君はさっと消えて、町中駈けめぐってウィスキーを探してくれたりした。戦後すぐの頃はウィスキーなどはまだ酒屋に十分出回っていなかったので随分苦労したことだと思う。（中略）彼は若い時から非常な仕事熱心でよく気が廻り、企画力も優れていたし、恩義に厚くそうした性格だからバックアップする人が出て来て今日の大をなしたものと思う」（井口基成『わがピアノ、わが人生――音楽回想』）。

井口をめぐっては、西岡から聞いた後日談もある。「僕が東京へ出てきてから、井口さんが行きつけの銀座のバーに置いていたウイスキーを、河内と二人で少しずつ飲んでいるうちに空っぽになっちゃった（笑う）」。一緒に飲んでいた河内というのは、その後二期会の事務局長として手腕を発揮した西岡の友人の河内正三だ。酒が結ぶ縁だろうか、後に新芸は井口のマネジメントを引き受けている。

北海道時代のアルバムにあった写真。西岡の後ろに、のぼり旗かポスターのようなものが見え「岡養一木琴」や「ピヤノ伴奏　兼」といった文字が確認できる。西岡が北海道に招聘した木琴の平岡養一の演奏会開催時の写真だろうか。伴奏者は平岡の当時の共演者の一人、兼松信子と推測される（西岡昌紀提供）

3　内地からの「呼び屋」始動

「みんな音楽に飢えていた」

西岡は一九四八（昭和二三）年に北大理学部を卒業後、法文学部経済学科に学士入学したが「一日行ってつまらなかったので」退学したらしい。卒業後は、北大オケのマネジャーとして得たノウハウや人脈を生かし、北海道の「呼び屋」として仕事を始めている。しかし、当時は終戦後の食うや食わずの時代、一般の人々に音楽会に行く余裕などあったのだろうか。私の疑問に西岡は「みんな音楽に飢えていた。何をやっても（会場は）いっぱいになった」と答えている。

一方で、音楽家の側も演奏する場を求めていた実態があった。

「（昭和）二一年になって演奏会場の不足その他により制約されていた中央楽壇人は地方市に進出することによって新天地を開拓しようと試み、また地方でも中央楽壇人の演奏に接触する機会を渇望するようになり、二一年九月の北海道新聞社主催による近衛秀麿、巌本真理のピアノと提琴（ヴァイオリン）演奏会をトップに辻久子、諏訪光代（光世）、斎田愛子、尾高尚忠、奥田良三、四家文子などつぎつぎに中央楽壇人の来道を見、道内主要都市で演奏会を開催、本道楽界に多大の示唆と刺激を與《あた》えた」（『北海道年鑑』四七年版）。

鑑賞団体設立

戦後、労働組合などの団体が職場に次々に結成され、生活向上の一環として文化活動も積極的に行われるようになった。こうした時代の要請を受け、「道楽か本職かわからないままにやっていた」マネジャー業が、西岡の生業となった。といっても個人で音楽事務所を始めたわけではなく、自らが中心となって札幌に音楽鑑賞団体を設立。演奏家を北海道へ呼び、道内各所の鑑賞団体に「提供する」システムを作り上げたのだ。いわば北海道の「呼び屋」であり、演奏家の「問屋」であった。五〇年版の北海道年鑑には「北海道芸術鑑賞協会設立」という項目があり、次のように記されている。

「二四年二月札幌において全道各地の音楽関係同好者が集まり新しく発足をみたもので、会員制により東京よりの優秀芸能人を安く、しかも理想的な雰囲気において鑑賞する機会を作った。事務所・札幌北二西四　本多ビル（中略）事務局長　西岡芳和　参加団体は札幌芸術鑑賞協会（札幌芸協）、室蘭音楽協会、滝川音楽協会、旭川勤労文化協会」。

北海道芸協の参加団体である札幌芸協は西岡が北大を卒業した四八年、つまり北海道芸協発足の前年に設立されたようで、その後事務所が同じ住所となることなどから、実態としては北海道芸協＝札幌芸協だったと考えられる。西岡本人の話、北海道年鑑や『北海道音楽史』の記事などを総合すると、西岡が活動の拠点を完全に東京に移す五五年までに芸協が北海道に招いたとみられる主な演奏家・団体は次のような人々である（順不同）。

近衛秀麿、巌本真理、諏訪根自子、諏訪光世、辻久子、東京室内楽協会（江藤俊哉、渡辺暁雄、森正、松浦君代、斎藤秀雄、武内智子、河野俊達、伊達純）、斎

1950年に芸協が行ったピアニストのレオニード・クロイツァーの演奏会プログラム。日付の部分が欠損（著者蔵）

田愛子、藤原義江、砂原美智子、浅野千鶴子、野辺地瓜丸、梶原完、田村宏、三宅春恵、中山悌一、柴田睦陸、川崎静子、三宅洋一郎、井口基成、平岡養一、原智恵子、井上頼豊、鈴木共子、宅孝二、田中園子、谷桃子バレエ団、貝谷八百子バレエ団、レオニード・クロイツァー、ゲルハルト・ヒュッシュ、藤原義江歌劇団、東京（東宝）交響楽団、東京フィルハーモニー交響楽団

日本の楽壇を支えた実力者の名前がずらりと並ぶが、北海道の「呼び屋」として培った人脈は、上京後の西岡の活動にも大いに役立ったはずだ。

国鉄のパス活用

ところで、芸協の演奏会の後援や主催に「札幌鉄道管理局」の名がしばしば見える。西岡によれば「国鉄の鉄道慰安会をやると、東京から札幌までの無料パスがもらえた。北陸も含めて二等パスが使い放題で、ずいぶん活用させてもらった」という。これは西岡本人だけでなく出演者にもメリットがあった。

「（前略）国鉄の従業員慰安を兼ねて催しを開けば、一行の東京からの汽車賃が全部ただになった。メンバーは三等、幹部何人かは二等があたった。北海道に来れば食糧もあるから、東京の音楽家たちは喜んで来た。何回かの公演のうち一回は国鉄従業員と家族の慰安会とし、その分は一行の出演料は無料にしてもらった」（『北海道音楽史』）。

東京のバレエ団や歌劇団が東京からオーケストラを伴って公演できたのも、こうしたルートを活用してのことだったようだ。

西岡とほぼ同世代のピアニストで、東京芸術大教授、同大音楽学部附属音楽高校校長などを務めた田

村宏（一九二三～二〇一一）は、五〇年前後の冬の北海道の思い出として次のように記している。

「（前略）ある日、のちの音楽事務所、新芸術家協会の創設者で、当時はまだ札幌で活躍していた西岡芳和氏からの突然の電話があった。一週間後に札幌で井口基成氏のリサイタルを開催する予定となっていたところ、当のソリストが急性肺炎を患って出演不可となったので代わりを務めてほしいという依頼である。二十代の私にとっては肝を冷やすような話で、いくら西岡氏の頼みでもこればかりは、と初めは断ったが、彼の困りきった様子に無下にも断りかね、腹をくくって引き受けることになってしまった。（中略）場所が雪の降り積もった冬の札幌で、本番の前日、千歳空港から札幌までのバスの道中が、降雪のため三時間近くもかかったことだけは覚えている。（中略）出来映えはどうであったかは怪しい。ただ、雲の上の存在である大先輩、井口基成氏の代役を務めさせていただいたということが、私のささやかな誇りである」（『ある長老ピアニストのひとりごと』）。

音楽学生の思い出

二〇一六年、北海道芸協時代の西岡を直接知る人から話を聴くことができた。北海道で長らく音楽教育に携わってきた谷本美智子である。北大教育学部では五〇年から三年間だけ音楽専攻の学生募集をしたことがあり、谷本は五〇年に入学している。文部省の認可が下りず短命に終わったが、卒業生の中には作曲家として活躍し、京都市立芸術大音楽学部長を務めた廣瀬量平や、バルトークや民族音楽の研究で知られ、北海道教育大学長を務めた谷本一之（美智子の夫）らがいる。

「北大の学生時代、南一条に芸術協会がありました。近くにあった『セコンド』という音楽喫茶に友達と毎日のように通っていて、その帰りによく芸協にも立ち寄ったものです」。スタッフ数人とともに

芸協時代の西岡について語る谷本美智子。2016 年 9 月（著者撮影）

事務所で仕事をしていた西岡とも顔なじみになった。「ずいぶんバイタリティーのある人、という印象でした」。谷本は小樽出身。ある時友人に誘われて札幌で初めて音楽会に行った。「チェリストの井上頼豊先生が最初に札幌で開いた演奏会で、とても感激しました。そうしたら、会場にいた西岡さんが『楽屋に行ってごらん』と、案内してくれたのです。音楽会へ行って楽屋に行くなんて、まして学生で、思いもよらないことでしたが、おそるおそる行ってみました（笑い）。そうしたら井上先生はぺえぺえの私たちにすごく親切に対応してくださった。『あしたは小樽で演奏会があるからよかったら聴きにいらっしゃい』と言われ、友人と二人、翌日は小樽まで出かけました」。井上は五一年六月にバイオリンの鈴木共子、ピアノの宅孝二とともに札幌で演奏会をしており、この時が谷本と井上の最初の出会いであったと思われる。

　その後、北大の旅行で東京を訪れた時に、井上の元を訪ねたり、井上が北海道で演奏会をする時には、自分のピアノ演奏を聴いてもらいアドバイスを受けたりし、長く交流が続いた。「井上先生は雲の上の人でしたが、西岡さんの橋渡しが縁で、交流できたことに感謝しています。井上先生の音楽的なアドバイスは、ピアノのタッチに関することなど、それまで習っていたこととは次元が違って、大きな刺激を受けました」。

　ちなみに谷本が通っていた「セコンド」は、北大生、特に北大オケのメンバーのたまり場で、西岡が北大予科時代に胸膜の病気で療養中、フルトヴェングラーやトスカニーニなどのレコードに親しんだのもこの喫茶店だったかもしれない。

4 北海道初の「第九」公演

「四天王」をソリストに

芸協時代の西岡の節目となった「大仕事」がある。一九五二年二月に行われた、北海道で初めてのベートーヴェンの「第九」演奏は、北海道の音楽史に残る大イベントであった。

一九五二年二月七、八日の両日、札幌松竹座で約三〇〇人の市民合唱団によるベートーヴェンの第九交響曲の演奏会が開かれた。指揮は高田信一、管弦楽は東京フィルハーモニー交響楽団（東フィル）、独唱は三宅春恵（ソプラノ）、川崎静子（アルト）、柴田睦陸（テノール）、中山悌一（バリトン）の四人。当時「四天王」と呼ばれたトップクラスの歌手が顔をそろえた。くしくもこの両日、東京でもNHK交響楽団（N響）がクルト・ウェス指揮で第九の演奏会を開催している。地元紙の『北海タイムス』によると、この四人はN響の出演依頼を断って札幌に来たという（二月一一日付）。

1952年2月7、8日に行われたベートーヴェンの「第九」演奏会のプログラム

札幌公演のプログラムには主催として札幌市、札幌鉄道管理局、札幌中央放送局、札幌芸術協会（芸協）の四者が名を連ねているが、公演を

企画し実質的に主催したのは、西岡を中心とする芸協であった。

中山悌一が後押し

今でこそプロ、アマチュアを問わず全国各地で演奏されている第九だが、当時は地方での演奏はほとんど不可能と思われていたようだ。実際、プログラムに掲載された開催までの経緯を見ると、かなりの紆余曲折があったことがわかる。実現を後押ししたのは、五〇年八月にリサイタルで来道した中山悌一だった。「オーケストラ、ソリストについては中央において、札幌の第九公演について全面的に協力体制にあるということ、コーラスについては、在札各合唱団が合同して真剣に組めば出来るということ、コーラスの指導に関しては、私が出来得る限り協力する、という事であった」（当日の公演プログラム掲載「第九の歩み」）。その後、実現に向けた検討が続けられたが、障害となったのがコスト面であった。「経営的には、厖大《ぼうだい》な練習のための経費を別途考えなければならない数字が出て来た。約四十万円である。関係方面の補助があっても尚かつ三十万は不足である。（中略）一つの素晴らしい音楽運動を進めるためには、どこかでこれを乗り切らねばならない。札幌が、敢然とこれを取り上げることになった」。公務員（上級職）の初任給が当時七六五〇円。四〇万円といえば大金である。五一年四月にこの計画が発表された時も、時期尚早とか無謀とかいった批判が相次いだらしい。同時期に行われた第一回のコーラス代表者会議でも「確信と動揺が入り乱れて」いた。が、公演へ向けて楽譜の作成などの準備が進められ、七月初旬にはコーラスの練習がスタート。一〇月末の公演に向け、九月初旬には独唱者の中山、柴田、彼らの伴奏を務めていた田村宏が札幌を訪れた。

オケの交代

ところがこの頃大きな問題が持ち上がる。出演予定だった日本交響楽団（日響）が同年八月一日にNHK交響楽団と改称。公演プログラムによれば「組織変えの為《ため》来演不能となった」のだ。公演は無期延期となり、コーラスの練習の集まりも減っていった。やっと東フィルの出演が決まるものの、年内の公演は無理と判断。ソリストとの日程調整などを経てようやく翌五二年二月七、八日に公演することが決まり、一月からは指揮者の高田が札幌入りしてコーラスを集中指導し、練習が本格化した。

高田は日響や東フィルの指揮者を務め、作曲家としても活躍。国体の大会歌として親しまれている「若い力」の作曲者でもあるが、六〇年に三九歳の若さで死去している。高田は五六年、雑誌『音楽の友』一二月号に「札幌の街と第九」と題した回想文を寄せている。

「（前略）演奏会の二週間前に私が合唱の練習に行く事になると、参加者も三百人を越えて、ことわるのに骨折る始末で、余り広くもないステージに何人まで合唱団をのせられるかと主催者は真剣な様子でした。（中略）（演奏会は）勿論《もちろん》大成功で、全体の出来栄えは兎《と》も角《かく》、大変な感激をもって終る事が出来ました。合唱団の人達の永い練習の末得た感激は勿論ですが、私にとっても初めて指揮する第九を、この冬の北海道へ二度まで足を運んで演奏した事は、何よりも深い感激でした。演奏会終了後、合唱団の有志と、ストーブを囲んでいつまでも『第九』の感激を語り合い、共に喜び

三百人の大合唱
〝第九交響曲〟演奏会

公演の模様を報じた北海道新聞の記事（1952年2月8日付社会面）

あった思い出は今も忘れることが出来ません（後略）」。

超満員の聴衆

公演の様子は直後の二月八日、地元紙の社会面に写真付きで報じられている。北海タイムスは「重厚、感銘深い演奏『第九交響曲』の完全公演」の見出しで「超満員の聴衆を集めて催された。（中略）本道音楽史に大きな足跡を印すものであった」などと報じている。北海道新聞も「札幌の音楽愛好者が始めて中央楽団と演奏できたよろこびを胸に、力一ぱいに唱いつづける姿は聴衆に多大な感銘をあたえた」としている。さらに、後日の文化面にも関連の記事が見られる。指揮者の高田は、合唱が「地方として最高のものだった」と称賛し「岡山でやった第九が札幌に比較できると思う」と評している（『北海タイムス』五二年二月一一日付）。

また、北大交響楽団ＯＢで北大医学部教授の武田勝男も当日の様子を興奮気味に記している。「終楽章の低音楽器の主題がくり返されているうちに素晴らしい中山のバリトンが始り突如として三百人の大合唱が栄光への賛歌をかなで出した。（中略）力強い大合唱は管弦楽と響き合って入れ代り立ちかわり交り合って天上の歓喜を頌《うた》い会場にあふれる聴衆の心をはげしくゆさぶり、余韻は月の高い北の国の寒空に遠く高くこだまして行った――嵐のようなアンコールの中に忘然とわれを忘れて思わず涙の流れる感激にひたらざるをえなかったのである（後略）」（『北海道新聞』五二年二月一一日付）。

客席では西岡の母、房も公演を見守り、感激に涙していたという。

残された大赤字

西岡を中心とした芸協と市民の熱意で成し遂げられた第九の公演は、北海道の音楽史に残る大イベントではあったが、「祭りの後」に残ったのは多額の赤字であった。『北海道音楽史』によると、赤字は四十数万円にのぼった。当時としてはかなりの大金である。道や市の経済的な支援も当初の話と変わって非常にわずかなものだったという。民族音楽学者で北海道教育大学長を務めた谷本一之は、北海道新聞の連載「北海道に育つ　文化界・この二十年」で西岡らの芸協の活動をこう総括している。

「(昭和)二十四年に北海道芸術鑑賞協会が設立され、これには札幌、室蘭、滝川、旭川の各団体が加盟し、北海道の音楽文化発展を旗印に精力的な動きを示した。この芸術協会の運動のエネルギーは二十七年の〝第九交響曲〟の本道初演に象徴されるが、この時のばく大な負債はその後の芸術協会の動きをにぶらせる大きな原因になった」(『北海道新聞』六五年二月二五日付)。

それでも、この第九公演を一緒に作り上げた「四天王」と西岡の縁は、西岡の上京後も続くことになる。

二章　上京

一九五二年の第九公演からほどなく、西岡は北海道の仕事も続けながら、東京に活動拠点を持つ。「机を置かせてもらった」場所は、結成されたばかりの声楽家らの団体「二期会」の事務所であった。

五二年はサンフランシスコ講和条約が発効、連合国による占領が終わり日本が主権を回復した年だが、日本のオペラ界にとっても画期的な年であった。後に日本の代表的なオペラ団体となる「二期会」が結成され、日本の本格的な創作歌劇の先駆けとなる團伊玖磨の「夕鶴」が藤原歌劇団によって初演されたのもこの年だ。今日の日本のオペラ界を方向づけた当時の動きをたどって見よう。

1　新生「二期会」事務所からのスタート

あわや事務局長に

二期会は、現在、オペラなど声楽全般の公演や研究、歌手の育成など幅広い活動を展開している「公益財団法人東京二期会」のルーツである。創立メンバーの中心となったのは、札幌の第九でソロを務めた四人――中山悌一（一九二〇～二〇〇九）、柴田睦陸（一九一三～八八）、三宅春恵（一九一八～二〇〇五）、

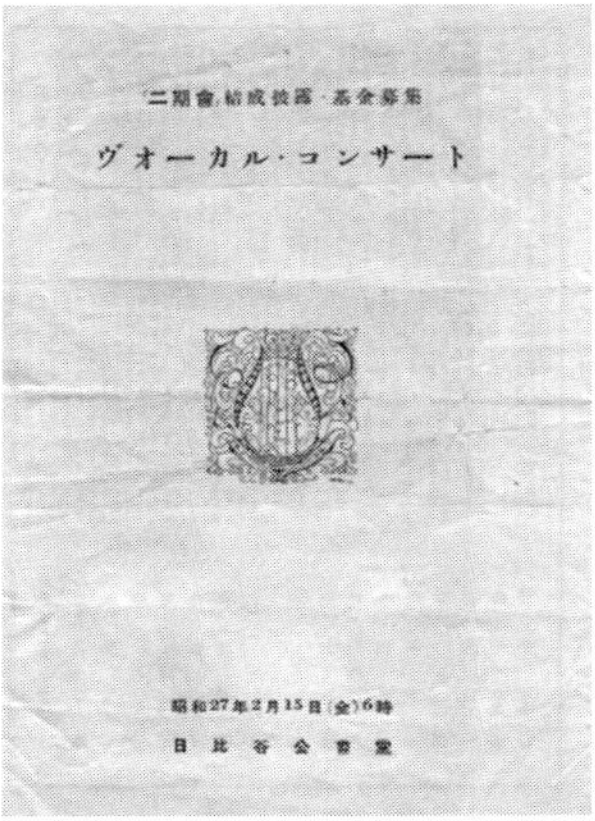

1952年2月15日に開催された「二期会」結成披露・基金募集の演奏会のプログラム表紙（著者蔵）

川崎静子（一九一九～八二）――の歌手だった。西岡にとっては、共に難事業の「第九」を実現した「同志」であり、当時の声楽界に新風を吹き込むべく活動していた彼らに共感していたのではないか。

友人河内を推す

西岡は二期会の事務局長に誘われた秘話を私に明かしている。

「中山悌一は僕に、藤原歌劇団はだめだ、別の組織を作りたい、と何度も言っていた。はじめ中山は僕を二期会に巻き込もうとしたが、僕は（組織に）縛られるのが嫌だった。友人の河内正三が、勤め先の東宝音楽協会が解散になってぶらぶらしていたので、彼を推薦した。それで柴田が河内に交渉に行って、河内が事務局長になった。僕は陰の人間だった」。

歌手以外で唯一、二期会結成に参画した河内正三（一九二六～二〇〇二）は、八二年までの三〇年間、事務局長を務めた。兵庫県出身で、四五年八月に横浜高等商業学校（現横浜国立大）を卒業。四七年に東宝に入社し、その後は東宝交響楽団（現東京交響楽団＝東響）の経営主体として同年に設立された東宝音楽協会で活躍した。東宝への就職を仲介したのは河内の自宅の隣に住んでいた指揮者の山田和男（一雄）だった。

河内は映画の仕事だと思って承諾したが、入社後に担当させられたのはオーケストラの仕事や独奏者の出演交渉だったという。柴田睦陸とも仕事を通じて知り合っていたようだ。東宝音楽協会の常任理事

河内正三（左）とオペラ制作者の京田進。撮影日不明（河内節子提供）

を務めた掛下慶吉の『昭和楽壇の黎明　楽壇生活四十年の回想』によれば、河内は英語が堪能で、藤原歌劇団などの指揮者として活躍したマンフレート・グルリットや、連合国軍総司令部（ＧＨＱ）の准将で、後に音楽評論家として『ジャパン・タイムズ』に長年記事を執筆したマルセル・グリリとも親しく交流していたらしい。

西岡と河内がいつ出会ったのかははっきりしないが、西岡が渉外役を務めていた「札幌芸術（鑑賞）協会」「北海道芸術鑑賞協会」が、東宝交響楽団や、東宝と専属契約していた藤原歌劇団、貝谷八百子バレエ団、諏訪根自子などを北海道に招聘しているので、その交渉過程で知り合ったのではないかと推測される。以来晩年まで、西岡とは公私ともに親しい関係にあったようだ。

河内は、柴田の依頼で二期会の事務局長を引き受けた当時のことをこう振り返っている。

「（前略）いま考えてみると若気のいたりでしたね……。じつをいうと私は声楽ってのがあまり好きじゃなくて、それまで仕事の面でもあんまりつき合いがなかったんです。ところが柴田氏から話があって、今度、中山、川崎、三宅さんたちとグループを作るから手伝ってくれないか、といわれた。当時私はばくぜんとですが、これからの世の中は個人では駄目だ、組織の力を用いなくては駄目だと考えていた。だから声楽家が集まってグループを作るのは賛成だといったんです。そしてよせばいいのに、大風呂敷を広げたんですよ。大体いまの演奏家の社会的な地位が低いのは、一人一人で勝手なことをやっているからだ、だから演奏家が集まれば、そこに少しは社会意識も生まれてくるだろうし、そういう芽生えた社会意識をもって、日本の演奏界をもっと高めることができるんじゃないか、とか何とか、今から思うと甘い考えだったと思いますがね（後略）」。さらに「最初から私は普通のマネジャーではなかった。同人意識、仲間意識をもってお互いにざっくばらんな話ができた。いわゆる演奏家対マネジャーの関係とは違ったものがあったからよかったんでしょうね（後略）」（岩井宏之「楽壇の『縁の下の力持ち』8」『音楽芸術』六五年一一月号）。

では創設の中心となった歌手たちはどのような思いで二期会を旗揚げしたのだろうか。会の命名者で、創設の「言い出しっぺ」でもあった柴田は次のように回想している（『東京新聞』八二年一月七日付夕刊）。「オペラをやりたい一心でしたね。リサイタルは金を出せばやれるけど、オペラはたくさんの人の協力がないとできない。だから歌手のグループを作ろうと思った」。東京音楽学校（現東京芸術大）卒業後、四〇年にビクター専属となり、兵役を終えてビクターに復帰後に、学校の後輩の川崎、三宅、中山を誘い、「ビクター四人組」が誕生した。当時のオペラ界は、藤原義江を中心とした「藤原歌劇団」と「長門美保歌劇団」が二大勢力で、彼らも出演することはあったが、「ムードが先行し、リズムやハーモニーがルーズで、スターに寄りかかった形で演じられる」オペラに疑問を感じていたという。

五一年二月から柴田らは、藤原義江がひいきにしていたステーキ屋「小川軒」に集まっては新グループ旗揚げの相談をしていた。「二期会」の名前は「トイレで浮かんだ」という。「先輩を日本オペラの第一期を築いた人とみれば、若いわれわれは第二期といえるからです」。

中山も後に毎日新聞のインタビューで本音を吐露している。

「私たちは（プリマ・ドンナに対する）プリモ・ダンナと（藤原義江を）呼んでいたが、率直に言って功罪半ばする。パイオニアには違いないが、その舞台はスター・システムで、プロフェッショナルでない。意欲と自己満足だけ」。「当時の芸大はアンチ・オペラだった。（中略）それを在野の藤原が果敢にとりあげた。その意味で高く評価されるが、残念ながら理念も目標もなかった。誰も教える者がいないなら、自分たちでやるほかない」（八二年二月一〇日付夕刊）。

結成披露演奏会

二期会の結成披露・基金募集のコンサートが日比谷公会堂で開かれたのは、北海道の第九演奏会からわずか一週間後の二月一五日のことだった。当日のプログラムには、会員（二月現在）として以下の一六人の名前が記されている。

三宅春恵、大熊文子、朝倉万紀子、柴田喜代子、荒牧規子、川崎静子、佐々木成子、木下保、柴田睦陸、渡辺高之助、中山悌一、秋元清一、関忠亮、石津憲一、畑中良輔、伊藤亘行

さらに、会の理論的支柱であった中山が「『二期会』のこと」と題し、次のような「設立宣言」を記している。

「真実の芸術家たらんと志す人は必ずや到達し得ない絶対に向って、果のない究極を目指して、苦しみ模索しながら前進しなければならない義務を負っています。此《こ》の苦難の山道を登るに、或《あ》る人は一合目で或る人は三合目で力尽き、意力失《う》せて倒れて行くでしょう。（中略）現下の日本に於《お》いてお互の力を合わせて扶《たす》け合って行くとゆう事が最善の前進法だと結論し、その目的を達成する母胎としての同志的団体を作り、これを『二期会』と称したのであります。（中略）ロダンはその遺訓に『人間の一人々々

が真の芸術心を持てば理想の世界が現出する』とゆう意味の事を言っています。出発は純粋であると信じている『二期会』の未来に対して豫測《よそく》は出来ないが、しかしロダンの言葉の如《ごと》く真の芸術心を行動の主義として、破滅の終極に到《いた》らないように努力したいと思います（後略）」。また、会の名前の意味について「現在迄《まで》の楽壇の発展を一期と見做《みな》し、この前例のない、声楽家の相互協力に依《よ》る革命的活動を二期として、日本の音楽史上に永遠に記そうではないかとゆう気負った名前なのであります」。

また、会の「行動概要」として五つの柱を示している。

一、技術、思想の相互批判

一、演奏に関する総合的研究

一、オペラ、オラトリオ、リサイタル等の公演及び依嘱出演

一、在来の如き新人の売込み、情実等に依る楽壇進出法を排し、会員相互の認めた新人の推薦、登用及び健全なる育成

一、会費、公演収入、出演料の歩合、寄附等による積立金により、金融その他の機関を設ける等、会員の経済生活安定を計る

等々

一六人の歌手のほとんどは東京音楽学校出身で、中心となった中山、柴田、三宅、川崎は人気歌手であった。果たして地に足のついた組織として活動が継続できるのか、懐疑的に見る人も少なくなかったようだ。中山の文章にも、そうした周囲の見方を意識した箇所がみられる。

「一部に取沙汰《とりざた》されている様に、既成の歌劇団に対抗して、その勢力を奪おうとする意志を有するオペラ団体でもなければ、発起人の連中が、そのいささかの人気につけ上り、それを利用し、何らか楽壇

に権力を握り、且《かつ》勢力の中心たらんとたくらむ野望の本據《ほんきょ》でもない事を良く理解して頂きたいと思います」。

封印されたオペラ

結成披露演奏会の直後、二期会は第一回オペラ公演として二月二五〜二八日の四日間、プッチーニの「ラ・ボエーム」を上演する。実は、彼らの母校である東京音楽学校では、第二次世界大戦後まで長らくオペラに背を向けていた歴史がある。一九〇三（明治三六）年七月二三日、日本人によってオペラが初めて上演されたのが同校奏楽堂であったにもかかわらず、である。

ここで少し時代をさかのぼり、オペラをめぐる明治中〜後期の状況を見ていこう。

グルック作、歌劇「オルフェウス」の場面。明治36年7月23日、東京音楽学校奏楽堂にて。左から、吉川やま、柴田環（のちの三浦環）、宮脇遷（『東京芸術大学百年史　東京音楽学校篇』第1巻、12ページ）

明治の中ごろ、欧米ではワーグナー崇拝の動き（ワグネリズム）が広がり、留学生などを通して日本にもそうした動向が伝えられていた。東京帝国大文科大学（現東京大文学部）にはワグネル会、東京音楽学校にはオペラ研究会が作られ、やがて両会員合同でオペラを上演しようとの機運が高まる。

「オルフェウス」の波紋

当初はワーグナー作品の上演を目指していたが、結局歯が立たず、グルックの「オルフェウス」が上演された。指揮はフランス人の宣教師として来日して、東京音楽学校でオルガン、作曲などを教えていたノエル・ペリイ（ペーリ）、ピアノ伴奏は、東京帝大で哲学などを教え、東京音楽学校でピアノも教えていたラファエル・フォン・ケーベル。出演者の中には、のちに国際的に活躍するソプラノの三浦環（当時は柴田姓）の名前も見える。歌詞は石倉小三郎、乙骨三郎、吉田豊吉、近藤逸五郎によって日本語に翻訳され、山本芳翠《ほうすい》、東京美術学校の岡田三郎助、藤島武二らが舞台背景など美術面で協力している。

当時の日本の最先端の力を結集したこの公演の反響はあったが、学校関係者や著名人の招待者のみへの公開だったため、東京音楽学校は一九〇八（明治四一）年五月に再演する計画を立てた。ところが公演の直前に、文部省の意向で計画は中止される。男女の生徒が夜遅くまで一緒に練習するのは風紀上好ましくない、などの理由とみられるが、五月一二日付東京日日新聞では「音楽学校歌劇中止　四教授辞職説」との見出しで、この「事件」を報じている。

「（前略）牧野文相は如何《いか》なる解釈に依りてか此の歌劇を以《もっ》て教育上風儀を紊乱《びんらん》するものなりと為し湯原校長を招きて其《その》中止を命じたりと是《ここ》に於て湯原校長は大臣の命令否み難く名分のみ衣裳装飾の整ひ難きと電燈装置の間に合はざるを理由として表面上延期する事となし」たが「忽《たちま》ち校中の疑問を惹起《じゃっき》」し、湯原校長は大臣と教授らの板挟みにすこぶる苦慮、外国人教師四人が辞職の風説もある、と記している。

戦後に「オペラ研究部」

以後、東京音楽学校ではオペラの舞台公演はほぼ「封印」され、それが解かれたのは戦後のことだった。四九年に東京芸術大学音楽学部として組織も名称も変わる中、同年一二月（あるいは翌五〇年一月）に、当時講師だった柴田睦陸らを中心に、オペラ研究部が創設された。当初はクラブ活動的な組織だったらしいが、最初の成果発表として五一年一一～一二月にかけてベルリオーズ「ファウストの劫罰」を演奏会形式とオペラ形式で計一一回公演し、大きな反響を呼んだ。出演者には、二期会創立メンバーとなる木下、柴田、中山、秋元、石津、伊藤、大熊、畑中といった名前が見える。翌年二月の二期会旗揚げに向けた「前哨戦」ともいえる公演の成功は、彼らに自信を与え、大いに勢いづかせたことだろう。

「ボエーム」で旗揚げ

二期会による待望の第一回オペラ公演は五二（昭和二七）年二月二五〜二八日、日比谷公会堂で行われた。演目はプッチーニの「ラ・ボエーム」で、主な配役は、ミミ＝三宅春恵・柴田喜代子▽ロドルフォ＝木下保・柴田睦陸▽ムゼッタ＝朝倉万紀子・荒牧規子▽マルチェロ＝石津憲一・伊藤亘行▽コリーネ＝秋元清一（雅一朗）▽ショナール＝畑中良輔──など。マンフレート・グルリット指揮の東響、東京交声楽団などが共演し、演出は青山杉作・山川幸世。製作は東京音楽協会で、企画担当は河内正三。東宝音楽協会が解散し、業務を引き継いだ東京音楽協会でも、河内は仕事を続けていたらしい。

この公演について、音楽評論家の横溝亮一は『二期会史〈一九五二〜一九八一〉』で次のように回想している（「二期会創立期の人びと」）。

「何もかもが手探りである。（中略）いずれも操り人形のような演技、日比谷公会堂の床がミシミシと鳴り、歌手が動くたびに、石造りの筈《はず》のパリの裏町がゆらゆらと揺れた。今なら学芸会以下と酷評されるかもしれない。それでも主演者たちはせい一杯歌い、演技した。初日を終えた時、鼻筋を白く塗った柴田睦陸は『ご苦労さん、ご苦労さん』と楽屋で叫んでいた」。

また、七二年七月の二期会の「ラ・ボエーム」公演プログラムでは、旗揚げメンバーの回顧が座談会形式で記されている。三宅は「『ボエーム』は藤原歌劇団が得意の演し《だ》物の一つとしてやってらしたということで、そこに何かある意味での二期会の特徴を出そうというのは、アンサンブルを重視しようということだったわけでしょう。それから、一人一人の役のキャラクターをよく研究し合って出しましょうということで、随分話し合いをしたような記憶があるんですが」。畑中は「つまり我々は先《ま》ず楽譜から出発しようという、原点というか、運動から出発していわゆるアカデミズムの上に立ち、しかも楽譜から舞台の実現化を目指すという方法論の一つの確立だったわけで、その理念は二十年後の今日まで続いていると思うんだが、当時としては新しかったといえるね」と振り返っている。五二年の上演は日本語訳上演で、宗近昭こと柴田睦陸が訳詞を担当。文語体の訳詞が多かった当時にあって、口語体の訳は歌手にとって「歌いやすい」と、おおむね好評だったようだ。

朝日新聞二月二七日付夕刊に掲載された野呂信次郎の評は「出演者が友人同士という和気あいあいとした気持ちのいい熱の入れ方で、四幕ともよくまとまって、最後まですきを与えなかった」と好意的だが、毎日新聞二月二八日付夕刊掲載の吉田秀和の評はやや辛口だ。

「初日と二日目をきいたがあまり面白くなかった。（中略）日本の演奏に新らしい次元を開くべき二期会という意気込みをきいていたせいかまだまだ準備も研鑽《けんさん》もたりなかったのではあるまいか。これをきいても実はどこが従前のオペラと違うのか私には分らなかった」。ただし訳詞については「口語一本やりで押切り幾つかの個所でみるべき成果を挙げていた」と評価している。

反響は決して小さくなかったオペラ公演だが、客の入りは芳しくなかった。「聴衆動員六割の予想が、実際には四割の成績で、当時の金で六〇万円の赤字」との記述もある（宮沢縦一「二期会の三〇年」『二期会史〈一九五二〜一九八二〉』）。そば一杯一七円という時代にあっては、かなりの大金であった。

「プリモ・ダンナ」の反応

二期会旗揚げを知らせる手紙を、「ダンナ」こと藤原義江（一八九八〜一九七六）は米国で受け取った。藤原は、人気テノール歌手として活躍し、二期会のメンバーが日本のオペラ界の「第一期」と位置づけた藤原歌劇団の総帥である。この時藤原は、NHKの派遣で単身渡米中で、演奏活動のほか、当時世界一の音楽マネジャーといわれたソル・ヒューロックと面談し、ヤッシャ・ハイフェッツ、マリアン・アンダーソン、ウラディミール・ホロヴィッツ、アルトゥール・ルビンシュタインといった一流演奏家の日本招聘のための交渉をしている。残念ながら実際に契約できたのはアンダーソンだけだったが、ニューヨークではシティ・オペラで「蝶々夫人」の舞台を見学。「舞台の上は一切が日本には余りに遠い」ことに衝撃を受け、藤原歌劇団の渡米公演を決断する。当時のシティ・オペラの総監督が、日本の新交響楽団や日本交響楽団（いずれもNHK交響楽団の前身）の指揮者として活躍したジョゼフ・ローゼンストックだったという縁もあり、同年一〇月にシティ・オペラでの公演が実現している（藤原義江『オペラうらおもて　藤原オペラの二十五年』）。

二期会の旗揚げメンバーの中には藤原歌劇団の舞台の常連もおり、ソプラノの三宅もその一人だった。三宅は前年の一二月に「蝶々夫人」のタイトル・ロールで出演中に、オペラの研究団体を結成し、旗揚げ公演として「ラ・ボエーム」を上演する予定であることを藤原に報告したが、この時点で藤原は「私は既に知っていた」と記している（同）。

藤原が二期会結成をどう見ていたかは不明だが、藤原歌劇団の舞台から二期会の歌手を締め出すような動きは見られない。五二年のアメリカ公演にも、二期会の三宅、川崎静子、石津が参加。帰国後、一〇月二七日〜一一月三日に行われた文部省芸術祭では藤原歌劇団、二期会のほか東京芸大オペラ研究部、長門美保歌劇団、東京オペラ協会、関西オペラ・グループが合同で「フィガロの結婚」の日本初演を行っている。

翌五三年六月には、藤原・二期会の自主的な合同公演で「藤原義江オペラ運動二〇年記念」と銘打ち、「リゴレット」を上演している。苦労人の藤原のふところの深さというべきか、むしろ協力して日本のオペラを盛り上げようとの考えは一貫していたようで、「二期会とも話し合って日本のオペラ界を再編成したい。いい歌手が散らばっていたんではいつまでたってもいいオペラはできない」と、インタビューに答えている（『中国新聞』六三年一月二七日付）。

藤原はスコットランド生まれの貿易商の父と下関の琵琶芸者の母との間に生まれた。新国劇の俳優から浅草オペラを経て、二〇年に渡欧。帰国後は「われらのテナー」として、幅広い人気を獲得した。三四年、実質的な藤原歌劇団の旗揚げ公演の演目は、くしくも二期会の旗揚げと同じプッチーニの「ラ・ボエーム」。戦後日本のオペラ公演も、藤原歌劇団が帝国劇場で行った四六年一月の「椿姫」で幕を開ける。

その後藤原義江は、四七年に設立された「東宝音楽協会」の専属となり、藤原歌劇団が帝国劇場などで行ったいわゆる「帝劇オペラ」が空前のブームとなった。四六年の「椿姫」から五〇年一二月の「ファウスト」までの五年間に四二八公演あり、大部分は八〇～一〇〇％の入場率という驚くべき実績を残している（草刈津三『私のオーケストラ史　回想と証言』）。

戦後まもない食糧難、住宅難の時代だからこそ、人々は劇場という非日常の空間で、しばし浮き世の憂さを忘れたかったのかもしれない。

藤原歌劇団の北海道公演

一九四九（昭和二四）年九月、藤原歌劇団一行七五人は、北海道でヴェルディのオペラ「椿姫」の公演を行った。中心となって招聘したのは西岡が事務局長として渉外役を務めていた北海道芸術鑑賞協会（「芸協」）だ。『室蘭音楽協会創立五〇周年記念誌』によると、皮切りの室蘭公演（一八日）の主催は、芸協の一員である室蘭音楽協会。後援は室蘭市役所、国鉄室蘭管理部、日鉄輪西文化体育会、日鋼室蘭製作所。その後の札幌、小樽の公演も室蘭音協の「責任公演」と記されている。砂原美智子、藤原義江、上田仁指揮・東宝交響楽団などが出演。室蘭では初のオペラ公演とあって、一〇日には商工会議所の講堂で曲目解説のための特別レコードコンサートを開催する力の入れようだった。普段のレコードコンサートの入場者は多くて六〇人ほどだったが、この回は三五〇人以上が参加。「椅子が不足し、且《か》つ会場の建物が古く、会議所から危険の旨申し渡されたが無事終了した」。一八日の公演は共楽座で昼夜二回開催し計二四〇〇人が入場。会場の周囲には約二〇〇〇人が並び、主催者らは整理に追われたという。

哀れを誘った三毛ネコ

北海道公演は藤原歌劇団にとって戦後はじめての大がかりな地方公演で、藤原義江の「土産話」が新聞に掲載されている。

「まず室蘭では市警部が廿《にじゅう》万円の補助費を市の音楽文化連盟に出してくれたし日鉄当局は宿舎を提供してくれた。二回の公演は満員だった。札幌では二日間四回公演をした。札幌の松竹座は先ごろ進駐軍が使用していたせいか清浄で整とんされていたのでオペラに好適だった。第二夜は進駐軍の見学申込みもあって舞台は異常な興奮をまき起こした」。そして小樽ではこんな珍事もあった。「椿姫の最後の場面のとき、砂原の椿姫が寝るベッドの上にどこからか三毛ネコがきて座っていた。私の長いオペラ生活の中でこんなことは珍しいが、不思議に悲しいふん囲気ができた。ネコの賛助出演という椿姫は世界最初だろう」。そして、各地での歓迎への感謝も記されている。「予定の八回の公演が成功したのはわれわれを迎えてくれた熱意によったものだ。小樽を出てから汽車の中で判ったのだがわれわれのために東京まで五食分の弁当が渡されていた。こういった好意は忘れ難い」とし、「赤字を埋めるためにも地方公演はさけられない」と結んでいる（『東京新聞』四九年九月二八日付）。

戦後まもない当時、七五人分の弁当を五食ずつ用意するのは容易ではなかっただろう。ふと思い出すのは、外国人アーティストに対する「胃袋をわしづかみにする」ような新芸のもてなしだ。実際、新芸招聘のアーティストたちは一様に「西岡がもてなしてくれた食事がすばらしかった」と語る。「食」によって相手との距離を縮めるすべを、西岡は北海道時代に身をもって体得したのではないだろうか。

2　オペラ「夕鶴」をめぐって

演劇の付帯音楽が発端

日本を代表するオペラとして親しまれている團伊玖磨作曲の「夕鶴」は、日本の民話「鶴女房」をもとに木下順二が書いた戯曲「夕鶴」をオペラ化したものである。西岡は「新芸術家協会」の看板を掲げて仕事を始めた一九五五年春から七〇年代まで、オペラ「夕鶴」の制作を長らく手がけている。

「夕鶴」の初演は五二年、くしくも二期会旗揚げ直前の一～二月に藤原歌劇団が行っているが、その誕生から初演まで、新劇と密接な関わりがあった。ここでその軌跡をたどってみよう。

オペラ「夕鶴」の舞台全景。装置は伊藤熹朔。撮影日不明（河内節子提供）

オペラ初演から演出を手がけた岡倉士朗（一九〇九〜五九）は、木下や女優の山本安英らと四七年に「ぶどうの会」を結成。同年の民衆芸術劇場（第一次民芸）創設にも参加している。四九年、山本主演による演劇の「夕鶴」を演出したのも岡倉だが、実はこの時、付帯音楽を作曲したのが團伊玖磨だった。この仕事がきっかけとなってオペラ版が誕生した経緯を團はこう振り返る。

「この劇は、その年（四九年）、天理市で初演を持って以来、東京を含めて方々を歩く事になるが、当時は未だテープ録音などという便利な物は無く、大道具の蔭《かげ》から舞台を覗《のぞ》いて、フリュート、オーボエ、ファゴット、ハープの四重奏で書いたこの附帯音楽を指揮しながら、僕の胸中には、この『夕鶴』こそ、探していた、自分がオペラ作曲の第一歩に取り掛かるに最適の題材であるという確信が作り上げられて行った。葡萄《ぶどう》の会（原文ママ）の演出者だった岡倉士朗さん、私淑していた大田黒元雄先生に相談して、オペラとしての旧弊な脚色などはせず、台詞《せりふ》を原作から遠く変更したりせぬ事を自発的な条件に、半信半疑の態だった木下順二さんを説いて許しを貰《もら》うと、いよいよ作曲に掛かったのが、鎌倉へ転居する寸前だったと記憶している」（「オペラ『夕鶴』の二十一年」七三年・二期会オペラ公演「夕鶴」公演プログラム掲載）。

歌劇「夕鶴」の出発点は新劇であったわけだが、團はこれをかなり意識的に行ったことを、同じ回想文で明らかにしている。

「従来の日本で行われて来たような、音楽も演技も、その基本的な理論さえ持つに至っていない低次なオペラの枠の中から『夕鶴』が出発するのでは困るのであって、何と無くオペラらしいなどというような低い次元から出発する位ならば、まだしも、稍々《しょうしょう》理論を踏まえている新劇から出発する方が、これからの日本のオペラの方向を考えるにはましなのだ。それが当時の僕の考えだった」。

女性演出家の草分け

俳優座の演出部に所属し、後に二期会事務局長・河内正三の妻となった下村（河内、結婚後は河内で活動）節子（一九二七〜）は、同じ俳優座の倉林誠一郎の紹介で、五二年の「夕鶴」初演に演出助手として参加。これをきっかけに二期会や藤原歌劇団などのオペラの演出にかかわるようになった。五七年の「マルタ」から、東京芸大音楽学部のオペラ公演にも携わり、最後の演出は九四年の第四〇回「フィガロの結婚」。また同じ年には神奈川芸術文化財団のプロデュースオペラ第一作として上演された團伊玖磨の「素戔嗚《すさのお》」を演出している。

下村の父定《さだむ》は、陸軍大将で日本最後の陸軍大臣として終戦処理にあたった人物だ。節子は都立駒場高校の前身、東京府立第三高等女学校出身。戦時中は西部軍司令官となった父に従って九州に行き、西部軍の航空情報隊の通信手をしていたが、戦後に復学して高等科を卒業。当初は女優を目指し、俳優座の演技部に所属していたが、演出家の青山杉作のすすめで演出部の研究生となり、青山や千田是也の演出助手を務めていた。青山は五二年に二期会の第一回公演「ラ・ボエーム」をはじめ二期会の初期に多数演出を手がけており、二期会と俳優座は密接なつながりを持つようになる。東宝の支援を受けていた藤原歌劇団はレビューに携わっていたスタッフが多かったのに対し、「二期会はその草創期において青山杉作氏をとおして日本のリアリズム演劇の方法を学んだ（後略）」（小林常吉「舞台スタッフ」『二期会史一九五二～一九八一』）。

青山の演出助手であった下村も自然とオペラの仕事が増えていった。

「当時オペラの方にスタッフがいなかったんです。たまたま私は楽譜が読めたものですから便利に使われたのだと思います。二期会の初期には青山先生の演出助手を私と栗山昌良さんが交代でしていたような状況でした」。

演出助手が見た二期会・藤原

下村は五二年一〇～一一月にあった六団体合同の文部省芸術祭オペラ公演「フィガロの結婚」（日本初演）にも演出助手として参加している。六団体とは東京芸大オペラ研究部、藤原歌劇団、長門美保歌劇団、二期会、東京オペラ協会、関西オペラ・グループ。この公演で下村は、生涯の伴侶となる二期会の河内と出会っている。翌五三年の藤原歌劇団・二期会合同公演の「リゴレット」でも演出助手を務めた下村は、当時の二つの団体についてこう語る。

「藤原さんは鷹揚といいますか、あまり演出に気を使っておりませんでしたね。『オペラはムードだよ』とおっしゃって、藤原義江演出と（パンフレットに）書かれていても、ほとんど何もしないような（笑う）。舞台の上で川をまたいでコーラスが立っているようなこともありました。でも、藤原歌劇団がアメリカで公演した時、『カルメン』のすばらしい演出に触れて、今までのやり方を少しやり直さなければいけないと思ったようです。私は（指揮者でピアニストの）福永陽一郎さんから頼まれて、カルメン

1953年の二期会公演「マルタ」の客席での打ち合わせの様子。左から照明の吉本一郎、舞台監督の河盛成夫、河内、演出のウーファーペーニヒ、指揮のシュタフォンハーゲン、美術の北川勇（河内節子提供）

の演出に携わったこともありました」。

二期会と藤原歌劇団の関係はどうだったか。

「別に悪くなかったと思います。藤原の練習所で、しょっちゅう大きな作品の時には練習させていただきました。『オテロ』の初演（五三年）や『薔薇《ばら》の騎士』の初演（五六年）でも使わせていただきました」。

下村は二期会の第二回の公演「マルタ」（五三年）にも参加。「新宿の映画館などが会場で、ゲネプロ（総合練習）をするにもピアノがなくて、副指揮の伊藤栄一さんがアコーディオンを弾いてゲネプロをした記憶があります」。

戦後のオペラ草創期、「ないものづくし」の中で、歌手もスタッフも試行錯誤が続いていた。

初演――宇野重吉の涙

オペラ「夕鶴」の初演は大阪朝日会館のプロデュースで五二年一月三〇日～二月六日に行われ、翌七日に京都公楽会館、同一一～一三日に東京の日比谷公会堂で上演されている。

作曲者の團が指揮、つう役は原信子・大谷冽子、与ひょう役は木下保・柴田睦陸が務めている。演出は岡倉士朗、舞台監督・大滝秀治、演出助手は下村とともに佐々木すみ江の名がプログラムに記されている。大滝、佐々木はその後テレビや映画でも活躍、お茶の間でもおなじみの俳優となる。

演出助手であった下村は当時をこう振り返る。

「初演では途中休憩がなく、全曲通しの上演でした。当時の大阪朝日会館というのは、舞台袖から冷たい風が入ってきてとても寒く、團さんもすっかり体が冷えてしまったのでしょう。演奏が終わってすぐトイレに飛び込んだらしく、カーテンコールの時になかなか出てこなかったのです（笑う）。それで、その後の公演では休憩を取るようになりました」。

また京都では客席に宇野重吉がいた。「大変感動して涙をぽろぽろこぼされていました。オペラはなんてすばらしい、とても芝居じゃかなわない、とおっしゃっていたそうです」。

千田是也の「ローゼン」

下村は、俳優座の創立メンバーの一人で日本の新劇運動をリードした演出家・千田是也（一九〇四～九四）の薫陶を受け、千田が演出した唯一のオペラであるリヒャルト・シュトラウスの「薔薇の騎士《ローゼンカヴァリエ》」（五六年一〇～一一月、都民劇場など主催）にも演出助手として参加した。日本初演となるこの舞台は、マンフレート・グルリット指揮の東京交響楽団、元帥夫人役に三宅春恵・毛利純子、オックス男爵役に栗本正・大橋国一、オクタヴィアン役に川崎静子・栗本尊子・平林深汐などが出演している。

「ローゼンの初演はＮＨＫの『イタリア歌劇団』の公演とぶつかっておりまして、コーラスも両方に出演していて、人がそろわなかったりして大変でした。舞台の道具もイタリア歌劇団の方に手を取られて、こちらはなかなかできあがらず、会場の日比谷公会堂に持ち込まれた時に、まだ（塗装が乾かず）ぬれているような状態でした。千田さんはあれしかオペラをされなかったんです。千田さんのシステムと、当時のルーズなオペラのやり方はあまりにかけはなれていて、怒鳴られてばっかりで（笑い）。みんなにはっぱをかけるために私を付けたのだと思いました。千田さんは一回でオペラはこりごりだったのではないでしょうか。それから当時は俳優座の養成所の人たちが歌わない役でたくさん出ておりまして、ローゼンには田中邦衛や井川比佐志が出ていました」。

五〇年代、オペラは軒並み日本初演で、まさに手探りの時代。そして、新劇と密接な関係にあり、その象徴的な存在が「夕鶴」であった。

3　聴けなかったカラヤン

地方マネジャーの悲哀

旗揚げしたばかりの二期会の事務所は、浜松町の大門近くにあった（『二期会史〈一九五二〜一九八一〉』）。当初は「居候状態」であった西岡が、「新芸術家協会」という名の小さな音楽事務所を設立し、東京で本格的に活動を始めたのは一九五五（昭和三〇）年春だった。

この間の西岡は、まだ北海道の仕事が中心で、東京と往復しながら、東北にも営業の範囲を広げていたらしい。当時の『音楽年鑑』の音楽関係者名簿には、「北海道芸術鑑賞協会常務理事」という肩書とともに、「北海道（東北）総マネジャー」として名前が記されている。

五四年、ヘルベルト・フォン・カラヤン（一九〇八〜八九）がN響の客演指揮者として初来日する。新芸は七九年にカラヤンとベルリン・フィルハーモニー管弦楽団を日本に招聘しているが、五四年当時はまだ「一地方マネジャー」にすぎなかった西岡は、演奏会の切符さえ入手できなかった。

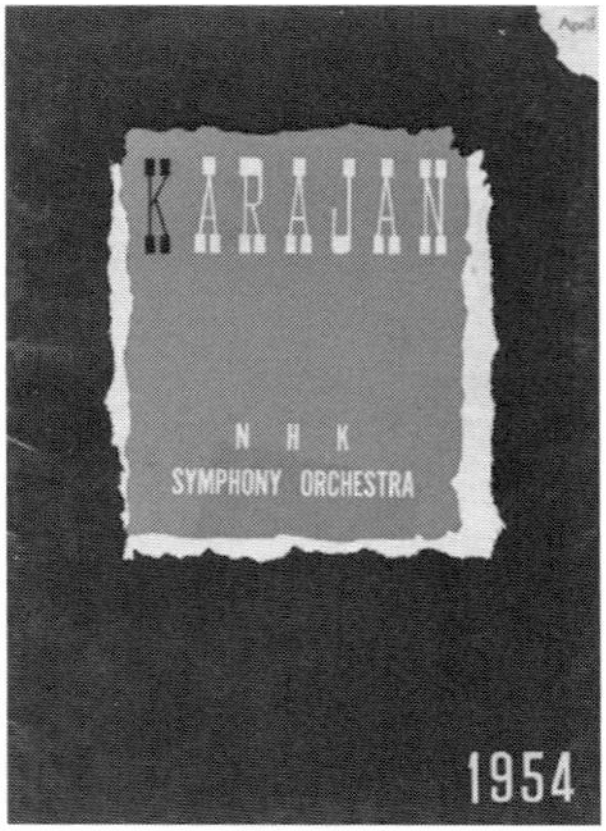

1954年に初来日したカラヤンとNHK交響楽団の演奏会プログラム（表紙）（著者蔵）

「僕は当時北海道にいて、カラヤンを聴きたくて（東京に）出て来た。切符を買おうと思って日比谷公会堂まで行ったが買えなくて、ほんとにしゃくにさわったなあ（笑い）。ああ、いまごろカラヤンがN響と演奏会をやっているんだなあ、と思いながら酒を飲んでいたね。当時、地方マネジャーはみんな第一ホテルなんかの安ホテルに泊まって、夕方になると近くのニュートーキョーに集まっては酒を飲んでいた。指揮者になって間もない森正も飲み仲間で、よく一緒に飲んだものだ」。

森正（一九二二〜八七）は、初めはフルート奏者として活躍していたが、指揮者に転じ、五二年一一月、藤原歌劇団の「蝶々夫人」でオペラ指揮者としてデビュー。NHKが招聘した「イタリア歌劇団」第一回公演（五六年）で合唱指揮者を務めるなどして頭角を現し、戦後日本のオペラ界に欠かせぬ存在となった。東京交響楽団常任指揮者、東京都交響楽団音楽監督・常任指揮者、N響正指揮者などを歴任したが、脳内出血で八七年に急逝している。西岡を中心に札幌芸術鑑賞協会が創立された四八年、森は斎藤秀雄らとともに「東京室内楽協会」のメンバーとして北海道を訪れており、以降、毎年のように来道。西岡との交流はその頃から始まったようで、長らく親しい関係が続いた。

カラヤンを指揮？

話をカラヤン初来日に戻そう。カラヤンは五四年四月二日に羽田空港に到着。五月一二日までの滞在中に、一四回の公演プラス放送演奏を行っている。カラヤンは、ベルリン・フィルの次期常任指揮者の有力候補に名前が挙がるなど、すでにヨーロッパでの評価は高く、「来日などあるはずがない」と公言していた評論家もいたらしい。招聘実現には、当時N響の事務長で、ウィーン国立音楽アカデミー（現ウィーン国立音楽大学）卒業でカラヤンと同窓であった有馬大五郎（一九〇〇〜八〇）の力によるところが大きかった。来日前にマネジャーを受け入れてN響の力をチェックさせるなど周到な準備があったという（佐野之彦『N響八〇年全記録』）。

NHKの音楽部にいた中野吉郎は、初来日の様子を「われわれ数人に迎えられただけで、フラッシュもたかれず、まるでどこかの王子様のお忍びのようだった」と回想している。

「カラヤンは最初の日の練習で、N響という素材を完全に捉えてしまったようでした。はじめて会ったオーケストラで（中略）恐ろしいばかりのスケジュールを与えられ、こんなにも効率的で充実した練習・指導をした客演指揮者は、N響七〇年の歴史の中でひとりもいなかったのではないでしょうか。アンサンブルが巧《うま》い。曲の持っていき方に無理がないんですね。N響もよく頑張りましたが、カラヤンはその頃から『コスト・パフォーマンス』をよく考えた職人芸の、二〇世紀後半ならではの指揮者でした」。

「来日最初のナマ放送がブラームスの第一交響曲で、練習の時の演奏時間だと四五分番組の枠からこぼれるので、一分テンポを速くしてくれと頼んだら、『君はカラヤンを指揮するのかね』とカラヤンに叱られたという話は、もう何回もいろんなところに書きましたから省略しましょう。しかしこのCDでも、カラヤンのテンポの絶対性が証明されました。一九五四年のN響のテンポと、その三〇年後のウィーン・フィルのテンポが全く同じというのは、どういうことでしょう。カラヤンってスゴイ体内時計を持っているんですね」（「初来日のときのカラヤンとその音楽」五四年四月二一日に日比谷公会堂で演奏されたチャイコフスキー・交響曲第六番「悲愴」のライブ録音CD〈ポリドールレーベル〉の解説書に所収）。

カラヤン＆ベルリン・フィルの招聘は、長らく西岡の悲願であった。負けん気の強い西岡のこと、聴きたくても聴けなかったカラヤンを「いつか俺が呼んでやる」と、心に決めたのはこの頃だったのかも知れない。

実際に新芸が彼らを招聘するのは七九年、四半世紀後のことだ。

三章　覚醒

著名な民謡研究者の令嬢との結婚を機に上京を決意した西岡は、一九五五年に「新芸術家協会」という名の音楽事務所を設立。社員一期生たちとの試行錯誤の日々が続く。

1　東京で本格始動

戦後のバレエブーム

戦後まもない時期から音楽会やオペラの上演が再開され、娯楽に飢えた人々が劇場に列をなしたように、バレエもまた人々を熱狂させた。

一八七七年にモスクワで初演され、クラシックバレエの代表的な演目となった「白鳥の湖」全幕が日本初演されたのは一九四六（昭和二一）年、三つのバレエ団で結成した「東京バレエ団」によって東京・帝国劇場で行われた（現在の「東京バレエ団」とは別団体）。八月九日から三〇日まで（当初の二五日までの予定を延長）の二二日間の公演は連日超満員の大盛況であった。

公演に王子ジークフリート役で出演した「服部・島田バレエ団」の創設者、島田広（一九一九〜二〇〇一三）の回想録によると、戦後日本のバレエ界の歴史的な一歩となった同公演のきっかけは、新聞に掲載されていた一つの記事だったらしい。ドイツから帰国したモダンダンス関係者がインタビューで「バレエはヨーロッパではきちんと勉強した人がやるべきものだ。日本バレエのアカデミズムを確立するためにまずは『白鳥の湖』を上演したい」と発言。島田は「カーッとして」評論家の蘆原英了《あしはらえいりょう》を訪ね「ぼくらこそ『白鳥の湖』をやるべきじゃないでしょうか！」と訴えた。

島田は蘆原とともに東勇作バレエ団の東の自宅を訪れて協力を求め、さらに貝谷八百子バレエ団の貝谷を説得。合同公演を行うことが決まった。島田は、ロシア革命を逃れて来日し「日本バレエの母」と呼ばれたエリアナ・パヴロワ（一八九九〜一九四一）に師事。後年日本バレエ協会会長や新国立劇場舞踊部門の初代芸術監督などを歴任している。

公演は東宝がスポンサーとなり、演出・振り付けは、バレエダンサーとして上海で活躍し、終戦後日本に帰国した小牧正英、装置は蘆原の叔父にあたる画家の藤田嗣治、音楽は山田和男（一雄）指揮の東宝交響楽団が担当した。踊らないエキストラとして早稲田や上智、慶応といった大学の演劇研究会の学生らも出演。その中には後に俳優・ジャズ奏者として活躍するフランキー堺もいた（島田広「運命の『白鳥の湖』」ダンスマガジン編『日本バレエ史　スターが語る私の歩んだ道』）。

「白鳥の湖」初演余話

「白鳥の湖」初演をめぐっては、音楽面で興味深いエピソードがある。終戦まもないこの時、「白鳥の湖」のオーケストラのスコア（総譜）が日本にはなかった。外国から取り寄せることもままならず、結局、指揮を務めた山田和男（一雄）が、ピアノ用の譜面を元に総譜を書き上げた。三カ月近くかけて完成させたスコアは七百ページ近いもので、薄い紙でも一〇センチの厚さがあったという。「『バレエが主』で『オーケストラは従』という割り切り方を、そのころのわたしの〝若さ〟が許容する？（原文ママ）ことを知らなくて、たいそうの手間と時間をかけてやった仕事。しかし、その結果として、バレエ抜きでも聴くに耐えられる良心的な曲に仕上がった。戦後かなりたって、チャイコフスキーの原譜が手に入るようになってからも、当分の間、わたしの書いたスコアが使われ続けたのも、こうして音楽的に深く追及して作ったから、と思っている」（山田一雄『一音百態』）。

しかし指揮者としては我慢ならないような妥協も強いられたらしい。同じ回想録に「楽屋日記」として山田の本音が吐露されている。

「八月某日――踊り手のために、僕はできるだけのテンポは妥協します。しかし、おのずとその限界線はある。ここまでテンポを緩めると、その音楽の立場を失うと同時に、ソラ、そういうふうに演奏に破綻がくるのです。――けっこうです、けっこうです。それでなければ踊れないのですから」。「連日『音楽無視』の踊りが繰り広げられる舞台との闘いであった。（中略）今日、世界の舞台へプリマを送り出している日本のバレエの草創期の現場は、汗と涙、怒号、悩みがうず巻き、関係者すべての果敢な闘志と情熱の中で華が開いていった」。

バレリーナとの結婚

この公演に貝谷バレエ団の一員として出演していたのが、西岡の妻となる町田旬子（のちに知桂《ちか》と改名、一九二八〜二〇一三）だった。一二歳から研究生として入門し、同団の「三羽がらす」の一人として舞台で活躍し、「シンデレラ」（五一年）、「くるみ割り人形」（五三年）、「ポギーとベス」（五五年）などの日本

西岡家のアルバムにあった町田の写真。衣装や背景から1956年の「ロメオとジュリエット」の舞台と推測される。

赤坂東急ホテルで行われた結婚式での西岡と町田（西岡昌紀提供）

初演に参加。師の貝谷八百子（一九二一〜九一）の右腕として門下生の指導にもあたった。

貝谷は福岡県の素封家に生まれ、島田と同じくパヴロワに師事し、三八年に東京の歌舞伎座で第一回リサイタルを開いてデビュー。貝谷バレエ団を主宰し、戦後は東宝に所属した。西岡が北海道で「芸協」の渉外役を務めていた五一、五二、五四年に同団は北海道公演を行っており、西岡と町田の出会いもその公演の折だったかもしれない。

旬子に関する当時の記事を見ると、「町田嘉章令嬢」というフレーズが決まり文句のように表れる。町田佳声《かしょう》（本名・嘉章＝よしあき、一八八八〜一九八二）は日本の民謡研究のパイオニアで、全国各地の民謡を集大成した『日本民謡大観』全九巻（日本放送出版協会刊）編さんの中心人物であった。四一年に民俗学者・柳田國男の提案で日本放送協会の東京中央放送局に民俗資料調査室が設置され、第一冊の「関東篇」が刊行されたのは戦時下の四四年、九巻完結は八〇年という約四〇年にわたる大事業で、当初から調査、採譜に関わった。旬子は町田の三女で、結婚したころの町田は文化財保護委員会専門審議委員などの要職を務め、五六年に紫綬褒章を受章。そうした岳父を西岡は尊敬し、誇りに感じていたようだ。

音楽・舞踊・楽器ジャーナリストの村松道彌の回想録『おんぶまんだら』（七九年刊）には、西岡の結婚について次のような興味深い記述がある。

「（前略）彼はどのような機会からか知らないが、貝谷バレエ団のプリマ・ドンナ町田旬子さんと熱烈な恋愛をして結婚することになり、大学を出ると同時に東京へ出て、今までの経験をもとに音楽マネージャーをやろうとしていた。婚約者の旬子さんは民謡研究で有名な町田佳声さんのお嬢さんであり、ある日尊父から相談があるからといって、私と牛山充氏が料亭に呼ばれた。そのお話しは『娘が婚約した男が東京へ出て来て音楽マネージャーをやりたいといっているが、どうしたものだろう』ということだった。そこで私も自分の経験や楽界の事情を話して、なかなか難しい仕事だといったのを思い出すが、西岡氏はその道を切り開いて、多くの有名外国演奏家を招聘し、それぞれ興行として成功させて今日の確固たる地盤を築いた（後略）」。

二人の入籍は「新芸術家協会」設立後の五六年。新芸は後年、旧ソ連との太いパイプを持ち、ボリショイ・バレエなどを毎年のように招聘し数多くの公演を行うが、かつてバレリーナとして活躍した妻・旬子は大いに「内助の功」を発揮したのではないだろうか。

2 「新芸術家協会」誕生

社員第一号

一九五五年春、西岡率いる「新芸術家協会」は東京・西新橋に事務所を開きスタートした。五六年版

「西岡の一の子分だった」と語るミリオンコンサート協会社長の小尾旭（著者撮影）

の音楽年鑑には、「東京・地方凡《すべ》てのオペラ・バレエ・コンサート一切の御世話します」と記された新芸の広告が掲載されている。住所は港区芝田村町二丁目四番地、社員として西岡を含め六人の名前が記されている。

その一人が、老舗の音楽事務所として存在感を示す「ミリオンコンサート協会」の社長、小尾《おび》旭《あきら》（一九二九〜）だ。小尾によれば、西岡の元へ呼ばれたのは五五年二月末の日曜日、場所は旬子の実家、大田区山王の町田家だった。

「西岡は、東京で事務所を開くにあたって、東京の音楽事情に詳しい人間を探していたのです。当時私は慶応大の四年生。音楽が好きでN響の定期会員になり、大学なんかろくに行かずに音楽会に出かけたり、音楽喫茶でレコードを聴いたりして過ごしていました。プレイガイドがどこにあるか、といったこともよく知っていました。二月末に知人の紹介で西岡に会い、三月一日から仕事を始めました。西岡の〝一の子分〟というわけです（笑い）。三月の末にもらった給料は八〇〇〇円。当時の相場は六〇〇〇円とか七〇〇〇円で、割合高い給料でした。でも八〇〇〇円の給料をもらったのは三月だけで、その後はまともにもらっていません（笑い）」。

事務所の名前も西岡と小尾が相談して決めたという。

「当時、東京には巌本真理さんや井口基成さんが所属していた音楽芸術家協会、安川加寿子さんが所属していた新演奏家協会などの音楽事務所があった。そういう名前を参考に、西岡と二人で新芸術家協会という名前に決めました」

第二回「三人の会」

小尾が新芸に在籍したのは翌五六年の夏ごろまでで、同年一〇月にはミリオンコンサート協会を創立している。その間、新芸がどのような演奏会を手がけたか、小尾は次のように振り返る。

「最初の頃、團伊玖磨のオペラ『夕鶴』の公演を日比谷公会堂や産経会館でやりました。東響や東フィルの演奏会や、團伊玖磨、芥川也寸志、黛敏郎の『三人の会』の演奏会もしました。三人の会のマネジャーの長興《ながおき》光雄が、新芸の事務所に同居していた縁で、演奏会を頼まれたのです。日比谷公会堂でしたが、ずいぶんお金のかかる演奏会でした」。

「夕鶴」の公演については次章で詳しく紹介することにして、まずは当時何かと注目された「三人の会」について見てみよう。

「三人の会」の結成は五三年。毎日新聞には「当代売れっ子『三人の会』」の見出しで次のような記事が掲載されている。

「（前略）一緒に何をするんだ？　遊ぶのである。それが第一の目的。遊ぶといったってお互いの家に集り夜を明して語り合う。自分の作品を自慢し、相手のものを批判する。もちろんその逆もあってそれが結構創作意欲の刺激になる。第二の目的――作曲を個人で発表するなんて金がかかって大変なことだ。三人でやれば少しは楽になろうというわけ。（中略）それでも三人が集ったからには何か共通の思想なり考え方があるんじゃないか。無理に探せば〝人のやらぬことをやろう〟という気持、軽くいえばそれは才気であり、大げさにいえば反逆の精神だ。団が二十九才、芥川二十八才、黛二十四才という若さのあらわれなのであろう。（中略）黛は無表情に、団は明るく、そして芥川は何となく取澄まして……三人三様のポーズではあるがこう並べてみると日本の作曲界、いや楽壇の希望のリズムが明るくひびいてくるようだ」（五四年一月一三日付夕刊）。

新芸が手がけたのは「三人の会」の第二回作品発表会で、五五年六月二三日に日比谷公会堂で開催された。プログラムは、交響曲作品二一（ヴェーベルン）▽「トーンプレロマス五五」（黛敏郎）▽「嬉遊曲」（芥川也寸志）▽管弦楽組曲「シルクロード」（團伊玖磨）。演奏は東響、指揮はヴェーベルンのみ上田仁、他はそれぞれ作曲者が行った。

「ひそむ安易さ」

毎日新聞は、結成時の好意的な評価から一転、平島正郎の辛口の評を掲載している。

「（前略）第一回同様聴衆のなかには文士や画家、俳優のすがたも見え、また三人がそれぞれさっそうとタクトをとって自作を指揮するなど面目躍如たるものがあった。黛の『トーンプレロマス55』（プレロマスとは、作曲者の説によると、力強い、荘厳な、といった意味らしい）は、弦楽器を使わず各種の管、打楽器、それにサイレンやノコギリ（ミュージカル・ソウという電気楽器）を加えためずらしい楽器編成。（中略）通念として我々のもっている音楽と極めて違っているが、そんな外観の新しさのわりに、思いのほか新しい音楽に乏しいのはどうした訳だろう。芥川の「喜遊曲」はリズミカルな効果のうえに民族的な情緒を追っているが、力作というほどのことはない。団の「シルク・ロード」も旋律の通俗的な甘さと管弦楽の原色的な色彩に安住して手なれてはいるが、半面どうもうなずけぬふしがある。成程三人三様の才能だけれど第一回に比べて創作するという行為の前提に何か安易さがひそむように思われた点は、惜しまれてならない」（五五年六月二五日付夕刊）。

巨大プログラムが話題

この演奏会では、プログラムのサイズが新聞のタブロイド判ほどの「空前の大きさ」だったことも話題になった。

「(前略) 原価二百数十円、それを百五十円 (これも新記録だ) で売ったから、これだけで十万余円の損をしたらしい。ところで買った方も余り得はしなかった。膝におけば隣りの人にぶつかるし、帰りにはカバンに入った人は一人もいないだろう。大田黒元雄先生の御意見では『ナニ、きっとウチワのつもりだろう』というのだが、これもヘナヘナで余り涼しい風をおくってくれなかった。他人のやらぬことをやる精神。プログラムの形みたいな末梢的なことでも、大いに結構だ。しかしもう少し百五十円に価するものであって欲しかった (後略)」(コラム「めりいごうらんど」から「音楽会廊下族の報告余聞」『音楽の友』五五年九月号)。

作曲家で音楽評論など幅広い分野で活躍した柴田南雄も、「(前略) 開演前に燕尾《えんび》服姿の三人が結婚披露宴よろしく会場入口に揃《そろ》って立ち、特大判の豪華プログラムが売られ、各界の名士が来場するという雰囲気は日本の作曲家の催しとしては空前絶後であろう」としながらも「第二回の諸作も個性的で今なお印象に残る」(「五〇年代から六〇年代はじめの日本の作曲界」『音楽芸術』七三年七月号) と評価している。

三人の作曲家同様、「他人のやらないことをやる」アイデアや実行力は、「西岡イズム」として、新芸の仕事を特徴づけていくことになる。

大物演奏家来日の陰で

新芸が始動した一九五五 (昭和三〇) 年は、毎日新聞社とNHKの招きで米国から「シンフォニー・

オブ・ジ・エア」が来日。海外の主要オーケストラの来日は初めてのことで大きな反響を呼んだ。国交のないソ連からも世界的なヴァイオリニスト、ダヴィッド・オイストラフが来日するなど、日本のクラシック界は何かと話題の多い年であった。『音楽年鑑』の五六、五七年版によると、東京での演奏会の回数は五四年九月から五五年八月の一年間で一二五二回、同年九月から五六年八月には一四三一回。終戦後の四五年九月からの一年間の三二五回に比べれば驚異的な数字だ。

そんな中で生まれたばかりの新芸が実際どのような音楽会に関わったか、詳細を知るのは極めて難しい。当時のプログラムや広告には、現場の「実動部隊」であるマネジャーの名が記されていないことが多いためだ。それでも、小尾の証言や、当時の音楽雑誌・新聞の記事から、「新参者」ながら多様な演奏会に果敢に取り組み、存在感を示していた新芸の姿が浮かび上がってくる。

例えば五五年七月二日、日比谷公会堂で新芸が主催した東響の「名曲の夕」は、チケット発売後わずか五日間ほどで完売する異例の人気だったという。指揮は上田仁、独奏に人気ヴァイオリニストの巌本真理を迎え、歌劇「アイーダ」から凱旋行進曲（ヴェルディ）▽ロマンス（ベートーヴェン）▽ツィゴイネルワイゼン（サラサーテ）▽交響詩「モルダウ」（スメタナ）などポピュラーな名曲を集めた演奏会だった。

あわてて「立ち席」用意

「（前略）主催の新芸術家協会では、あわてて『立席』のゴム印を作るという騒ぎ。全く近来のヒットであった。やはり広い意味の音楽ファンはチャンと音楽の聴き方を知っているらしい。出演者が言わば一流に属し、曲目が割りに親しみ易いものが多く、おまけにそんなに高い料金を払わなくてよいとなると飛びついてくるのである。何時《いっ》も指摘していることだがシカ爪らしく聴く音楽だけを真の芸術だなんて考えているようでは、何時までたっても音楽会は赤字続きだし、音楽を聴く人は増々減少して行くものなのだ。音楽マネージメントに関係する人々はこの辺の事情をよくわきまえて仕事をすべきだろう。芸術の終局の目的は、とどのつまり娯楽なのだから」（「ニュース・アラベスク」『音楽の友』五五年一〇月号）

小尾は当時の演奏会のチケット販売についてこう振り返る。

「そのころは満員になったら立ち席を売っていましたね。プレイガイドで立ち席を売っても誰も文句を言わなかった。私がミリオンコンサート協会を始めてから第九の演奏会をした時も、すぐに売り切れてプレイガイドで立ち席が一〇〇枚以上売れました。扉が閉まらないほどお客さんがコンサートに来た時代でした」。

砂原美智子の北海道公演

この年の夏、小尾は西岡に命じられて、藤原歌劇団のプリマドンナ、砂原美智子の北海道公演に同行している。

「西岡に『北海道は自分の縄張りだ』といわれて、砂原さんに付いて帯広や札幌、網走の方まで一回りしたと思います。当時砂原さんは藤原義江さんと交際中で、藤原さんも付いてきた（笑う）。三人一緒に旅をしました」。

九月一九日（日比谷公会堂）と二二日（産経会館）には、「三大バレエ団合同公演」と銘打ち、四六年に結成された「東京バレエ団」に参加した服部・島田バレエ団と東勇作バレエ団の二団体に加え、米国のモダン・バレエに刺激を受けた横山はるひバレエ団が同じ舞台に立った。東京バレエ団は五〇年の第七回公演を最後に消滅。島田広の言葉を借りれば「群雄割拠」あるいは「タコツボ戦術」の時代が続くなか、三つの団体が各自作品を持ち寄る形ではあっても一堂に会する公演は注目を集めたようだ。西岡の妻となる町田旬子は、かつて東京バレエ団の公演にも出演しているし、「三人の会」の芥川也寸志や黛敏郎は横山はるひらと活動しており、さまざまな関わりから合同公演が実現したと推測される。「西岡は人付き合いをよくして、あちこちに顔を売るのが得意で、いろいろな方面に人脈を広げていった」と小尾は振り返る。

エルマンの興行

初来日のオイストラフとともに、五五年に注目を集めたのがヴァイオリニストのミッシャ・エルマン（一八九一～一九六七）である。一九二一（大正一〇）年、三七（昭和一二）年に続く三度目の来日で、九月下旬から約一カ月間に計一四回公演している。読売新聞の開催社告には読売新聞社と世界同胞愛協会が主催と記されているが、実際には東宝芸能配給の仕切りで招聘したようだ。ちなみに世界同胞愛協会は米国に本部を置く団体で、五五年に日本にも設立された。委員長は下中弥三郎・平凡社社長。理事には安倍能成・学習院大学長、武者小路実篤ら多彩な顔ぶれが名を連ねている（『毎日新聞』五五年三月一八日付）。

小尾によれば「ギャラは一回一二〇万円という当時としてはすごい金額を支払って二回興行したと思います。そのうち一回はオケの伴奏で。でもお客さんはあまり入らなかった。結局ギャラを踏み倒したような気がします」と苦笑まじりに振り返る。総理大臣の月給が一五万円（五八年）という時代、確かに破格の金額である。ひともうけしようという西岡の思惑は外れ、多額の借金が残った。

ヤミドルで逮捕者も

五五年のエルマン招聘を巡って、高額のギャランティーで苦労したのは新芸ばかりではなかった。当時の日本では、外国から音楽家などを招聘する際に支払う外貨が厳しく制限されており、招聘元の東宝芸能配給は、外国映画の輸入を手がけていた外国人貿易商から「ヤミドル」を買って支払ったという。五六年五月一二日付の毎日新聞などによると、正規の為替レートが一ドル三六〇円の当時、一ドル四〇八円という高値でヤミドルを買って、エルマン夫妻や共演ピアニストの旅費を支払うなどしたらしい。東宝芸能配給社長や貿易商ら三人が計四万三六八七ドル五〇セントを売買した外国為替および外国貿易管理法違反の疑いで逮捕される結果となった。

そこまでして招聘したエルマンの演奏は果たしてどうだったのだろう。読売新聞の九月二九日付朝刊社会面には「官能的な調べに酔う　エルマンの初演奏会」との大見出しで、二八日に行われた日比谷公会堂での演奏会の様子を紹介。「大正一〇年帝劇で聴いたというオールド・ファンなど二千数百名の愛好者がつめかけ、三年前ニューヨークのカーネギー・ホールの大演奏会の興奮を再現、春のオイストラッフ氏におとらぬ感動を与えた」と報じている。しかし、音楽雑誌などの記事によると、かつて「エルマン・トーン」と呼ばれファンを魅了した甘美な音色は衰え、「今更エルマンでもあるまい」との声も少なくなかったようだ。

『音楽の友』一二月号には「(前略)今日の演奏様式にとってはいささか食い違うものがあり、演奏そのものの崩れはどうにも致方のない年令を感じさせた。外貨を払って招へいするのだったら、もっと第一級のバリバリした優秀な演奏家を呼んだらどうだろうとつくづく感じさせた(後略)」と厳しい評価が記されている(「ニュース・アラベスク」)。

戦後、海外からの大物演奏家の来日は、一九五〇年に毎日新聞社が招聘したフランスのピアニスト、ラザール・レヴィが初めてで、以後演奏家の来日が続くが、必ずしも一流どころばかりではなかった。すでに五五年の時点で、外国人演奏家というだけでは切符が売れないと、西岡もエルマンの興行で身にしみたはずだ。

新芸一期生——女性マネジャーの草分け

一九五五年に「新芸術家協会」に入社し、その後小尾とともにミリオンコンサート協会（ミリオン）を設立し、音楽マネジャーとして長らく活躍したのが高原加代子（一九三一〜）だ。

戦前、日本の統治下にあった台湾で大きな楽器店を営んでいた高原の父親は、日本への帰途、アメリカの潜水艦の攻撃を受けて亡くなった。神奈川県の逗子に引き揚げて来た高原は、台湾時代の友人を通じて、銀座に新しくできる「山葉《ヤマハ》ホール」で働かないかと声をかけられた。

女性音楽マネジャーの先駆けとして活躍した高原加代子。2017年5月（著者撮影）

「その友だちは浜松市に住んでいて、隣が日本楽器（ヤマハ）の社長の家だったのです。ホールで働いてくれる女性を探していることを知った友だちが、私なら実家が楽器店で音楽のことも少しはわかっているじゃないか、と紹介してくれました」。

子供のころから蓄音機の針を磨くのが得意で、自然にクラシック音楽に親しんでいた高原は「ホールの仕事なら演奏家の人達にたくさん会えるのではないか、と喜んでひきうけた」という。

山葉ホールは一九五三年にオープン。しかし、実際の仕事は思い描いていたような楽しいものではなかった。

「当時、文化放送が山葉ホールでよく公開収録をしていて、そのたびに銀座通りに人があふれていました。交通妨害にならないように、列を作って並ばせることが私の仕事でした。こんな仕事を一生やるわけにはいかないと思っていたら、今度新芸術家協会という会社ができる、と聞いて、たぶん自分で押しかけていったんじゃないでしょうか（笑う）」。

新芸での主な仕事は、演奏会の切符をプレイガイドに配ることだった。

「当時銀座にはプレイガイドが五つあったのですが、銀座を歩いて切符を配る仕事がとても楽しかったものです」。

一方で、高原の自宅からほど近い葉山に住んでいた團伊玖磨をはじめ、芥川也寸志、黛敏郎、巌本真理、井口基成といった作曲家や音楽家の「雑用」も引き受け、重宝がられたという。「あのころは宅配便もファクスもコピーもないでしょう。書き上げた楽譜を届けに行ったり、舞台衣装を運んだり、ずいぶん用事を言いつけられたものです。それで収入が増えればいいのですが、逆に電車代が持ち出しになり、母が、この子は何の仕事をしているんだろう、と、心配していました」。

新事務所でダークダックス

ある日、銀座を歩いていると、山葉ホールで若い男声コーラスのグループが公開録音をしていた。一般の人は入場できなかったのを、要領よくもぐりこんだ。それが、ダークダックスとの出会いだった。

「その時はあまりうまくないと思ったんですが（笑い）」。品のいい雰囲気に好感を持った高原は、彼らと同じ慶応出身の小尾に「すぐつかまえて、と頼んだ」という。これがきっかけで、高原と小尾は、ミリオン設立後の五八年から、東京でのダークダックスのニューイヤーコンサートやリサイタルの興行を手がけることになる。年二回、五〇年余り続いたコンサートはいつも満員で、ミリオンの「ドル箱」的な存在となった。

「日比谷公会堂は当時三〇〇〇人入った。この三〇〇〇人の名簿を私が管理していたんです。パソコンがない時代ですから、宣伝するのも切符を送るのも、封筒一枚一枚に手書きで住所を書いて送りました」。後にミリオンが日本フィルハーモニー交響楽団の定期会員の「サービスステーション」的な業務を担う際、こうした経験が大いに役立った。

コーラスグループ、ダークダックスは「慶応義塾ワグネル・ソサィエティー男声合唱団」のメンバーであった遠山一《はじめ》、喜早哲《きそうてつ》、佐々木行《とおる》の三人が一九五一年に結成。一年後に入学した高見沢宏《ひろむ》が加わり、以後四人で活動を続け、童謡やロシア民謡、シャンソン、ジャズなど幅広いレパートリーで人気を博した。

ヒュッシュに涙する若者

四人がプロを志すきっかけとなった体験がある。NHKが招聘したドイツの名バリトン歌手、ゲルハルト・ヒュッシュ（一九〇一～八四）の来日を記念して五二年に東京の歌舞伎座で行われたヴァーグナーの歌劇「タンホイザー」の公演だ。ヒュッシュ以外は藤原歌劇団が主要な役を歌ったが、慶応ワグネルや東京芸大の学生なども合唱で出演したのである。喜早は『日本の美しい歌　ダークダックスの半世紀』に興味深いエピソードを記している。
「ヒュッシュは神様でした。（中略）そのヒュッシュの歌を、四日間も毎日聴くことが出来る、それもタダで、いや、アルバイト料を貰って聴ける！　僕のような虫けらコーラス・ボーイでさえ大感激なのですから、プロを目指す音大生にとってはどれほどの期待と喜びがあったでしょうか。その姿を芸大組アルバイトとして参加し、後に実業家となってソニーを『世界のソニー』に育てた大賀典雄さんに見たのでした。（中略）その非オペラ・ハウスでの四日間は、コーラス・ボーイにも大変な刺激を与えてくれました。そのうちの四名が『未知なき道？』に踏み込んでしまったのが良い証拠です。『タンホイザー』の中で僕らがこぞって痺《しび》れたのが、ゲルハルト・ヒュッシュ演ずるヴォルフラムが、小さなハープを弾きながら唄うアリア『夕星の歌』でした。（中略）一番痺れたのが大賀典雄さんだったでしょう。僕もこの場面になると舞台の袖に駆けつけ聴いていましたが、その場所には必ず大賀さんが先着しており、伸び上がるようにして聴きながら涙を流していました（後略）」。

ミリオンコンサート協会が1958年に行ったダークダックスのニューイヤーコンサートのプログラム。以後50年余、新年恒例のコンサートとして継続された（著者蔵）。

五〇年代は、戦後昭和の日本を作った人々の、まさに青春時代であった。

四章　雌伏

斬新なアイディアや人脈を駆使して健闘するも、新芸術家協会はわずか一年で「第一次倒産」に見舞われる。しかし、「労音」発展を追い風に、オペラ「夕鶴」や、N響関連の演奏会を全国展開し、その後の飛躍の足がかりをつかむ。

1　労音誕生

会員六五万人

二〇〇一年三月、西岡が私にこんな話をしてくれた。

「労音という団体があるでしょう。今は下火になっているけど、昔は勢いがあって、大阪の労音は、一つの企画を売り込むと四〇回ぐらい演奏会ができた。東京労音も二〇～三〇回できたんじゃないかな。値段の高い企画はあまりやらず、日本のものが中心だった」。会員がどのくらいいたか尋ねると、西岡はその場で東京労音の元事務局長、阿久沢実に電話で確認。一九六〇年代のピーク時、会員数は全国で約六五万人、との答えだった。

大阪労音の誕生

通称「労音」の正式名称は「勤労者音楽協議会」。四九年一一月に大阪で誕生した。関西ではアマチュアの合唱団やブラスバンドなどの音楽活動が盛んで、各職場の音楽団体を統合し、四七年に「関西自立楽団協議会」の結成大会が行われている。同協議会委員長で、後に大阪労音の初代委員長となった端山文仁は「みんなで演奏しているうちに、これを他の人たちに聴いてもらいたい、同時に、もっと技術的に向上するため、すぐれた演奏を聴きたい、といった要求が出て、これが労音をつくるもとになった」と語っている（『大阪労音一〇年史』）。

四九年九月の同協議会委員会で、当時、大阪で文化の発信基地であった朝日会館が、勤労者を中心とした音楽鑑賞組織をつくってはどうか、と提案。これが労音誕生の直接のきっかけとなった。会員が収めた会費で音楽会を開くという「割り勘」的な発想で誕生した労音は全国に広まり、やがて、会員六五万人というマンモス組織に成長する。

東京労音は四年後

東京労音の誕生は大阪に遅れること四年、五三年一〇月だ。『東京労音運動史　一九五三～二〇〇〇年』によると、大阪労音の成功が注目されるなか、東京でも労音をという機運が高まった。職場・地域のサークル活動家を中心に準備会を組織。「進歩的な方針」で音楽鑑賞会等を供給していた「東京文化協会」や、その会員が中心となって運営していた「千代田音楽愛好会」、「合唱団白樺」「東京映画サークル」といった団体の活動家らが参加した。

「今日、日本の勤労者、学生などの多くは、経済的、時間的、余裕がないために、良い音楽を聴く機会を得られない現状にありますが、なんらかの形で、勤労者を中心に、音楽に関する欲求を満足させせうる強力な組織の必要が痛感されてきました。（中略）真に勤労者、学生を組織する音楽活動を通じて、日本文化に寄与しうる、充実した協議会に発展、育成させたい所存であります」（「東京労音設立趣意書」五三年八月二七日付）。

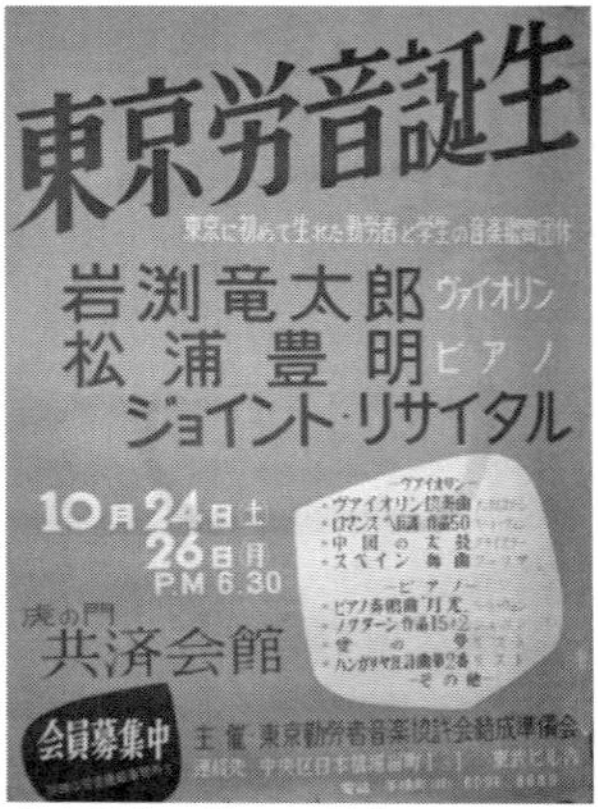

東京労音の第１回例会のポスター（著者蔵）

同年一〇月二四、二六日にはヴァイオリンの岩淵龍太郎、ピアノの松浦豊明によるジョイントリサイタルが第一回例会として虎ノ門の共済会館で開催された。

もう一人の社員一期生

東京労音の母体の一つである東京文化協会の中心人物の一人、諸井昭二の名前が、五六年版の音楽年鑑に掲載された新芸術家協会の広告に記されているのは興味深い。

諸井は一九三〇（昭和五）年東京生まれ。合唱指揮者・作曲家として活動を続け、七〇年ごろからはチェコスロバキアの合唱音楽を研究。アマチュア合唱団「わだち」とともに演奏・普及活動を続け、七九年にはチェコ政府からヤナーチェク文化勲章を受章。日本チェコ協会、日本スロバキア協会の各理事なども歴任し、二〇一二年に死去している（合唱団「わだち」ＨＰより）。

新芸の社員一期生の小尾は「諸井さんは、東京労音ができるころの中心人物で、諸井音楽事務所というのもやっていた。新芸の事務所が広かったので机を並べただけで、新芸の仕事はほとんどしていなかったのではないか」と証言する。

実際、『東京労音演奏会記録集　一九五三〜一九九四年の例会プログラム』には、しばしば諸井の名前が登場する。五四年五月に行われたヴァイオリンの辻久子の独奏会や、新芸始動後の五五年四月の「独唱と合唱の夕べ—山口和子、石津憲一、他—」は「提供：諸井音楽事務所」と記されている。さらに、五四年一二月の東フィルのベートーヴェン「第九」演奏会や、五五年一〇月にあった東京労音創立二周年記念例会「オラトリオ『森の歌』大合唱と交響曲のつどい」で、合唱指導として諸井の名がある。

ちなみに、新芸が東京労音例会への企画提供者として最初に確認できるのは五五年九月と一一月に共立講堂（共立女子学園）で計一四回行われた「新進演奏家の夕べ」だ。共立講堂の座席数は当時約二六〇〇席。補助椅子を入れれば三二〇〇人の収容が可能で、日比谷公会堂と並ぶ規模と設備を誇り、一般の演奏会でも頻繁に使用されていた。出演者はヴァイオリン福居（浦川）宜也、メゾ・ソプラノ柴玲子、ピアノ近江康夫、バリトン宮原卓也。伴奏者として川村深雪、鳥居玲子、小林道夫の名前が見える。新芸がほぼ同時期に行ったエルマンの演奏会の入場料は五〇〇〜一二〇〇円だったが、「新進演奏家の夕べ」の会費は当時の例会の平均的な金額の七〇円。当時喫茶店のコーヒーが一杯五〇円ぐらいであったから手ごろな料金と言えよう。参加会員数は計三万二四五一人でまずまずの盛況だった。

新芸術家協会が東京労音例会に初めて企画提供した1955年の「新進演奏家の夕べ」のプログラム（著者蔵）

諸井が、新芸と労音の橋渡し役だったとも推測されるが、詳しいことはわからない。ただ、設立間もない新芸の体力のなさゆえか、急速に労音の仕事を増やすことはなかった。それどころか、しばらくの間、新芸の名前は東京労音の記録に見いだせない。次に登場するのは二年後の五七年九、一〇、一一月の例会「名曲の夕べ　NHK弦楽四重奏団」「ルティルデ・ベッシュ（ソプラノ）リサイタル」である。

入場税足かせに

その頃音楽会の興行をする上で大きな足かせとなっていたものに、「入場税」がある。三八年、日中戦争の始まりに伴う特別税として導入されたが、戦後も存続した。五五年当時の税率は入場料五〇円以下が一〇%、五〇円超八〇円以下は二〇%といった具合に入場料が高くなるにつれて税率も高くなるしくみで、入場税の半額を事前に納入しなければならなかった。

小尾はこう振り返る。

「当時は一〇万円用意するのも大変な時代。予納金を工面するために、西岡に命じられ、年中質屋に行っていました（笑い）。渋谷に西岡がお得意の質屋があって、ペンタックスの高級カメラを入れると、七万～八万円貸してくれたものです。実はそのカメラは義父（妻・旬子の父）の町田佳声さんのものだったんですがね」。

シュトラウス、豊島園でコンサート

小尾の証言によれば、経済的に厳しい状況が続いていた新芸が最後の賭けに出たと思われる演奏会が、五六年夏に行われている。まず、八月五、一一、一八日に東京の豊島園野外音楽会場で行われた「西武納涼音楽会」。『音楽新聞』（五六年八月五日付）や『音楽旬報』（同）などによれば、地下鉄丸ノ内線が東京まで開通した記念として、西武百貨店とアサヒビールコンサート協会の主催で開かれている。小尾によれば、実際は新芸の興行で、「誰かの紹介で堤（清二）さんと知り合い、便宜を図ってもらった」という。出演者は五日がマンフレート・グルリット指揮の東フィル、一一日が前田幸市郎指揮、東響と東京合唱団、一八日はエドゥアルト・シュトラウス（Ⅱ世）指揮、東響だった。

「ワルツの父」の曽孫

「ラデツキー行進曲」で知られる「ワルツの父」ヨハン・シュトラウスⅠ世の曽孫で、シュトラウス一家の唯一の後継者とされるエドゥアルト・シュトラウス（一九一〇〜六九）の来日は当時大きな話題となった。五六年に東響の招きで来日、約三カ月間滞在し、各地で演奏会を行っている。

ちなみに七月二七日に日比谷公会堂で行われた演奏会は毎日新聞社、朝日新聞社、ラジオ東京などが協賛している。シュトラウスが指揮するワルツやポルカはシュトラウス一家の遺産であるオリジナル版の楽譜を使って演奏。日本に楽譜が届いた後は「写譜専門家数人が総動員され、パート（譜）の作成に懸命になっている」と報じられている（『毎日新聞』五六年七月一四日付夕刊）。

「本家」の実際の演奏はどのようなものであったのだろうか。ワルツやポルカのほか、シューベルトの交響曲第五番やモーツァルトの「アイネ・クライネ・ナハトムジーク」などが演奏された七月二七日のコンサートについて、海老沢敏が次のような評を記している。

「（前略）彼の指揮には一般に想像されるような重厚なウィーン情調といったものはほとんど感じとられず、どの曲も率直で、すっきりと歌われており、その率直でかつ若々しい指揮ぶりには無条件に好感がもてる。（中略）思うにウィンナ・ワルツにみられる微妙な旋律、リズムの流動を指揮者の意図のままに十二分に表現するには、楽団がこの音楽の生きた基盤にあまりにも疎遠でありすぎ、かつ練習期間が短すぎたのではなかったろうか（後略）」（『音楽芸術』五六年一〇月号）。

後楽園でもコンサート

八月二四日、新芸はもう一つ、大がかりな演奏会を手がけている。後楽園スタジアムでの東響と東フィルの合同演奏会だ。指揮はM・グルリットと山田和男（一雄）、ヴァイオリン独奏は鈴木秀太郎。プログラムはメンデルスゾーンのヴァイオリン協奏曲（東響）▽シベリウスの交響詩「フィンランディア」（東フィル）のほか、合同でチャイコフスキーのバレエ組曲「白鳥の湖」やベートーヴェンの交響曲第五番「運命」なども演奏する盛りだくさんな内容だった。小尾は「かつて東宝音楽協会の中心人物だった掛下慶吉が世話を焼いてくれて、新芸が興行したのだと思います。後楽園球場の内野席にオーケストラを二つ並べて演奏するというのは西岡のアイデア。（興行師として）すごい腕を持っているなと感心したものです」。

第一次倒産

小尾によれば、五六年秋に新芸は「第一次倒産」に見舞われた。「もはや戦後ではない」という言葉が流行し、世の中が「神武景気」に活気づいた時期だが、新芸の経営の追い風にはならなかったようだ。

野外コンサートという、当時流行していたスタイルを取り入れ、いろいろなつてを頼って実現した意欲的な事業ではあったが、新芸の経営を好転させるまでの収益は上げられなかった。

「出演料のほか、広告代理店と印刷業者に支払いができなかった。九月になると西岡から『お前たち、解散だ』と言われました。悪い手本を見せられましたね（笑う）。こういうことをしちゃいけないということを学んだのと、こんな仕事なら自分もできるのではないかと思いました」。

同年一〇月一日、小尾は新芸の同僚だった高原加代子と、オーディオ評論家の江川三郎らとともに「ミリオンコンサート協会」を設立。同じ年に誕生した日本フィルハーモニー交響楽団の定期会員へのサービス業務を担ったり、N響の向こうを張る形で、年末の「第九」を日フィルで定着させたりと手腕を発揮する。オーレル・ニコレ、ハインツ・ホリガー、山本直純、ダークダックスなどの演奏会を手堅く手がけて歴史を重ね、老舗音楽事務所として今も存在感を示している。

2 オペラ「夕鶴」制作

新芸の初仕事か

一九五五年の春、設立当初の新芸の仕事として確認できるのはオペラ「夕鶴」の制作だ。二期会が「夕鶴」をレパートリーに組み込んだのは七三年で、それまでは新芸の制作にまかせていたという。新芸制作の「夕鶴」は労音（勤労者音楽協議会）などに提供され、全国各地で上演された。

オペラ「夕鶴」の初演はすでに述べた通り、五二年一月の大阪公演だが、同年九月に東京で上演されて以降、五五年三月（関西歌劇団公演、朝比奈隆指揮、武智鉄二演出）まで上演の記録は確認できない。

西岡と團が出会ったのは、西岡がまだ北海道を拠点に音楽マネジャーをしていたころらしい。「夕鶴」の思い出を西岡は次のように語っている。

「詳しいいきさつは忘れたが、團さんに『夕鶴』を東北・北海道で公演する交渉をした。当時、團さんは二期会をあまり好意的に見ていなかったようで、藤原歌劇団のメンバーを希望した。藤原でも、つうを歌えるのは大谷洌子《きよこ》ぐらいだった。それに与ひょうは木下保とか、そういうメンバーで編成した。その縁で『夕鶴』を全国にセールスするようになった」。

「まだ娯楽が少ない時代、みんな音楽に飢えていた。『夕鶴』はずいぶんあちこちを回った。舞台セットは簡単なもので、俳優座の連中が舞台関係をやっていた。裏方さんたちはみな豪傑でよく酒も飲むんだ。汽車で一緒に九州に行った時、はじめて焼酎を飲んでひどい二日酔いになったこともあったね」。

また、戯曲の原作者、木下順二は自作の上演について非常に厳格で「公演があるたびに事前にお願いに行って、終わってからも『何回やりました』と報告しなければならなかった」という。

映画館や小学校でも

五五年の春、新芸は東京で「夕鶴」を三回公演している。東京公演は四月二一日が日比谷公会堂、二三日と五月一三日が産経会館。主役のつうは大谷洌子（二一日）、三宅春恵（二三日）、柴田喜代子（五月一三日）のトリプルキャスト。三宅、柴田は二期会のメンバーだ。オーケストラは東京交響楽団、指揮は作曲者自身が行っている。東京公演の間隙《かんげき》をぬうように、四月二五日の小樽公演を皮切りに五月二日まで札幌、美唄、旭川、苫小牧、室蘭、函館と巡演。夕鶴の初演で演出助手をした河内（下村）節子が西岡の依頼で北海道公演に同行した。河内はこう振り返る。

「初日は小樽の映画館（松竹座）。旭川は小学校の講堂で、舞台づくりからはじめなければいけなかった。どこかの会場では電気の具合が悪くて、幕が早く開いてしまって（惣ど役の）秋元さんがすごく怒っていました。北海道はまだ雪が残っていて、移動の時に乗っていたトラックが途中でエンコしたり、東京を出発してから函館までお風呂に入れなかったことも覚えています（笑い）」。

つう役・大谷冽子

この北海道公演も、つうの役は東京と同じ三人のソプラノが担当しているが、初演以来長らくつう役を務めたのは大谷冽子（一九一九〜二〇一二）だ。團が作曲の際につうとしてイメージしたのも大谷だといわれる。大谷は「夕鶴」について次のように思い出を語っている。

「イタリアのオペラばっかりやってましたから、はじめはあまりにも素朴すぎて、とっつきにくかったんです。大きく表現できる役のほうがじつは楽なんです。つうのように、抑えた演技というのはとても難しい。つうの、助けられた恩に報いようとする素直で美しい心、愛の化身そのもののような感じを、大げさにならないように、自然に体から滲《にじ》み出るようにしなくちゃならなかった。歌も（中略）リリコを過ぎてドラマティコくらいの歌い方を要求されるんです。私は軽くて細いレジェロでしたから凄《すご》く辛《つら》かった。特に最後につうが『さーよーなーらー』と歌って舞台から消えてゆく、あのアリアが大変でした。團さんは、私をイメージして曲を書いた、と聞いていたでしょ。でもそれならこんな曲にはならないはずよ、あれはやっぱりお世辞だったんだ、と思ったくらいでしたから」（川上貴光『アリアは響いて大谷冽子――オペラひとすじの道』）。

二分する評価

戦後の創作オペラの先駆けであった「夕鶴」は、今日では日本の創作オペラの代表作とされているが、当初の評価は必ずしも高くはなかったようだ。「やはり夕鶴のリリシズムは、團さんのつけたあいう後期ロマン派的な音楽のスタイルじゃ表現できないと思った（中略）。どっちかというと音楽がプッチーニばりの重厚な音楽だから、イメージが殆《ほとん》ど壊れてしまう」（『音楽芸術』五二年四月号掲載の木村重雄の評）といった、台本と音楽の齟齬《そご》や、歌手たちの声の不足などを指摘するものも多い。

そうした中で、吉田秀和は「『語られる国語』と『歌わるべき日本語』の関係」といった課題も指摘しつつ、「音楽はがっちり本格的にかかれているし、メロドラマめいた脚色をさけ台本の一句もゆるがせにせず、音楽の様式の統一と純一を守りぬいた意識と勇気も大変見事だ。その意味でこれは日本のオペラ創作史から書落されぬものとなろう」と高い評価を与えている（『毎日新聞』五二年二月一四日付夕刊）。

北海道公演の感動

ところで、五五年は毎日新聞社の主催で一一月一五〜二二日に広島や福岡、下関などを巡演している。これも新芸の制作・提供によるものと思われるが、公演プログラムには明記されていない。毎日新聞での前触れ記事では、團が（同年春の新芸による）北海道公演の感動を記している。

「（前略）日本の創作歌劇で自然に人々に愛されて演奏旅行に出るなどということは実に永い間の夢であったのである。しかし、とうとうその夢が実現する日がやってきた。（中略）わが国はじまって以来の記念すべき創作歌劇の旅は早春の北海道であった。多くの危惧と心配とに反し、この旅行は各地で花々しい成功だった。全員実にうれしかった。私も作曲者として、指揮者として、早春の北海道で得た感動を忘れることができない。従来の都会偏在のわが国の文化の悪弊を打ち破って、創作歌劇が全国津々浦々の人々に行きわたって行く、何とすばらしいことだろう」（『毎日新聞』五五年一一月一五日付西部本社版夕刊）。

西岡の手紙

一方、五五年の「夕鶴」再演の様子を、「つう」役の大谷洌子は次のように記している。

「（昭和）三十年四月、漸《ようや》く再演の機がめぐってきました。かつての（新橋）演舞場での公演（著者注・五二年九月三〇日に藤原歌劇団とビクターが共催した公演）がきっかけとなり、これ以後ずっと〝夕鶴〟のマネージをなさっている西岡氏の、最初の仕事だったのです。（中略）芝の明徳幼稚園を借りて練習に入りました。岡倉（士朗）先生も既にオペラの諸条件におなれになって、静かにものをおっしゃりながらも、てきぱきと手ごわい演出をなさいました。（中略）團さんは毎日毎日歌手は変れど主変わらずで、はげしい練習をしたり、ピアニストのいない時はピアノをひいたり、歌い手の足りないところは自分でうたったり、（とてもいい声で表情も自由です）なさりながら、自ら、積極的な努力をみせて下さいました。当時は〝椿姫〟や、〝カルメン〟や〝蝶々夫人〟などが、次から次へと上演されてはなやかな時代でしたが、この度の上演で〝夕鶴〟のファンもぐんと増え、又理解も一そう深くなったようでした。この時から、〝与ひょう〟が〝つう〟を探し求めて消えるところで一場の幕を下ろすことになり、以後この習慣になりました。

木下先生の〝与ひょう〟（初演の柴田［睦陸］さんもそうでしたが）はまさにすばらしい出来でしたが、『先生とってもすてきでした！』とファンにいわれて、嬉《うれ》しいようなおかしいようなお顔をなさるので、それをみる私達は毎度ニヤニヤしました。『うすばかの〝与ひょう〟がすてきだといわれると、ちょっと恥ずかしいね……』とよく笑っていらしたから」（「『夕鶴』と私――大阪初演からニューヨーク公演まで――」

『音楽の友』六〇年四月号)。

大谷は五六年一月にヨーロッパに渡るが、五七年八月の「夕鶴」名古屋公演のために帰国する。

「西岡さんから度々手紙が来て〝夕鶴〟にさそわれますと、〝つう〟のようにすぐにもとんで帰りたくなる実感がしました。しばらくぶりでうたう〝つう〟はなつかしく、日本へ帰った喜びがひしひしと身にひびきました。うれしかったのです。あちらで〝蝶々夫人〟をうたったり、リサイタルをして帰ったとたんでしたので、日本への愛着が(変ですけれど外国から帰ると、そんな大げさなとてつもない感じがするものです)こんこんとわき出ました。日本のオペラをうたう幸せというのでしょうか。あたたかいものが自分をふんわり包んでくれるようでした」(『音楽の友』同記事から)。

新人演出家抜擢

初演から演出を手がけた岡倉士朗が五九年二月に急逝。同年一一月、青森県八戸市での公演に急きょ呼ばれたのが、劇団民芸で岡倉の薫陶を受けた演出家の小田健也(一九三〇～)だった。これまで「夕鶴」の上演は国内外で八〇〇回を超えるが、そのうち三〇〇回以上の公演に携わったのが小田である。

小田は旧制福岡高等学校で演劇部に入ったのがきっかけで芝居の道に進み、九州大学在学中に劇団民芸に入団。五四年に「幽霊やしき」(福田恆存作)で俳優としてデビューしている。小田は演劇人として岡倉から大きな影響を受けたという。

「劇団民芸の新人のころ、朝、掃除をしていると、岡倉先生に『君、今、暇かね』と声をかけられ、よく喫茶店に連れていかれました。スタニスラフスキーの演劇理論などを話されるのですが、僕もまじめに反論したりするものだから、話し相手としてちょうどよかったのでしょう。議論しながら自分の考えを深めたり整理しておられたようです」。

岡倉の演出方法について小田はこう記している。

「どう俳優に舞台上のポジションをとらせるかという時に、ただそれを指定するだけでなく、俳優自身の内的必然性からその場にいかざるを得ないように導く。俳優の自発性や内発性を呼び覚そうとするのだ。（中略）決して奇を衒《てら》うこともなければ、段取りで恰好《かっこう》をつけて舞台を創《つく》ってしまうということをしない。俳優をゆさぶり、話しこみ、その内面が醗酵《はっこう》してくるのを辛抱づよく待つといった感じだった。この演出の態度は、岡倉士朗という演出家の生き方そのものであり、人柄そのものであった。そして創られた舞台がそうであった。しっとりと光り、どこかやさしさを湛《たた》え、そしてなによりも一種の品性をもっていた。現代の舞台の多くはなんとこの品性（decency）に欠けていることよ――」（小田健也『オペラはこうして演出される　オペラ『夕鶴』演出ノート』）。

なぐり一本かばんに入れて

「夕鶴」の公演には、最初は舞台監督として関わっていた。

「岡倉先生が亡くなってから、先生と縁の深かった『ぶどうの会』の人たちがやっていたのですが、ある日電話があって、旅公演中に舞台監督が急に東京に戻ることになったので、代わりに行ってくれと頼まれました。かばんに着替えとなぐり（舞台で使う金づち）を一本入れ、上野駅から夜行列車に乗って、翌朝着いたのが（青森県の）八戸駅です。旅館といっても一階は土産屋のしけたところでした（笑い）。階段を下りて現れたのが新芸術家協会の社員でした。舞台監督をやってくれ、とスコアを渡され、今日は見ていてください、といわれました。何しろ、どんちょうをどこで上げていいかもわからない状態でしたから」。照明スタンドの脇から公演を見守ったものの「オペラを見るのは人生で二度目」で、それまで舞台裏についていた学生に教えてもらいながら、何とか翌日の公演を終えた。

長年にわたり歌劇「夕鶴」の演出を手がけた小田健也（著者撮影）

「当時は、公演が終わるとすぐにトラックに舞台セットなどを積み込み、夜通しかけて次の会場へ移動して『乗り初《しょ》』（到着したその日に初日を迎えること）、ということもよくありました。がたがたに積むと翌日使えませんから、絵合わせといって、絵の具で描かれた方だけ合わせて、順番を決めて積んでいく。一台に積まないと採算がとれないので、二トン車のロングタイプのトラックに積むのですが、芝居の道具は、張りぼてで重くはないけれど、かさばったり崩れやすかったりするので結構積み込みに時間がかかったものです。ほろをかけてロックして宿に戻ると、大道具さんなんかは先に帰っていてもう一杯機嫌、なんていうこともしょっちゅうでした（笑い）。僕はただ演出をするのではなくて、裏方から道具まで全部面倒をみた。そんなことを何十年もやりました」。

地方にまだ音楽ホールなどなかった時代、学校の体育館や公民館で公演することもあった。

「（長野県の）上田で初めて公演した時は、会場が公民館の二階の大広間でした。舞台が低く、オーケストラが前に座ると舞台が見えなくなるので、オケを左右に分け、廊下に椅子を並べて座ってもらいました。指揮の團さんは歌手に見えるよう真ん中にいなければいけないのですが、観客の邪魔にならないように、高さ二〇センチぐらいのハコウマ（舞台に敷く台）に座ってもらいました。そんな場所でも、お客さんは床が抜けるのではないかと思うほどたくさん集まり大盛況でした。『オペラを初めて見たけれど、とてもよかった。また見たい』と言って帰る人が多くて、うれしかったことを覚えています。『夕鶴』の基になっているのは『鶴の恩返し』というシンプルでわかりやすい物語。それで多くの人に受け入れられやすかったのだと思います」。

オケ伴奏が必須

公民館でオペラ、というと、ピアノ伴奏での公演を想像しがちだが、「夕鶴」の公演は、「オーケストラ伴奏でないと團先生が許さなかった」といい、團自身が指揮者として随行することが多かった。それでも、独唱者が四人、大人の合唱団は不要で子供の合唱のみ、他のオペラに比べれば出演者の人数が格段に少ない。さらに、地元の児童合唱やオーケストラに出演してもらえば、安上がりで、観客動員にもプラスになる。「夕鶴」が各地で引っ張りだこだったのは、優れた作品だということはもちろんだが、オペラとしては小規模で興行がしやすい点も魅力だったのではないだろうか。

「僕が携わった公演の多くは新芸制作で、全国各地の労音主催でした。新芸の西岡さんは面白い人で、團さんのマネジャーではないのですが、『夕鶴』にとりつかれたようなところがありましたね。『俺は『夕鶴』が好きだからやる。オペラはこれ以外やらない』という姿勢でした。團さんも西岡さんを頼りにしていました。裏方も要るし、オケも要るオペラの公演は、どうしたって採算がとれないものです。西岡さんのような太っ腹で男気のある人でないと、あれだけの回数の公演はできなかったのではないでしょうか。僕に仕事を依頼する時も『小田さん頼むよ』の一言だけでした。時にはお金の入った封筒を渡されて『これで頼む』と（笑い）。旅先の宿で、皆が寝静まってから出演者やスタッフのギャラの計算をしたものです」。

マニラの雪

六九年九月、「夕鶴」は台北(二〇、二一日)とフィリピンのマニラ(二五、二六、二八日)で上演された。マニラに新しく建てられた「フィリピン文化センター」の落成記念のフェスティバルに、外務省の文化使節として派遣されたもので、演出は小田、新芸もマネジメントとして関わり、社員の田中一樹と永松俊樹が随行した。「夕鶴」はこれ以前にもスイスのチューリヒやニューヨークで上演され、砂原美智子や大谷洌子が出演しているが、全員日本人歌手による海外公演はこの時が初めてだった。独唱者として伊藤京子、宮本正、栗林義信、佐々木行綱の四人が参加した。

「最初に幕を開けると、雪がぴゅーっと降っている場面なのですが、そこでうなるような声や大きな拍手が客席から聞こえました。一瞬、何か舞台上でアクシデントがあったのか、と心配したのですが、一面雪景色の舞台の美しさにマニラの人々が感動し、客席がどよめいたのです。忘れられない瞬間です」と小田。

現地の反響は大きく、マスコミは次のように報じている(渡辺央允「オペラ『夕鶴』公演を終って」『国際文化』六九年一一月号)。

「團氏は西洋人にわかる音楽を通じ、これに日本的抒情、味、雰囲気を加味することによって、東西の音楽界いずれも肥沃《ひよく》するオペラを作り上げた」(『マニラ・ブレチン』九月二九日付)。

「舞台装置は実にすばらしい。まるで生命を吹き込まれた一枚の絵葉書のようだ。雪におおわれた戸外、裸の木々、ゆるやかな坂道、その中に小さな、しかし風雅な山家の一間が見えている。一面深い冬で、雪がきらきらと舞いおりてくる。（中略）照明効果が、この単一の舞台装置に日没や暁の興趣をそえて千変万化の変様を与える。これは日本のエキスパートのみがよくなし得る技である」（『マニラ・クロニクル』九月二八日付）。

「演出家としての自分は『夕鶴』で育った」という小田は、「ちゃんちき」（團伊玖磨、台本・水木洋子）▽「ヒロシマのオルフェ」（芥川也寸志、台本・大江健三郎）▽「黄金の国」（青島広志（台本も）、原作・遠藤周作）▽「秩父晩鐘」（池辺晋一郎、台本・小田健也）▽「じゅごんの子守唄」（池辺晋一郎、台本・小田健也）▽「高野聖」（池辺晋一郎、原作・泉鏡花、台本・小田健也）など、新作オペラを多数演出し、地方のオペラ活動振興にも貢献してきた。

つう役二五年——伊藤京子

歌劇「夕鶴」のつう役として、多くの音楽ファンが真っ先に思い浮かべるのは、戦後の日本を代表するプリマドンナとして活躍した伊藤京子（一九二七〜）ではないだろうか。

伊藤は静岡県掛川市出身。東京音楽学校研究科在学中の一九四九年に音楽コンクール（現日本音楽コンクール）で第一位を受賞、「第二の三浦環」と呼ばれ注目を集めた。翌五〇年六月、ベートーヴェンの生誕一八〇年を記念した「ベートーヴェン連続演奏会」（毎日新聞社主催）で歌劇「フィデリオ」（演奏会形式、管弦楽・東宝交響楽団）に出演。五一年には金子登らによる「東京オペラ協会」の旗揚げ公演で、プッチーニの歌劇「トゥーランドット」（日本初演）のリュー役を歌いオペラ・デビューを飾った。その後、オペラでは「夕鶴」のほか「蝶々夫人」の蝶々さん、「カルメン」のミカエラ、「フィガロの結婚」のスザンナ、「椿姫」のヴィオレッタなどを当たり役として華々しい活躍を遂げている。

伊藤が「夕鶴」を初めて聴いたのは五二年。日比谷公会堂で師の原信子がつう役を務める公演だった。

「楽屋へごあいさつにうかがうと、團さんがいらっしゃって、原先生が『この子はうちで勉強している子で、毎日コンクールで一位をもらったのよ』と私を紹介してくださいました。團さんは『そうですか』と、そっけなかったですね（笑い）。『京子も今に夕鶴ができるようになったらいいわね』と先生がおっしゃったのを覚えています」。

伊藤が舞台でつう役を歌うようになったのは六〇年からだ。

「そのころはいろいろなものを歌わせていただいていましたので、新芸の西岡さんをはじめ、いろいろな方が私の歌を聴いてくださって、つう役をやらせてみたら、という声が上がったのではないでしょうか」。

同年四月一二～二六日に行われた九州公演が最初で、大谷洌子《きよこ》、三宅春恵とのトリプルキャストだった。ほかの配役は、与ひょう＝宮本正、木下保▽運ず＝藤井典明、石隈昭朗▽惣ど＝佐々木行綱、秋元雅一朗。指揮は森正、東フィルが同行している。

「譜面を見ると難しそうで、最初はなかなか音（音程）が取れませんでした。原先生のレッスンを受けたのですが、先生自身も『これ、音が難しいのよ』とおっしゃって繰り返し勉強されていました」。

最初の頃は、つう役で先輩の大谷の練習を見て自分なりに学んだという。

「大谷さんから何か盗まなければ、と思って、ダブルキャストの時、大谷さんの稽古《けいこ》には必ず私も出ていました。何もわからないので、ここはこんなふうにするのか、とずいぶん勉強させていただきました」。

鶴が人間の女性の姿になった、つうという役柄独特の難しさもあったという。伊藤の師、原信子は上野動物園に通って、鶴の動きを研究していた。初演時に原とダブルキャストを務めた大谷は、原からこんな電話をもらった。

「大谷さん、すごい発見よ。鶴はね、動きはじめるときは右足からなのよ。絶対にこれを覚えておかなくちゃだめよ」（川上貴光『アリアは響いて　大谷洌子――オペラひとすじの道』）。

歌劇「夕鶴」の舞台。つう役（右端）は伊藤。撮影日不明（小田健也提供）

人間と違う表情を

伊藤もつう役の難しさをこう語る。

「どこかに人間ではない所作や表情がないといけないと思いました。ふわっとした表情や、細い足でちょこちょこと走るところ、ゆっくりご飯を食べるところ、ちょっとした指遣いなど、私なりに研究し、工夫しました」。

九州公演は森正の指揮だったが、地方公演も作曲家の團が同行し指揮することが多かった。伊藤によれば、團は自作の演奏について、こまかく助言をすることはなかったというが、それは伊藤の歌唱、演技に対する信頼の証しともいえるのではないか。

転機を経て

初演以来、これまでに八〇〇回以上上演されてきた「夕鶴」は、いくつかの転機を経ている。最初の転機は、五七年、スイスのチューリヒ歌劇場での公演だった。ドイツ語訳で上演され、つう役の砂原美智子以外は、歌手、指揮、演出も欧州勢が担当した。日本のオペラ初の海外上演でもあったこの公演で学んだことを團は次のように記している。

「最も大きな点は、従来のメルヘン的な色彩を消去して、より人間のドラマとして『夕鶴』を捉える方が正しいのではないかという点と、あくまでも音楽を中心に視覚面を作って行く、オペラがオペラであるための当たり前さの大切さを知った点だった。

帰って来た僕は、その頃、より透明にすべてを書き直した現在の総譜をもとに、新芸術家協会の西岡禧一（芳和）君と協力して、『夕鶴』のオペラ巡演を全国的に展開した。そして、その巡演の中で、聴衆の意見をも取り入れながら、『夕鶴』を従来のメルヘンの世界から、より人間のドラマへと変質させて行った」（二期会オペラ公演「夕鶴」のプログラム「オペラ『夕鶴』の二十一年」七三年一二月所収）。

伊藤は、まさにこの転換期にあたる六〇年からつう役を歌い始めている。八五年までの約二五年間、どのように作品と向き合っていたのだろうか。

「『夕鶴』は、歌う度に自分の中で感じることが違うのです。いつも楽譜に帰って、ここはこう表現した方がいいのではないか、と試行錯誤の繰り返しでした。たとえば、つうが、愛する与ひょうをそそのかす運ずと惣どを恨んで、『出ておいでよ』と怒鳴るような場面があるのですが、私ははじめ、舞台中を飛び回って暴れるような動きをしていたのです。ある時、これではだめだ、と考え、思いきって動きを少なくしてみると、團さんが『京子さんの歌は、動から静になったね』とおっしゃってくださいました」。

伊藤最後の「夕鶴」

八五年、伊藤はオペラから引退するが、最後の舞台となったのも「夕鶴」だ。山田耕筰の生誕一〇〇年を記念し、日本楽劇協会などの主催で行われた公演は好評だった。歌劇「夕鶴」の上演の初期から見てきた野村喬は次のように伊藤を絶賛している。

「つうの歌唱ぶりと言い、演出の緻密な解釈の前進に合致した演技と言い、やはり安定していると思う。(中略) 創作オペラでの彼女は他のソプラノ歌手を全く寄せつけないほど、素晴らしい」(『オペラ『夕鶴』も熟成期』『テアトロ』八五年三月号)。

伊藤の日本語による歌唱は、言葉の発音が明瞭で音楽と言葉のニュアンスが一体となった「至芸」と評された。歌劇「夕鶴」が今日まで多くの人々に愛されてきたのも、伊藤という名ソプラノの存在抜きには語れない。

そして労音などの組織を活用して「夕鶴」を全国で公演した新芸の功績も大きい。新芸といえば海外の一流オーケストラやソリストの呼び屋、という派手なイメージが強いが、若手作曲家のオペラにいち早く注目し、七〇年代初頭まで制作を続けた西岡と新芸は、「夕鶴」を国民的オペラとして定着させた「陰の功労者」と言えるのではないか。

3　起死回生のシャンソン

空前のブーム

一九五五年に東京で始動したものの、早くも翌五六年秋に「第一次倒産」に追い込まれた新芸。西岡はどのようにして再起を図ったのだろうか。

元社員の小尾は「五七年の正月ごろ、シャンソン歌手のイヴェット・ジローの公演でひともうけして息を吹き返した」と証言する。イヴェット・ジローは五七年の二月に来日し、全国各地を回っている。公演プログラムには、全国主催：毎日新聞社▽全国提供：国際文化交換協会▽全国協賛：東芝エンジェルレコード――とあり、さらに公演ごとに共催、後援、協賛といった形で、各地の放送局や新聞社などが名を連ねている。新芸術家協会は二月一七日の日比谷公会堂での公演に「協賛」として名前が記されており、この日の興行を新芸が手がけたと見られる。

連合軍の占領下にあった戦後の日本では、ジャズをはじめとするアメリカのポピュラー音楽がちまたにあふれていた。そんな中で、シャンソン歌手のダミア（五三年）、ジョセフィン・ベーカー（五四年）が相次いで来日し、シャンソンブームに火を付けた。そしてジローが五五、五七年に来日、空前のシャンソンブームが到来する。

イヴェット・ジロー初来日

ジローは一九一六年パリ生まれ。四五年までレコード会社でタイピストとして働いていたが、電話の声のすばらしさが放送局の支配人の耳にとまり、歌の道に入ったという。四六年にラジオで歌った「あじさい娘」が人気を博し、五二年には「詩人の魂」でディスク大賞を受賞。シャンソン歌手としての地位を確立した。五五年の初来日は、ベトナム公演の帰りにバカンスを過ごすのが目的だったが、本場の一流歌手来日の報をいち早く聞きつけたマスコミ関係者やファンらが空港でジローを待ち受けていた。

「手を振る人、大きく腕を動かす人、叫ぶ人、フラッシュ、歓声、『ジロー』と呼ぶ声……。とにかく常軌を逸した歓迎、言葉ではとても表現できない熱狂振りでした。(中略)私の名前が、こんなに日本で知られているなんて、そしてまるで《大スター》のような歓迎を受けるなんて、何という驚きでしょう。私は、十五日間のヴァカンスを過ごしに、誰にも言わないできたというのに――。一瞬頭の中にひらめいたのは、サイゴンの日本領事が、私の訪日を内緒で知らせたかもしれないということでした。蘆原英了さんが、タラップの下で、明るい色のレインコートを着て、頭にフランス風ベレー帽を被って立っていました」(イヴェット・ジロー『幕が下りる前に――私の歌、私の日本』)。

ジローの知らぬ間に、銀座のヤマハホールでのリサイタルやNHKのラジオ番組への出演などが準備されており、約二週間の滞在はヴァカンスどころではなかったが、ジローはスケジュールをこなし、日本の人々の温かいもてなしに感動する。

「マルク(ジローの夫)と私は、新聞で読んだ、私へのとてもきれいな言葉を胸の奥にしまって、日本を後にしました。『マダム、あなたの微笑は日本人全部の心を開く鍵です』」。

再来日で興行

二年後の五七年、再来日したジローは各地で熱狂的に迎えられた。

「シャンソン・ブームとはいいながら、ほとんどシャンソンは不毛の地にひとしい地方に足をのばしたジローはしかし、至るところで満員の聴衆に迎えられた。北海道では入場料千五百円均一の演奏会が満員だった。ジロー・ブームという言葉がおかしくないほどの人気なのである。しかも、ジローの到着と同時に、人気が鰻《うなぎ》上りにあがってゆくという珍しい現象なのである。富山でも、前売りは六割程度しか売れなかったのが、ジローが着くと同時に、切符が売れて、演奏当日は立錐《りっすい》の余地のない盛況ぶりだったという。ほとんどの演奏会が、前売切符が売れないと、惨胆たる成績に終らざるを得ない中で、ジローだけは違っていた。この違いは何だろう?……」(小倉友昭「東京のイヴェット・ジロー」『音楽の友』五七年四月号)。

夫マルク・エランのピアノ伴奏との息の合ったステージからは、庶民的で飾らぬ人柄が伝わり、日本の着物を身につけて、「詩人の魂」などを日本語で歌うサービス精神に、多くの聴衆は感動し、親しみを覚えたに違いない。

日本のシャンソン歌手の活動も盛んになり、丸山(美輪)明宏ら新人が注目を集め、シャンソンの大衆化が一気に進んだこの時期。今のところ、西岡がジローのリサイタルを興行したことが確認できるのは一回だけだが、翌五八年には若手シャンソン歌手、ニコール・ルヴィエのコンサートも主催している。「呼び屋」としては西岡の先輩格にあたる神彰《じんあきら》が、サーカスからクラシック音楽、展覧会まで手広く興行を行ったのに比べ、新芸は、ほぼクラシック音楽とバレエに特化した仕事で一時代を築いた会社だ。シャンソンの公演は新芸の歴史の中で例外的といえるが、当時のシャンソンブームに目をつけて、起死回生を狙うところに、興行師としての西岡のしたたかさがうかがえる。

4 N響への接近

架空の会場申し込み

イヴェット・ジローの興行が当たり、再起へのはずみがついたと思われる一九五七年の秋、勢いづいた西岡の姿が思い浮かぶような記事が読売新聞に掲載されている。市民の問題提起を受けて記者が取材する「街の声」という欄で、新芸で「奇妙な」アルバイトをした大学生から寄せられた投書は次のようなものだった。

「この協会では十一月二十四日に、ある演奏会を日比谷公会堂で開催する予定でいるが、公会堂は申込者が多く、抽選で許可するので、その権利をとるため、われわれ二十名ほどのアルバイトが、それぞれ架空の演奏会を主催する申込みをさせられた。（中略）これでは資金の少い者は公会堂は使えない。公会堂だってそんなことは十分承知しているだろうが何とか防止できないものだろうか」。

取材に対し、西岡は次のように答えている。

「確かにそういう方法でやっています。しかし米が足りない時に悪いと知りつつ、やむを得ずヤミ米を買って食べるように、会場難の折からこうしなければならないというのが実情です」。

日比谷公会堂の管理事務所側も「気付いてはいますが、どうすることもできません」と釈明している。「ちゃんと書類を整えられると公立である限り、断る理由がない。常連の演奏会マネジャーには時々注意を与えてはいるが余り守ってはくれない」。

記事によれば、学生が申し込みをさせられた一一月二四日の使用申込者は四五人だったが、そのうち「本当の」申込者は五、六人しかなく、後はこの学生のように駆り出されて架空の申し込みをした者だったらしい。「結局は国立劇場のようなものが早くできない限り問題の解決はないでしょう」というのが管理事務所側の結論だった（五七年九月一二日付朝刊）。

会場難の背景には、演奏会の急激な増加がある。五九年度版音楽年鑑によると、東京都内では五一年九月から五二年八月が八五五回だったのに対し、五年後の五六年九月から五七年八月は一六一九回とほぼ倍増している。増加の大きな要因と考えられるのが五三年に創立された東京労音（東京勤労者音楽協議会）の躍進だ。五四年度には会員数約一万人だったが、五六年度は約四万一〇〇〇人、五七年度は約六万人と急成長を遂げている。

そうした動きに呼応するように、新たなホールも建設されたが、日比谷公会堂は地の利もあり、座席数二六六〇席で当時は都内で最大規模の会場として人気が高かった。しかし、芸術祭などの公的な事業にも使用されるため、一般に貸し出しできる日数はおのずと限られていた。興行する側にとって、座席数の多い会場を確保するのはまさに死活問題で、激しい争奪戦が繰り広げられていたらしい。

この時期には国立劇場や東京都の「ミュージック・センター」（東京文化会館）の建設計画などが盛んに議論されていたが、東京文化会館の開館は六一年で、国立劇場は日本の伝統芸能の保存や振興に特化した施設として六六年に開場。東京の会場難はしばらく続く。

N響弦楽四重奏団、ベッシュ

それにしても、アルバイトを投入してまで会場を確保するだけの演奏会のプランがこの頃の西岡にあったのだろうか。

東京労音の記録によれば、五七年秋、新芸は東京労音の例会に二つの音楽会を提供している。一つはNHK弦楽四重奏団による「名曲の夕べ」。九月一八日から一一月九日の間に計一〇回で、会場は日比谷公会堂と並ぶ客席数（約二六〇〇席）を備えていた共立講堂（四回）、日比谷公会堂（一回）などで計二万一〇〇〇人の会員が来場している。

NHK弦楽四重奏団のメンバーは四人ともNHK交響楽団の団員で、コンサートマスターの外山滋（第一ヴァイオリン）、武内智子（第二ヴァイオリン）、奥邦夫（ヴィオラ）、堀江泰氏（チェロ）。ハイドンの弦楽四重奏曲第五番やベートーヴェンの弦楽四重奏曲第七番「ラズモフスキー第一番」などが演奏された。

もう一つは「ルティルデ・ベッシュ　リサイタル」で、九月二一日から一一月二八日の間に計二六回行われ、モーツァルトのオペラアリアやシューベルトの歌曲などを披露。計四万三五五六人の会員が来場した。ベッシュはソプラノ歌手で、この年N響の常任指揮者に就任したオーストリアの指揮者、ウィルヘルム・ロイブナーの夫人だ。ロイブナーはウィーン国立歌劇場の常任指揮者で、夫人も同歌劇場の専属歌手。夫と共に来日し、各地で演奏会を開いた。東京労音の例会では、N響の研究員だった指揮者の外山雄三がピアノ伴奏を務めている。

有馬大五郎と出会う

その後の新芸躍進の原動力ともいえるN響との関係がこの頃はじまったと推測される西岡の証言がある。

「随分昔、N響のメンバーの『内職』の面倒を見ていたんだ。奥邦夫なんかがやっていて。彼がN響の有馬大五郎を紹介してくれた。ちょうど、N響の常任指揮者としてロイブナーが来ていて、ベッシュ夫人が歌いたいというので、有馬先生が僕にマネージしろと言われ、引き受けた」。

ヴィオラ奏者の奥邦夫は二二年に東京の雅楽奏者の家系に生まれ、四四年宮内省楽部を卒業。四六年に東宝交響楽団に入団、五四年にN響に入り五六年に首席ヴィオラ奏者となった。東宝交響楽団は西岡が北海道を拠点に音楽マネジャーをしていたころに北海道を何度か訪れており、奥との出逢いも北海道であった可能性がある。ちなみに、奥は七七年にN響を定年退団後、札幌交響楽団に入団。新芸の社員だった女性と結婚している。

奥が西岡に引き合わせた有馬大五郎はN響の理事兼事務長。一九〇〇年に神戸の裕福な米問屋に生まれ、二六〜三四年にウィーンに留学。声楽や作曲、哲学などを学んで帰国後、四二年にN響の前身の新交響楽団が改組され財団法人日本交響楽団になったことに伴い、理事兼事務長に就任した。五一年に日響が組織変更されNHK交響楽団になってからも理事兼事務長を務め六一年には副理事長に就任。ウィーンをはじめとする国際的な人脈と博識を生かし、すでに記したように五四年にカラヤンをN響に招いたり、六〇年のN響の世界一周ツアーを実現させたりして、N響の発展に貢献した。また、四七年に国立音楽大学の前身の「国立音楽学校」の校長に就任。同校が大学の認可を受けた五〇年には学長となり、音楽教育にも大きな足跡を残している。

有馬との出会いは、西岡にとって、音楽マネジャーとしての将来を決定づけるものだった。

ロイブナー──歩く「ヘ長調」

五七年三月にN響の招きで来日、約二年間常任指揮者を務めたウィルヘルム・ロイブナー（一九〇九〜七二）は、オーストリアのウィーン出身で、ウィーン音楽大学卒業後、ウィーン国立歌劇場のコレペティトゥーア（オペラ歌手の音楽稽古《けいこ》をつけるピアニスト）となり、二八歳で同劇場の指揮者となった。日本に同伴した夫人のルティルデ・ベッシュ（一九一八〜二〇一二）も、「フィガロの結婚」のスザンナ、「コジ・ファン・トゥッテ」のデスピーナ、「ホフマン物語」のオリンピア、「こうもり」のアデーレなどを得意とし、ドイツ・リートの演奏にも定評があった。後には優れた指導者としても手腕を発揮し、まだ駆け出しの歌手であったエディタ・グルベローヴァを指導したことでも知られる。

ロイブナー夫妻は、ともに温厚な人柄で、N響の楽団員らの信頼も厚かったようだ。NHKの音楽プロデューサーとしてN響を担当、洋楽部長、理事などを歴任した細野達也は「みんなに愛されたロイブナー」と題し、次のように記している。

「(前略) この生粋《きっすい》のウィーン育ちの音楽家は、ウィーン郊外の〝ベートーヴェンの散歩道〟に春の風が舞うような、あるいはF―dur (ヘ長調) が洋服を着て歩いているような表現が似つかわしい人だった。(中略) ウィーンのエリート優等生で、その善人丸出しとでも言いたくなるような、暖かく、しかも品位ある人柄で、この後、およそ一年半ほど日本に滞在してN響を指揮し、すべての楽員から愛され、親しまれた。

ロイブナーが来日する直前までN響を指揮していたローゼンストックとは対照的で、キリリと厳しくオーケストラに迫る前任者とは違って、むしろオーケストラの自発的な発想を迎えて、仲間とともに音楽を作り上げて楽しむ〝ゆとり〟の音楽家であった」(細野達也『ブラボ! あの頃のN響

――国際舞台に躍り出た昭和三〇年代』)

57年9～11月の東京労音例会「R.ベッシュ独唱会」のプログラム (著者蔵)

夫人の伴奏は外山雄三

一方、ベッシュも日本で精力的に演奏活動を行った。来日当初は夫のピアノ伴奏で演奏会を開いてい

たが、演奏会の数が増え、地方へ出る機会も多くなり、N響の有馬事務長から伴奏を命じられたのが、当時指揮研究員だった外山雄三（一九三一〜）だった。

外山の父、國彦《くにひこ》は声楽家・音楽教育家。有馬がウィーン留学前に國彦に師事した縁で、外山は幼い頃から有馬の薫陶を受けた。東京音楽学校で作曲を学び、在学中に音楽コンクール（現日本音楽コンクール）作曲部門（室内楽曲）で第二位入賞。卒業と同時に打楽器練習員としてN響に入団した。外山はベッシュの伴奏を依頼された時の様子を次のように記している。

「そんな……、急に仰《おっしゃ》られても……、などという暇もなく、すぐに目黒のロイブナー先生のお宅に伺ってお二人の練習を見学。その場でロイブナー先生に『ちょっと弾いてみなさい』と言われて二〜三曲を初見で伴奏する。ウィンナ・ワルツ風のものも演奏して、素晴らしい、大丈夫だなどと（そんな筈《はず》はないのに）とても褒めていただいて、これが、その後一一四回もベッシュ夫人の伴奏を務める始まりであった」（外山雄三「オーケストラと暮らして六〇年（6）」『モーストリー・クラシック』二〇〇九年七月号）。

外山はその後新芸に所属。京都市交響楽団（京響）常任指揮者などを歴任し、七九年にN響正指揮者に就任。国内外で活発な演奏活動を行っている。外山は西岡との出会いをこう語ってくれた。

「西岡さんが外国から呼んだわけではないけれど、彼が外国のアーティストのマネジメントを手がけたごく初期がベッシュさんでした。私がベッシュさんの伴奏をすることになり、有馬先生が西岡に引き合わせてくれたのです。彼の第一印象はとっても柔らかく優しい印象でした。少なくとも当時は（笑い）。ベッシュさんの演奏会を日本中で作れ、と有馬先生が指示されて、最終的には一二〇回ぐらい作って、その伴奏はほとんど私が務めました。途中から楽譜がなくても弾けるくらい回数を重ねました。その頃の日本は、新幹線が走っているわけでもなく、移動が大変でした。東北へ行こうとすると上野を夜行列車で出て、翌朝向こうへ着く、といった具合。そういう旅を全部西岡さんがつきあってくれた。ロイブナー夫人という、わがままなプリマドンナを、西岡と二人でおもりをした、みたいなのが（西岡とのつきあいの）始まりです（笑う）。山形県の鶴岡だったでしょうか、ベッシュさんが突然おなかが痛くなったんです。『私はもともと〝石〟があるの、絶対明日は帰る』と言い出した。帰られると困るので、大騒動になって。結局その時は帰らなかったのですが、ただただひたすら『お願いします、お願いします』と西岡さんが言っていたシーンは、今でも目に浮かびます」。

また、外山は、N響で間近に接したロイブナーの思い出をこう語る。

「当時、N響としては珍しく、放送用に『こうもり』（ヨハン・シュトラウス二世作曲のオペレッタ）の全曲をやったんです。練習の時、ロイブナー先生に『違う、そうじゃない、ここはウィーンの人が踊るところだ』と言われて皆が戸惑っていると、ロイブナー先生は指揮台から降りていって、ご自分でくるくる回りながら踊ってみせてくださった。全然器用な方でもないし、身軽な方でもなかったですから、踊るのは大変だったんじゃないかと思いますが（笑う）。とにかく、弾いて、歌って、踊ってみせて、一生懸命その雰囲気を伝えようとされていました」。

ベッシュの伴奏を務めた外山雄三。「演奏会の度に新鮮な感動を覚えた」と振り返る。2015年10月（著者撮影）

五九年一月に行われた常任指揮者として最後のN響定期公演でも心温まるエピソードがある。プログラムの最後は、ハイドンの交響曲第八八番ト長調で、アンコールでもこの曲のフィナーレを演奏した。ロイブナーはオーケストラに演奏を続けさせながら途中で舞台袖に消え、結局指揮者のいない状態で演奏を終えた。前述の細野の回想によれば、これはロイブナー自身の提案で「私がいなくても、このとおり独立して、ちゃんと立派にやっていけるオーケストラになりました」という言外のアピールであったという。

一方、外山はＮ響の派遣で五八年末から六〇年にかけてウィーンへ留学。その間に西岡とウィーンで再会することになる。

「西岡さんは親分肌」

一九五七年、ロイブナー指揮でラヴェルの「左手のための協奏曲」を演奏し、〝Ｎ響デビュー〟したのが当時東京芸大の学生だった小林仁（一九三六〜）である。五六年の第二五回音楽コンクールで優勝。五七年には軽井沢で行われた「二〇世紀音楽研究所」の第一回「現代音楽祭」でピエール・ブーレーズの「ピアノ・ソナタ第一番」を日本初演している。

「あのむずかしいソナタをあんまり見事にひいたので、諸井誠が、ひどく意気ごんで、『彼に賞を出そうではないか』と提唱しだし、みんな意義なくきまってしまった。（中略）ブーレーズの精緻きわまる計算の末の叙情とダイナミックも、（中略）彼は鍵盤からひきだすことができた」（吉田秀和「新人　小林仁」『芸術新潮』六〇年一月号）

小林は第二回現代音楽祭でもメシアンを快演。第三回には武満徹、岩城宏之とともに同研究所の所員に迎えられる。ちなみに他の所員は吉田秀和、柴田南雄、入野義朗、森正、岩淵龍太郎、黛敏郎、諸井誠という面々であった。

小林は、当時渋谷にあった音楽家の「梁山泊《りょうざんぱく》」のような場所で、西岡と顔見知りになったという。

「僕は東京芸大で海野さんと同級。年上の岩城（宏之）さんや外山（雄三）さんにもかわいがってもらい、当時、渋谷にあった『シェモア』というたまり場に、よく連れられていきました。そこに西岡さんも出入りしていて、何となく知っていた気がします。西岡さんは、若い音楽家たちの飲み食いの勘定を払ったりしてくれる親分肌でした」。

五八年度～六〇年度に東京芸大と国立音大で教鞭を執ったドイツのヴァイオリニスト、ヴォルフガング・ミュラーの演奏会を、西岡はベッシュの場合と同様に企画し、伴奏を頼んだのが小林だった。

「先輩の薫陶を受け、音楽家としての心得を教えられた」と語る小林仁。2019 年 7 月（著者撮影）

「第一生命ホールでの最初のリサイタルは僕が伴奏をしました。その頃、西岡さんはまだ駆け出しで、いろいろなところへ手をうって、あちこち仕事を作るのですが、彼（ミュラー）は、学校の仕事があるし、そんなに仕事を作られても困る、と言っていました」。

その後小林は日本代表として六〇年のショパン国際ピアノコンクールに出場し入選。その後ミュンヘン国立音大で研鑽を積んだ。その間、西岡がバリトン歌手のディートリッヒ・フィッシャー＝ディースカウ招聘の交渉でドイツを訪れた時、通訳を頼まれてマネジャーとの話し合いの場に同席したこともあった。

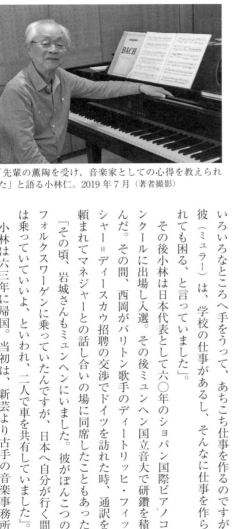

「その頃、岩城さんもミュンヘンにいました。彼がぽんこつのフォルクスワーゲンに乗っていたんですが、日本へ自分が行く間は乗っていていいよ、といわれ、二人で車を共有していました」。

小林は六三年に帰国。当初は、新芸より古手の音楽事務所

「音楽芸術家協会」にマネジメントを頼んでいたが、岩城からこんな助言を受けた。

「君は自分を自分で売り込むようなことはすごく下手な人間だから、強力なマネジャーに頼んだ方がいい、と。改めて西岡さんを紹介されたのです。反対もあったが、海野さんや岩城さんなど、昔からの仲間が新芸に所属していたから、自然に僕もお願いすることになりました」。

若手演奏家を育てる

西岡は、ソリストとしての才能とともに、小林の伴奏者としての能力を評価していたのだろう。ヨゼフ・スーク（ヴァイオリン）、レオニード・コーガン（同）、ピエール・フルニエ（チェロ）といった新芸招聘の演奏家の伴奏者にたびたび起用している。芸大に勤務するようになってから、ソリストとしてソ連での演奏旅行も行った。

「ところが、海外でお金をもらって演奏するのは、芸大としてはとんでもない話。公務員は兼職禁止だと言われ、なかなか許可が下りませんでした。すったもんだのあげく、結局許可がおり、それ以降、同様のケースは問題なくなった。先鞭を付けたわけです」。

小林はこう振り返る。

「マネジャーとしてただ仕事を作るだけではなく、個人的なつきあいを通じて若手の演奏家を育てたのが西岡さん。そういう存在は他に知りません」。

西岡のアドバイスは、演奏そのものよりはむしろ、身だしなみであったり、暗譜で演奏するように、といった、演奏家としての「見せ方」に関するものが多かったという。

「見てくれも大事、というのは今では当たり前でしょうが、その頃はあまり気にしない時代でした。

そういう意味でも西岡さんは先陣を切っていたのではないか」。

西岡が私に言ったこんな言葉を思い出す。

「呼び屋とマネジャーは違う。呼び屋は、外国から演奏家を呼んで商売するだけの『興行師』。マネジャーは音楽家を育てながら商売をするもの。僕は両方やったよ」。

小林はその後東京芸大や洗足学園大などで後進を指導、ショパン国際ピアノコンクールなどの審査員も務めた。

ほかにも、一九五五年の第二四回音楽コンクールチェロ部門で優勝しベルリンに留学し、その後N響の首席奏者として活躍する小野崎純（一九三八〜）は、五九年の帰国演奏会のマネジメントを、有馬の紹介で西岡に依頼しているし、ピアニストの中村紘子（一九四四〜二〇一六）が、六一年一二月に開いた初リサイタルも、西岡が有馬の依頼で主催している。有馬はそのプログラムに「新芸術家協会に幸あれ」と題した異例ともいえる一文を寄せている。

「いい度胸である。チビちゃん（中村）の演奏が上野（東京文化会館大ホール）を一パイにするかどうか、外国には幾多の前例があっても日本では思いきった企画であらう。天分の発見とその価値づけ『この事業社に幸あれ』である」。

北海道時代、戦前戦後にかけて、音楽家たちの苦労を間近に見てきた西岡である。前途有望な若手を配下に置こうというしたたかな計算の一方、有馬という〝親分〟の元、優れた若手のために一肌脱ごうという心意気が、マネジャーとしての発展につながったように思われる。

五章　飛躍

有馬の勧めでウィーンを訪れた西岡は、一九六〇年から演奏家の招聘を始める。ウィーン・フィル、ベルリン・フィル招聘でピークに達する新芸の躍進の道のりをたどってみよう。

1　ヨーロッパへ

ウィーンで「修業」

六〇年以降、外国からの「呼び屋」として本格的に動き出す新芸にとって、ウィーン・フィルをはじめとするオーストリアからの音楽家招聘は大きな柱となる。

西岡によれば、新芸が初めて外国人アーティストを招聘したのは六〇年秋、ウィーン・コンツェルトハウス弦楽四重奏団と、ピアニストのパウル・バドゥラ＝スコダだ。それに先立つ五九年か六〇年ごろに、有馬の勧めでウィーンを訪れている。

「有馬先生から『呼び屋になるなら、このまま日本にいてはだめだ。ウィーンで修業して、ヨーロッパからの呼び屋をやれ』と言われた。そのころウィーンには外山がいて、彼も来いと言ってくれた。当時ウィーンまでは飛行機で四八時間もかかってね。パンナム（パンアメリカン航空）の飛行機でウィーンに行き、泊まったのはアンバサダーホテル。外山とパンナムの東京支店長がホテルを訪ねてきて、グリンツィングという場所に連れて行かれ、翌日の昼ごろまで飲んでいたのを覚えている。大きな樽の上に椅子やテーブルが置かれていて、白ワインをジョッキで飲んだ」。

二人の「有力者」――田中路子とタウプマン

「修業」というのは、どうやら音楽界に人脈を広め、音楽家を日本へ呼ぶ「仕込み」をせよ、という意味だったようだ。有馬は西岡に二人の「有力者」を紹介している。一人は、当時ベルリン在住で、ヨーロッパの音楽界に顔の広かった田中路子（一九〇九～八八）だ。田中は東京音楽学校で声楽を学び、ウィーンに留学。ヨーロッパで歌手・女優として活動し、ドイツ人の俳優と結婚後はドイツに住み、小澤征爾や若杉弘など日本の音楽家たちを支援したことでも知られる。西岡はこの時田中からディートリッヒ・フィッシャー＝ディースカウを紹介され、後に日本に招聘している。だが田中と会ったのはこの時だけだったらしい。「細かいことまで干渉されそうになり、その後は近づかなかった」と私に明かしている。

もう一人は、ウィーン大学時代からの有馬の友人で、世界有数の音楽マネジャーとして活躍していたマルティン・タウプマ

ウィーン国立歌劇場へ続くケルントナー通りにあるホテルアンバサダー。有馬大五郎も定宿として利用していたという。2016年（著者撮影）

右はヨーロッパ有数の音楽マネジャーとして活躍していたタウプマンと思われる。左が西岡で、中央は指揮者の岩城宏之。岩城も新芸に所属し、海外へと活動の場を広げた（西岡昌紀提供）

ンだった。イェルク・デムス（一九二八～二〇一九）、フリードリッヒ・グルダ（一九三〇～二〇〇〇）とともに「ウィーンの三羽がらす」と呼ばれ、国際的に注目されていたピアニストのパウル・バドゥラ＝スコダをタウプマンは西岡に紹介。新芸は六〇年一一月にスコダを招聘する。

西岡の渡航については、当時幼かった長男・昌紀もおぼろげながら記憶していた。

「父の海外旅行は我が家の大事件で、羽田空港まで見送りに行きました。当時はプロペラ機で、ヨーロッパ行きは南回り。海外へ行くのは大変な時代でした。父は飛行機に乗ると、窓の内側から『ここにいるぞ』という感じで青い懐中電灯を振ってくれました。祖父（西岡の父・芳太郎）が僕に、世界地図を広げて飛行機の経由地などを教えてくれたことも覚えています」。

N響・若手音楽家海外へ

六〇年はN響が海外へ羽ばたいた年でもある。ＮＨＫ放送開始三五周年事業の一環で、八～一一月に一二カ国を訪問する世界一周演奏旅行を実施。有馬は、指揮者に外山や岩城宏之、独奏者に中村紘子、堤剛といった若手を抜擢する。日本の音楽界の次世代を担う優れた人材が続々と現れ、世界へ打って出ようとする時期でもあったのだ。他方、ヨーロッパの音楽家やマネジャーにとって、日本は今後需要が急増する有望なマーケットと見られていたらしい。西岡がウィーンを初めて訪れた時も、演奏家たちの売り込みが多数あったという。「日本から呼び屋が向こうへ行けば、向こうの演奏家たちは絶対日本に来たがるということを、有馬先生はすでに見越しておられたのでしょう。それで父に『早く行け』と勧めたのではないでしょうか」と昌紀は推測する。

五九年にチェコの音楽家招聘？

「呼び屋としての初仕事は六〇年」と西岡から私は直接聞いているのだが、当時の新聞や雑誌の記事を調べるうちに、五九年に「新芸術家協会の招きで」少なくとも三組の音楽家が日本で演奏会を開いていることがわかった。

一～二月に来日したチェコスロバキアのヴァイオリニストのラディスラフ・ヤーセックとピアニストのヨゼフ・ハーラ。同じくチェコスロバキアのヴァオリニスト、ヨゼフ・スークとピアニストのアルフレッド・ホレチェク（五～七月）。そして一〇～一一月にはユーゴスラビアのヴァイオリニストのイゴール・オジムとピアニストのイルゼ・フォン・アルペンハイム。三組とも演奏会の他、NHKの放送に出演。スークはソリストとして五月にN響の定期演奏会にも出演している。

スーク（右）と西岡のツーショット。スークは新芸の招きで 1960 ～ 70 年代にたびたび来日している。（西岡昌紀提供）

私が取材した二〇〇一年、西岡はすでに七八歳であったが、細々とマネジメント業を続ける「現役」

でもあった。自分の「初仕事」を間違えるとは少々考えにくい。

例えば、他者が外国から呼んだアーティストの興行を「新芸主催」として行った可能性はないだろうか。呼び屋としては先輩格にあたる神彰《じんあきら》（一九二二～九八）は、五九年にチェコ国立大サーカス（七～九月）やチェコ・フィルハーモニー管弦楽団（一〇～一一月）などを招聘しており、チェコ・フィルのソリストとしてスークも同年二回目の来日を果たしている。「呼び屋としての西岡の師は神彰」という未確認情報もあり、この時、神から仕事を回してもらったことも考えられる。

もう一つの可能性は有馬との関わりだ。有馬は海外からN響に音楽家を呼ぶ際にタウプマンを介しており、タウプマン自身も日本でアーティストの売り込み活動を行っていた。ウィーンへ西岡が行く前に、一人立ち前の〝予行演習〟として有馬経由でタウプマンの下請けのような形で演奏会を手がけた可能性もある。今となっては真相を確かめるのは難しいが、「新芸の招きで」と記された演奏会として紹介しておく。

ウィーン・コンツェルトハウス弦楽四重奏団招聘

六〇年一〇～一一月、新芸の招聘でオーストリアからウィーン・コンツェルトハウス弦楽四重奏団が来日した。

ウィーン・コンツェルトハウス弦楽四重奏団は三四年、当時ウィーン交響楽団のコンサートマスターであったアントン・カンパー（第一ヴァイオリン）が、同僚のマリア・ティッツェ（第二ヴァイオリン）、エーリッヒ・ヴァイス（ヴィオラ）、フランツ・クヴァルダ（チェロ）とともに結成し、当初は「カンパー＝クヴァルダ四重奏団」と称していた。三七年にコンツェルトハウス協会に所属、名称をウィーン・コンツェルトハウス弦楽四重奏団と改称。その後四人はウィーン・フィルハーモニー管弦楽団へ移籍している。

六〇年に来日したのは、カンパー、ヴァイスの創立メンバーと、クヴァルダに代わり五七年にメンバーとなったルードヴィッヒ・バインル（チェロ）、病身のティッツェに代わり来日したワルター・ヴェラー（第二ヴァイオリン）。ヴェラーはウィーン・フィルの若手メンバーで五九年に「ヴェラー弦楽四重奏団」を結成しており、ウィーン・フィルのコンサートマスターに二〇歳代で就任。その後指揮者に転向している。

室内楽ブームに乗って

弦楽四重奏といえば、どちらかといえば地味な分野という印象だが、五七年にウィーンから来日した「バリリ弦楽四重奏団」の洗練された演奏が、多くの人々を魅了。以来、日本では室内楽ブームが高まっていた。そうした時期に、ウエストミンスター・レーベルのLPなどですでに知名度の高かったウィーン・コンツェルトハウス弦楽四重奏団が来日するとあって、約一カ月間の全国公演は大盛況だったようだ。東京・横浜で計三回の追加公演を行うなど、新芸は「呼び屋」として上々のスタートを切った。ウィーン・フィルのメンバーとの「初仕事」の成功は、七三年のウィーン・フィル招聘につながる大きな一歩といえるだろう。

なお、東京公演は毎日新聞社と新芸の共催で実施された。ヴァイオリニストで、プロムジカ弦楽四重奏団の主宰者でもあった岩淵龍太郎は、「実にやわらかいが、それでいて、実に力強い構成力があり、ウィーンの長い伝統につちかわれた老熟したすばらしさが感じられる半面、実にみずみずしい血が通っている。（中略）ウィーンふうであってウィーンを越えているところにおもしろさがある」と絶賛している（『毎日新聞』六〇年一〇月二四日付）。

続いてバドゥラ＝スコダ

ウィーン・コンツェルトハウス弦楽四重奏団に続き、新芸の招聘で六〇年一一月一八日に来日したのはピアニストのパウル・バドゥラ＝スコダ（一九二七〜二〇一九）だ。オーストリアの音楽コンクールで優勝して頭角を現し、四九年にはフルトヴェングラー、カラヤンと共演。名実ともにウィーンを代表する人気ピアニストの一人であった。

実はスコダとウィーン・コンツェルトハウス弦楽四重奏団とは浅からぬ縁があった。両者はシューベルトのピアノ五重奏曲「ます」を録音。ウエストミンスター・レーベルから発売されたＬＰはベストセラーとなり、アメリカでのスコダ・ブームのきっかけとなった。この「夢の顔合わせ」が、同弦楽四重奏団帰国直前の一一月二六日、日比谷公会堂で実現。舞台上にも客席を設けるほどの大盛況だった。

スコダはその後も新芸の招きで六三、六六、六九、七三、七五、七九年と来日を重ね、日本人で初めてウィーン国立音楽大ピアノ専攻科で指導者となった今井顕など多くの日本人ピアニストを育てている。

二〇一六年九月、私はウィーンでスコダにインタビューを行った。そのときすでに八八歳だったが、「ウィーンでのコンサートが近いので毎日五時間練習している」と話し、初来日のころの思い出を語ってくれた。

「西岡氏との関係は、当時国際的なエージェントだったマルティン・タウプマンの仲介ではじまり、最初は手紙を受け取りました。タウプマンは私より先に日本へ行き、西岡氏と演奏会の準備をしました。日本ツアーはうまく組まれていて、西岡氏は有能だと感じたものです。当時の駐日オーストリア大使

（ドクター・レギナルド・トーマス代理大使）も、日本との文化交流に積極的でした。ただ、楽器の問題がありました。今は地方の会場もスタインウェイなどのいい楽器を備えていますが、そのころは日比谷公会堂にも古い楽器しかなく、私のツアーのために、ベーゼンドルファーを日本に運んだ記憶があります」。

確かに当時の新聞記事には「ウィーンからもってきたというベーゼンドルファー・インペリアル型九六キーのピアノで演奏」と記されている（『毎日新聞』六〇年一一月二一日付）。

演奏会プログラムによれば、一一月二〇日から翌六一年一月一三日まで、N響や東響、京響との共演も含め二一回の公演があり、バッハからバルトークまで、多彩な曲目が披露された。

「五種類のプログラムを用意したのですが、どの会場も満員でした。当時ウィーンで最高のカルテットだったコンツェルトハウス弦楽四重奏団との共演も大変うれしい思い出です」。

東京での宿舎は赤坂プリンスホテルで、スコダ夫妻のために部屋は常にたくさんの花が飾られていたという。

ウィーンの自宅で取材に応じたパウル・バドゥラ＝スコダ。愛器ベーゼンドルファーの雅な音色を聴かせてくれた（著者撮影）

「六四年のオリンピック開催を控えて、東京では地下鉄の建設が驚くようなスピードで進められていて、私達の部屋の窓から工事現場で働く人たちの姿が見えたのを覚えています。西岡氏のアシスタントの方の案内で神社やお寺を観光したのも印象深く、楽しかったのですが、レストランではちょっと困ったこともありました。今のような椅子席があまりなく、靴を脱いで上がり、畳に座るのが大変でしたし、箸を使って食事

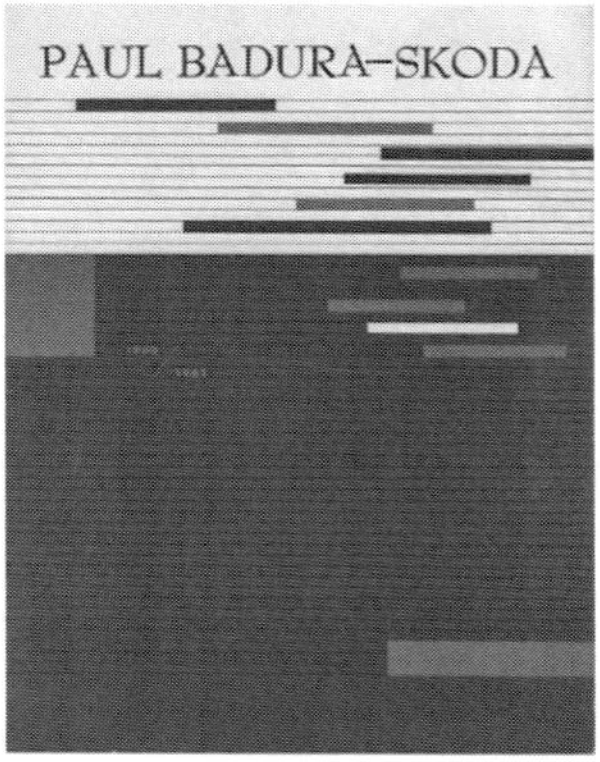

パウル・バドゥラ＝スコダ初来日の演奏会プログラムの表紙（著者蔵）

をするのは難しかったです（笑い）。妻が美容院へ行ったら、ブロンドの髪が珍しかったのでしょう、たくさんの人が集まってきたのでびっくりしました」。

このほかプログラムにはないが、スコダのファンで長らく文通を続けていたが来日直前に急逝した梅田雅美《みやび》さんを追悼するチャリティー演奏会を岡山市で一月一七日に開いている。

初来日以前に、スコダはウィーンで二人の日本人に会ったという。

「一九五五年、私が初めて会った日本人は音楽学者の属啓成《さっかけいせい》氏です。ベートーヴェンやモーツァルトなどの伝記を書き、日本のモーツァルト協会の創立者の一人でもありました。もう一人は有馬（大五郎）先生。彼は西岡氏と親しかったと思います」。

最後の私の質問は「ウィーン・フィルをはじめ、ウィーンの音楽家やその演奏に日本人が特別の親しみを持つのはなぜか」。スコダの分析はこうだ。

「生活の中での日本人の美意識——料理の盛りつけ一つを見てもそうですが——繊細な感覚と、優美で歌うようなウィーンの音楽に通じ合うものがあるのではないでしょうか」。さらにこう付け加えた。

「私たち（ウィーンの音楽家）は、即興性を好みます。同じ演奏というのはありません。常に新しい響き、新しいニュアンス、新しい『色』を見つけようとする、それが『創造』です。それは我々の強みですが、リスクを伴うもので、時には弱点にもなります」。

六〇年の日本といえば、自民党の新安保条約強行採決を巡り、反対運動が全国に広がるなど大揺れの一年であった。そんな時期だからこそ、ウィーンの音楽家たちの流麗で温かみのある演奏は、「干天の慈雨」のごとく多くの人々の心を潤し、格別の感動を与えたのかもしれない。

魅力の源は「なまり」

新芸は二年後の六二年にもウィーン・コンツェルトハウス弦楽四重奏団を招聘しているが、西岡はこのカルテットに格別の思い入れがあったようだ。二〇〇一年の取材でも、新芸が手がけた演奏家の中で特に好きだと語っていた。

「ウィーン人はソロよりもアンサンブルが断然いい。特にウィーン・コンツェルトハウスは独特の味があってよかった。お客さんもよく入ったし。今はこういうカルテットはないね」。

独特の味わいとはいったいどんなものか。『ウィーンの弦楽四重奏団二〇〇年史』（幸松肇著）の発行元で、クラシックのCD制作・販売を手がける「クヮルテット・ハウス・ジャパン」の大谷幸男代表は「ウィーンの音楽の基本はオペラと室内楽。華々しいウィーン・フィルがその頂点であるのは確かですが、根幹にあるのは室内楽であり、ウィーン・フィルは室内楽のメンバーが集まった集団、とも言える」と語る。

そしてウィーン・コンツェルトハウス弦楽四重奏団の特徴は「なまり」だという。「泣き節のような独特の節回し、あれはウィーンでも本当の下町の、土着的な『なまり』です。たとえば『江戸っ子』でも、下町のべらんめえ調が本当に身についている人はなかなかいない。それと同じで、今の時代にまねようと思ってもできません」。その独特の音楽をリードするのが第一ヴァイオリンのアントン・カンパーだ。「ウィーン・フィルでは第三プルトぐらいでおとなしく弾いていましたが、カルテットになると、がぜん力を発揮して、他の三人もカンパーの良さを憎らしいほどうまく引き出す演奏をした。あれがまさにウィーン・スタイルです」。

オーストリア政府から勲章

その後も新芸はウィーン・フィルのコンサートマスターや首席奏者らで組織した以下のようなアンサンブルの招聘を重ね、信頼関係を醸成していったようだ。

六三年＝ウィーン・フィルハーモニー弦楽四重奏団（ウィリー・ボスコフスキー、オットー・シュトラッサー、ルドルフ・シュトレンク、ロベルト・シャイヴァイン）

六八年＝同四重奏団（ヨゼフ・シヴォー、オットー・シュトラッサー、ルドルフ・シュトレンク、リヒャルト・ハランド）

七一年＝ウィーン・フィルハーモニー室内合奏団（ゲルハルト・ヘッツェル、ウィルヘルム・ヒューブナー、ルドルフ・シュトレンク、アダルベルト・スコチッチ、ウェルナー・トリップ、アルフレッド・プリンツ）

このほかにもすでに紹介したバドゥラ＝スコダをはじめ、イェルク・デムス、ワルター・クリーン（以上ピアノ）、ウィーン・アカデミー合唱団など、ウィーンの一流どころの演奏家を続々と招聘。この功績が認められ、西岡は六六年にオーストリア政府から文化功労金章を受章している。毎日新聞の記事（同年六月二六日付）は、「〝呼び屋〟にもいろいろある」が「クラシック音楽以外は絶対に扱わないという潔癖な人」であり、「日本の〝呼び屋〟で外国政府から勲章をもらった最初」と報じているが、長男・

昌紀によれば西岡は「呼び屋」と書かれたことにひどく憤慨《ふんがい》したという。

2　シュヴァルツコップ来日まで

予定より三年遅れて

一九六八年四月五日、東京文化会館の大ホールは開演を待つ音楽ファンの静かな熱気に包まれていた。午後七時、二〇世紀を代表するソプラノ歌手の一人で、「ドイツ・リート（歌曲）の女王」と称されたエリーザベト・シュヴァルツコップが、淡いピンク色のドレスに身を包み、当たり役であるリヒャルト・シュトラウスの歌劇「薔薇の騎士」のマルシャリン（元帥夫人）さながらのあでやかな姿でステージに現れると、客席から割れんばかりの拍手がわき起こった。長い曲折の末にようやく来日公演が実現し、西岡は万感の思いで嵐のような拍手に聴き入っていた。

シュヴァルツコップは一五年、現ポーランドのヤロチン生まれ。ベルリン音楽大学で学び、三八年にベルリン・ドイツ・オペラでヴァーグナーの「パルジファル」の花の乙女役でデビュー。四二年にウィーンでリサイタルを開き、指揮者のカール・ベームに認められウィーン国立歌劇場のソリストに迎えられ、以後ヨーロッパを中心に活躍。プリマドンナとして一世を風靡《ふうび》した。その後ドイツ・リートの演奏に軸足を移し、特にフーゴ・ヴォルフ（一八六〇～一九〇三）の歌曲の紹介に力を入れた。

「世紀の大歌手」初来日公演に向けての交渉は、六一年に西岡がウィーンでシュヴァルツコップに直接会った時から始まった。六五年四月にようやく契約が成立し、同年一〇月に来日することが決まった。

来日キャンセルで訴訟

ところが「本人急病のため」、直前に演奏会の日程変更が発表された（『毎日新聞』六五年一〇月一〇日付）。だがこれもキャンセルされ、結局一年後の六六年六月に延期することで話はまとまりかけた。ところが、シュヴァルツコップ側が、延期に伴う損害約一〇〇〇万円を請求しないことや、来日公演の六カ月前に出演料全額を前払いすることなどの条件を新芸に提示したことから話がこじれた。さらに六六年六月の来日予定時期に別の国での演奏会を契約したと通告され、ついに新芸は同年三月二五日、シュヴァルツコップに対し、契約不履行による損害賠償請求の訴えを東京地裁に行った。損害賠償請求額は約二四一五万円。クラシック演奏家の招聘では異例の裁判沙汰に発展した。

当時の報道を見ると、同業者からは「毅然《きぜん》たる態度でよくやった」という称賛の声が上がる一方、大物相手だけに「日本の音楽マネジャーが煙たがられ、今後の仕事に支障がでるのではないか」と危惧する見方もあった。

デムスが仲介役に

裁判が始まった後の六六年一一月、ウィーンのピアニスト、イェルク・デムスが新芸の招聘で来日した。実は六一年にシュヴァルツコップを西岡に引き合わせたのはデムスだったらしい。デムスは問題解決のための仲介役を引き受け、一年以上にわたって交渉が続けられた。そのかいあってか六七年一二月には「民法上の和解」が成立し、翌六八年四〜五月の来日が決まった旨が発表された（『毎日新聞』六七年一二月七日付）。

ようやく初来日が実現した六八年の四月一八日、東京のホテル・ニューオータニでシュヴァルツコップの記者会見が行われた。長らくエフエム東京の名プロデューサーとして活躍した音楽評論家の東条碩夫（当時の社名はエフエム東海）も出席者の一人だった。

「事前に新芸さんから『以前のややこしい問題はすべて解決しておりますので、その件については一切触れないでください』というお願いがあった。音楽記者ですから、みなそれを守って和気あいあいとした雰囲気の記者会見でしたね」。

一七秒の沈黙

初来日とはいえ、すでにレコードなどで演奏を聴いていたファンの熱狂ぶりは、生の演奏に触れて最高潮に達したようだ。東京文化会館の演奏会では、毎回聴衆がステージまで押し寄せた。プロの批評家らによる演奏会評も、「待ち焦がれたあこがれの君」に対する「絶賛の嵐」であった。「表現力の豊かさ、多様な解釈は、他の追随を断じて許さない」（門馬直美「今月のステージ」『音楽の友』六八年六月号）など、最大級の賛辞が贈られた。

音楽評論家の野村光一も、彼女がカラヤン指揮でマルシャリン役を務めた音楽映画「薔薇の騎士」を七回も見たという熱烈なファンで、毎日新聞などの依頼でシュヴァルツコップにインタビューし、次のように記している。

「（前略）詩と音楽とが一体になっているドイツ・リートを歌唱する場合、詩と旋律のいずれを先に重んじなければならぬか、というわたしの問に答えて、『（中略）一つの曲でさえ、時には詩を重視したり、時には旋律を重視したりして、その時の情勢に応じてあっちへいったり、こっちへいったりしている。』というのだった。また、『わたしの歌はしばしば知的だといわれるが、どういうふうに歌おうと予（あらかじ）め準備するのは知的ではない。楽譜の符号がなんのためにあるのか、それを研究するだけでなく、長い間に積みあげた経験による直観で判断すべきである』ともいっていた」（『音楽の友』六八年六月号）。

日本の聴衆に感激したとも語っている。

「心の準備ができていて、熱心にきき《ヽヽ》とってくれました。特に若い人たちに感心しました。R.シュトラウスの『あした』をうたい終わったあと、伴奏のミスター・パーソンズが計ったのですが、一七秒間の深い沈黙がありました。それだけ情感をもってうけいれられたことがはっきりわかりました。泣いている人もいました。ほんとうにすばらしい聴衆です」（『毎日新聞』同年五月八日付夕刊）。

自己批判の厳しさ

初来日ですっかり日本びいきになったシュヴァルツコップはその後も新芸の招きで七〇、七二、七四年に来日した。七二年の来日時にはエフエム東京が東京文化会館で収録（一月二七日、二月二〇日）し、「ＴＤＫオリジナルコンサート」という番組で放送されている。制作を担当した東条碩夫はこの時、世界的な歌手の自己批判の厳しさを目のあたりにした。

一月二七日の演奏会後、新芸を通じてシュヴァルツコップが放送前に録音を確認したがっているとの連絡があった。彼女はスタジオに現れテープを試聴しながら分厚いメモを作り、次々にＮＧ扱いにした。東条によればその判断は、声がどうという問題よりも、音楽的な内容を基準にしており、異議を差し挟む余地はなかった（『伝説のクラシックライヴ　収録現場からみた二〇世紀の名演奏家』）。

ただ、選ばれた曲だけでは番組の時間が埋まらないため、東条は、番組にゲスト出演してもらうことを提案。シュヴァルツコップは快諾した。

ゲスト出演では、東条のアイデアで、シュヴァルツコップが伴奏者のジェフリー・パーソンズとともに「コンバンワ」と日本語であいさつしながらスタジオに入ってくるシーンからスタート。座談会形式のインタビューの収録は明るくなごやかな雰囲気のうちに無事終わり、リサイタルのライブ録音の間にはさむ形で構成し、放送された。「この時はシュヴァルツコップもまだ美しく、愛想よく陽気なご婦人、という印象でした」と東条は振り返る。

二年後の七四年は日本へのさよなら公演として行われた。「かつての青春がよみがえるような若々しい歌いぶり」(遠山一行評『毎日新聞』七四年一一月二〇日付夕刊)に、ファンは惜しみない拍手を送り、別れを惜しんだ。

数々の名演奏を残した不世出のプリマドンナは二〇〇六年八月三日、オーストリアで九〇歳の生涯を閉じた。

3 ウィーン・フィル招聘

「キーマン」来日

一九六三年六月、N響はウィーン・フィルのウィルヘルム・ヒューブナー(一九一四〜九六)をコンサートマスターとして招聘する。ヒューブナーはハンガリー出身で、三四〜三八年にウィーン交響楽団のコンサートマスターを務め、ウィーン・フォルクスオーパー管弦楽団の第一コンサートマスターを経て、四五年ウィーン国立歌劇場管弦楽団のコンサートマスターに就任。五三年以降は第二ヴァイオリン

1977年夏の休暇の写真だろうか（同年8月13日の日付が写真右下に印字）。左から西岡、ヒューブナー、旬子夫人。右端はウィーン・フィルの首席クラリネット奏者のアルフレッド・プリンツ。ヒューブナーの頭上にフォークとナイフでいたずらをする西岡の無邪気な様子が、ヒューブナーとの親密な関係をうかがわせる（西岡昌紀提供）

左からカール・ベーム、西岡の妻・旬子とウィルヘルム・ヒューブナー。1977年に新芸がウィーン・フィルを招請した際の写真と思われる（西岡昌紀提供）

の首席奏者で、その後ウィーン・フィルの楽団長（President）も務めている。

こうした有力者をN響が招聘できたのは、副理事長・有馬大五郎の「ウィーン人脈」によるものだった。ヒューブナーの兄でチェリストのニコラウス（一九一〇〜八六）は、有馬がウィーン国立音楽アカデミーで学んでいたころからの友人だったのだ。ウィーン交響楽団の首席奏者やウィーン市立音楽院のチェロ科主任教授を歴任。ウィーンでの人望も厚く、有馬もニコラウスを信頼していた。六五年八月から一年間、ニコラウスも日本に招かれ、N響の首席奏者を務めている。

西岡は有馬の紹介でウィルヘルム・ヒューブナーと知り合い意気投合。六四年に彼がウィーン・フィルに復帰した後も家族ぐるみで交流を続けた。ヒューブナーはウィーン・フィルと新芸の強力なパイプ役となり、ヨーロッパの音楽界の動向を伝える「情報源」としても大切な存在であった。

ヒューブナーがN響に着任した六三年の九〜一〇

月、新芸はウィーン・フィルの第一コンサートマスター、ウィリー・ボスコフスキー率いるウィーン・フィルハーモニー弦楽四重奏団を招聘しているが、その演奏会の直前にボスコフスキーは指揮者としてN響と共演。得意のウィンナ・ワルツやポルカをたっぷりと披露している。一一月にはヒューブナー（第一ヴァイオリン）、坂本玉明（第二ヴァイオリン）、奥邦夫（ヴィオラ）、小野崎純（チェロ）による「NHK弦楽四重奏団」が、新芸が招請したバドゥラ＝スコダ、デームスの演奏会に特別出演している。音楽事務所として新芸の強みであったN響との「コラボレーション」がすでにこの頃から活発であったことがうかがえる。

初招聘――アッバードに辛口評価

満を持して新芸がウィーン・フィル本体を初めて招聘したのは七三年。すでに七〇年の大阪万博で、ボリショイ・オペラや「幻のピアニスト」と呼ばれていたスヴャトスラフ・リヒテルの招聘などの難事業を成功させた新芸は、業界で一頭地を抜く存在となっていた。

ちなみにウィーン・フィルが初めて来日したのは五六年。指揮者はパウル・ヒンデミット。五九年にはヘルベルト・フォン・カラヤン、六九年にはゲオルク・ショルティとともに来日している。

新芸初招聘の七三年は、ウィーン・フィルとの共演が多く、ミラノ・スカラ座の音楽監督でもあったクラウディオ・アッバードが同行。モーツァルト、ベートーヴェン、ブラームス、シューベルト、ヴェーベルンといったプログラムを携え、北は札幌から南は熊本まで計一三公演が行われた。ヨーロッパで売れっ子のイタリア人指揮者の来日を、日本の音楽ファンも期待を持って迎えたが、当時の批評を見ると「円熟味不足」といった辛口の評価が目に付く。

次の来日は七五年だが、この時は放送開始五〇周年記念としてNHKが招聘している。指揮者はカール・ベームとリッカルド・ムーティ。日本の音楽雑誌の人気投票などでカラヤンとナンバーワンを争っていたベームの人気は絶大だった。入場券の販売は往復はがきでの申込制だったが、一回三〇〇〇席×八回分（ベーム七回、ムーティ一回）の公演に対して、一七万八〇〇〇枚ものはがきが届いた（『読売新聞』七五年三月一八日付夕刊）。

六三年にベルリン・ドイツ・オペラに同行して以来、ベームの来日は一二年ぶりで、この間レコードでベームの演奏に親しんでいた音楽ファンが待ち望んでいた公演であったのだろう。三月一六日、NHKホールでの初日はベームの指揮による「君が代」に始まり、ベートーヴェンの交響曲第四番、第七番が演奏されたが、終演してオケが退場した後も万雷の拍手は鳴りやまず、ベームは何度もステージに呼び戻された。ベーム自身も、日本の若い音楽ファンの熱狂ぶりに大いに感動し、帰国する前から「もう一度日本に来たい」と周囲にもらしていたらしい。

ベーム旋風再び

七七年三月、日本は再びベーム旋風に見舞われた。コンサートの入場券は前年秋の発売と同時に即日完売していたが、ベーム指揮の初日の二日、会場のNHKホール前には、小雨の中、キャンセル待ちをするファンらが列を作った。ベームが羽田空港に到着したのは前々日の二月二八日。日本行きを楽しみにしていたテア夫人は病気のために同行できず単身の来日だった。一日の休養をはさんで二日はいよいよ初日。新芸の制作部でベームに随行した小川和彦（現アレグロミュージック社長）は夕刻、宿泊先のホテルオークラ[illegible]ームを迎えに行き、通訳の眞鍋[illegible]（現サ[illegible]グゼクティブ・プロデューサー）とともにハイヤーでホールへ向かった。車に乗る際のベームの定位置は助手席で、ハイヤーはほどなくＮＨＫホールに着いたが、ここでハプニングが起こった。運転手が誤って駐車場の出口から入ったため、守衛に制止され、戻るように促されたのだ。しかし楽屋がすぐそこにあることを知っていた小川は、運転手にかまわず進むよう指示。守衛に追いかけられたが、車はそのまま楽屋近くまで進み、ベームは車を降りて楽屋へ向かった。「アーティストは最短距離でステージまで行かせること、しかも極力歩かせてはいけないと、会社でたたきこまれていたから、車が戻るなんてあり得ないことでした。元はといえば僕がきちんと下見をしていなかったのが悪いんですが。ベームは、自分たちが何か悪いことをして文句を言われたとわかったらしいのです」。

その後、小川が廊下で待機していると、眞鍋が顔をこわばらせて楽屋から出て来た。「ベームさんおかんむり、灰皿投げたのよ」とおろおろするが、本番はもう間もなくだ。すでに客席は聴衆で埋まり、熱気が舞台裏まで伝わってきた。「ベームにキャンセルされたらどうしようと冷や汗ものでした」。そしていよいよ開演時刻になった。楽屋からステージに向かうマエストロの表情は見るからに不機嫌だったが、ベームが舞台に姿を見せるやいなや、客席から「ブラボー」の声が飛び、割れるような拍手が起こった。

「僕は音楽が好きで、学生時代からコンサートに通っていたけれど、演奏前にブラボーが出たのはこれが初めての体験でした。硬い表情だったベームが、急ににっこりとした。そして演奏もすごい名演で、救われたような気持ちになりまし

1977年来日公演の際、「ベーム番」を務めた小川和彦。2018年2月（著者撮影）

た」。

二日のプログラムはベートーヴェンの交響曲第六番「田園」と第五番「運命」。アンコールに序曲「レオノーレ」第三番が演奏された。終演後、ファンがせきを切ったようにステージに押し寄せた。ベームと握手しようと手を伸ばしたり、プレゼントや花束を渡そうとしたりする若い男性たちの熱狂ぶりは、現代のアイドル歌手のファンと変わらないものだった。八二歳という高齢にもかかわらず、ベームは約二週間の滞在中に、大阪一回を含め計六回の本番を無事に終えて帰途についた。

ベーム最後の日本公演

八〇年秋、民主音楽協会などの招きで総勢三五〇人によるウィーン国立歌劇場の来日公演が実現した。ベームも同行し、「フィガロの結婚」を四回、「ナクソス島のアリアドネ」を一回指揮した。ウィーン・フィルは歌劇場オーケストラとしての仕事とは別に、新芸のマネジメントでオケ単独の演奏会も開催している。

一三公演のうち一二回はロリン・マゼールが指揮。同年開館したばかりの昭和女子大人見記念講堂(東京都世田谷区)で一〇月六日の一公演のみベームが指揮した。プログラムはベートーヴェンの交響曲第二番と第七番。体力の衰えは明らかで、映像を見ると、椅子に座って指揮するマエストロは、七七年の来日時より一回り小さくなったように見える。しかし、音楽への執念をにじませる指揮ぶりにオケも呼応し、聴衆に深い感動を残したようだ。

「枯淡とか悟りの境地とかとはほど遠い老ベームの若々しいみずみずしさに、すっかり胸打たれてしまった」(中村洪介評『音楽芸術』八〇年一二月号)。

「私と日本の聴衆は相思相愛」が口癖だった老巨匠は、翌八一年八月一四日、心臓病のためザルツブルクで八六歳の生涯を閉じた。

「すべてがファーストクラス」

新芸が招聘した三回のウィーン・フィル来日公演に参加したチェロ奏者のアダルベルト・スコチッチ（一九三九〜）は、ゲルハルト・ヘッツェルがコンサートマスターとしてウィーン・フィルに着任後まもなく結成されたウィーン（フィルハーモニー）室内合奏団のメンバーとしても来日しており、当時の思い出をEメールで寄せてくれた。

「西岡氏は当時日本で最大の『新芸』を経営し、彼の大人数のチームの付き添いは大変行き届いていて、コンサートの後は、我々のお気に入りのステーキハウスで歓待してくれたものです。新芸の招聘で、私達ウィーン・フィルと室内合奏団はそれぞれ二年に一度くらいの頻度で来日し、マネジャーとはいつもいい雰囲気の関係でした……。私はこのすてきな人物についての最良の思い出をずっと大事にするつもりです」。

やはり七三、七七年の日本公演に首席フルート奏者として参加、スコチッチと同じウィーン室内合奏団のメンバーとして来日したり、マスタークラスで学生の指導を行ったりし、親日家

1978年に来日した時の資料を示すウェルナー・トリップ夫人のカーリン。2016年10月、ウィーンの自宅で（著者撮影）

であったウェルナー・トリップ（一九三〇〜二〇〇三）の妻カーリンは、七八年にトリップが演奏会や公開講座のために来日した際に同行した。この時の宿泊先やレストランのパンフレットを、写真とともにアルバムに収め大切に保管していた。

「西岡さんはウィーンの音楽家が大好きでした。最初に会ったのはウィーンで、ヒューブナーさんやウィーン・フィルのほかのメンバーと一緒だったと思います。西岡さんは自分がマネジメントするアーティストに対して非常に寛大で親切でした。すべてがファーストクラス、すばらしいもてなしを受けました。そして自分の家族も大切にしていました」。

ちなみにベーム旋風が起こった七七年に新芸が招聘した主なアーティストは、シカゴ交響楽団（ゲオルク・ショルティ指揮）、レニングラード・フィルハーモニー管弦楽団（エフゲニー・ムラヴィンスキー指揮）、ディートリッヒ・フィッシャー＝ディースカウ（バリトン）、ギドン・クレーメル（ヴァイオリン）、ラザール・ベルマン（ピアノ）、ピンカス・ズーカーマン（ヴァイオリン）など。まさに新芸の絶頂期であったが、八〇年のウィーン・フィル来日時はすでに新芸「一強」時代に陰りが見えていた。

4　カラヤン＆ベルリン・フィル普門館公演

念願の大イベント

新芸がヘルベルト・フォン・カラヤン率いるベルリン・フィルハーモニー管弦楽団を初めて招聘したのは一九七九年だ。七三、七七年にウィーン・フィルの来日公演を成功させた新芸にとっては、念願の大イベントであった。

カラヤン&ベルリン・フィルの初来日は、五七年、NHKの招きによるものだった。以後六六年と七三年もNHK。七〇年、七七年は大阪国際フェスティバル協会の招聘で来日している（七〇年の大阪公演は日本万国博覧会協会との共同主催）。七九年の来日公演は、財団法人日本音楽芸術振興会と新芸の二者の主催だが、この財団は大阪国際フェスティバルに対抗するような形で「東京音楽芸術祭」を開催する目的で、西岡＝新芸が中心となって七七年に設立したもので、いわば新芸と表裏の関係にあった。

公演に向けて重要な役割を果たしたのが、カール・ベームなど新芸の招聘アーティストの通訳を務め、東京音楽芸術祭の仕事を手伝っていた眞鍋圭子であった。眞鍋は七三年にカラヤンへの取材経験があり、七七年のカラヤン来日の際にはドイツ・グラモフォンの依頼で、カラヤン及び同行した二人の令嬢の世話係をしている。その時、眞鍋は西岡に頼まれ宿泊先のホテルオークラでカラヤンに引き合わせたという。ちなみに西岡自身は、二〇〇八年に私の取材に対し、「僕は毎年夏に、ウィーン・フィルのメンバーに会えるザルツブルクに行くのが恒例になっていて、カラヤンと最初に会ったのもザルツブルクだったかもしれない。カラヤンは、僕がウィーン・フィルや一流アーティストを日本に呼んだ実績を評価していたはずだ」と語っている。

新芸とベルリン・フィルの関係は、一九六四年にコンサートマスター、ミシェル・シュヴァルベを招聘しているものの、ウィーン・フィルのように、まずは室内楽団を招請して信頼関係を築く、といった過程は見られず、もっとビジネスライクな関係であったように見える。

ウィーン楽友協会の「恩義」

七九年の日本公演で特筆すべきことは、ウィーン楽友協会合唱団の同行である。西岡によれば、これはカラヤン側の強い希望で、「戦後に自分が苦労していた時代に大変恩義があり、ぜひ日本に連れて行きたい」と語ったという。

カラヤンは戦時中にナチ党員であったという理由で、戦後、公開演奏停止処分を受けている。この頃、著名なレコード・プロデューサーのウォルター・レッグがカラヤンとウィーン・フィルのレコード録音を企画するが、これもイギリス占領軍の抗議を受けた。その時に、毅然《きぜん》とした態度でカラヤン擁護に回ったのがウィーン楽友協会のアレクサンダー・フリンチャク会長であった。

「われわれの施設のなかでやることは、われわれだけの問題であって、あなたがたの権限外のことである。それに、フォン・カラヤン氏が将来、われわれの芸術監督として監督席に坐ることになっても、あなたがたは阻止することはできない」（『カラヤン　自伝を語る』）。

四七年、ウィーン・フィルとブラームスの「ドイツ・レクイエム」を録音した際、カラヤンは初めてウィーン楽友協会合唱団と共演。カラヤンはこのコーラスに「一目惚れ」だったという。

「協会が、一九四七年というまだ非常に情勢不穏な時期に、わたしを終身演奏会監督に任命してくれたことを決して忘れないだろう。これは誰にでも得られるポストではない。演奏会監督としてはわたしのまえに、ヘルベックが、リヒターが、ヘルメスベルガーが、そしてヨハネス・ブラームスがいた。だからウィーンの音楽界では、これは生涯、誇りにすることのできるポストなのである」（同）。

「聖地」での開催へ

カラヤンの希望を受け入れ、合唱団を帯同しての来日公演は全九回すべて、宗教法人・立正佼成会の施設である「普門館」（東京都杉並区）で行われた。長らく「全日本吹奏楽コンクール」の中学校の部、

新芸招請の1979年の来日公演のプログラム。ハードカバーの豪華な作りだ（著者蔵）

高校の部の全国大会が開催され、「吹奏楽の甲子園」ともいわれる「聖地」であったが、七九年当時、約五〇〇〇人収容の巨大なホールでの演奏会開催は「音響が悪くクラシック音楽を聴くには不向き」「新芸が金もうけのために座席数の多い会場を選んだ」といった否定的な見方が多く、この興行によってクラシックファンは新芸から離れ、倒産に追い込まれた、ともいわれている。

だが、普門館という選択は新芸が進んで行ったものではない。すでに七七年、大阪国際フェスティバル協会の招聘による来日公演（東京公演）が、この大ホールで行われていた。眞鍋はこう説明する。

「以前の来日公演で、チケットを手に入れるのが大変だという話をカラヤンさんが聞いて、そんなに大変ならば大きいホールでやろう、ということになりました。七七年の時は切符が売り切れになったこともあり、七九年も普門館でやることになったのです」。

ワセオケでテスト

七七年の時点でも音響について懸念する声があり、カラヤンの音響監督とされる人物が公演の五カ月ほど前に普門館を訪れて音響を調査。その後に普門館では一階席の改築や、残響時間の調整のための吸音板の取り付け工事などが実施されたという。東京の全六公演はベートーヴェン・ツィクルスで、ＦＭ東京が収録、大部分を放送しているが、プロデューサーとして携わった東条碩夫は、カラヤン立ち会いの「音響テスト」に同席した時のことを次のように語ってくれた。

「七七年に来日した時に、カラヤンがホールの響きを知りたいということで、早稲田大学交響楽団（通称ワセオケ）にエキストラとして普門館で演奏をさせて、そこにカラヤンが視察に来ました。僕らも（公演を）録音することになっていたので、その場にいました。普門館では、筒状の大きな吸音装置を何本も天井からつり下げていて、オケの演奏中にカラヤンが装置の操作を指示。ブルックナーの七番の交響曲の第一楽章の雄大なテーマに合わせて、その装置がすーっと上に上がっていって、大変迫力があったことを覚えています。カラヤンが聴き比べて、結局その時は装置がないほうがいい、ということになったのです」。

西岡にしても、七七年に指摘されていた音響等の問題を知らないはずはなく、七九年の公演での普門館使用を回避しようとしている。新芸のベテラン社員であった吉田亮一をカラヤンの自宅に何度か派遣し説得に当たったが、結局カラヤンの考えを覆すことはできなかった。

「普門館のステージの指揮台で聞こえる響きは悪くない、ベルリン・フィルの本拠地フィルハーモニーと似ている、とカラヤンが話していた」と西岡は私に語っている。

そして、眞鍋によれば、七九年の公演に際しても、音響をより良くするために、カラヤンがザルツブルク祝祭劇場の音響アドバイザーを派遣し、反響板の調整を行ったという。

カラヤンの希望を受け入れ、オケと合唱団を併せて約二八〇人の大部隊の来日公演はこうした経緯を経て普門館で実施されることになった。

七九年の演奏曲目

七九年一〇月の来日公演の演奏曲目は次のようなものだった。

一六日＝モーツァルト：交響曲第三九番　変ホ長調　K五四三／リヒャルト・シュトラウス：交響詩「ツァラトゥストラはかく語りき」作品三〇

一七日＝マーラー：交響曲第六番 イ短調「悲劇的」

一八日＝シューベルト：交響曲第七（旧八）番　ロ短調　D七五九「未完成」／チャイコフスキー：交響曲第五番　ホ短調　作品六四

一九日＝ドヴォルザーク：交響曲第八番 ト長調　作品八八／ムソルグスキー（ラヴェル編曲）：組曲「展覧会の絵」

二一日＝ベートーヴェン：交響曲第九番 ニ短調　作品一二五「合唱付き」　アンナ・トモワ＝シントウ（ソプラノ）、ルーザ・バルダーニ（アルト）、ペーター・シュライアー（テノール）、ホセ・ヴァン・ダム（バス）

二二日＝ハイドン：オラトリオ「天地創造」　アンナ・トモワ＝シントウ（ソプラノ）、ペーター・シュライアー（テノール）、ホセ・ヴァン・ダム（バス）

二四日＝ヴェルディ：レクイエム　ミレッラ・フレーニ（ソプラノ）、アグネス・バルツァ（アルト）、ルイス・リマ（テノール）、ニコライ・ギャウロフ（バス）

二五日＝モーツァルト：レクイエム　ニ短調　K六二六／ブルックナー：テ・デウム　アンナ・トモワ＝シントウ（ソプラノ）、ルーザ・バルダーニ（アルト）、ペーター・シュライアー（テノール）、ホセ・ヴァン・ダム（バス）

二六日＝ヴェルディ：レクイエム（ソリストは二四日と同じ）

合唱付きの名曲がずらりと並んだ上に、前年にレコードが発売されて話題になっていたマーラーの交響曲第六番など、聴きどころの多い「重量級」のプログラミングであった。

カラヤン流危機管理術

眞鍋は七九年来日公演で「多くを学んだ」と振り返る。

「新芸は日本の音楽界をリードしていた音楽事務所です。西岡さんに一番学んだのは、アーティストを大事にするということです。アーティストが一番いい状態で舞台に立てるように、周りのシチュエーションを整えることに万全を期していました。それと、当時のいわゆる呼び屋さんたちの中で、アーティストと音楽の内容やプログラミングまで踏み込んで話すことができる人は少なかったのですが、西岡さんはそれがおできになった。こういうプログラムがいい、と自分の方から提案なさる。それが西岡さんのすばらしいところでした。七九年の公演では、マーラーの六番といった、当時あまり知られていないような曲も取り上げることになりました」。

合唱団が同行するこの一大プロジェクトのプログラム決定は容易でなかったという。まずカラヤンがこだわったのは、ヴェルディのレクイエムで、結局二回の公演で演奏することになった。ほかの合唱付きの楽曲は、日本側から提案した中から、「第九」「天地創造」、モーツァルトのレクイエムが選ばれた。モーツァルトだけでは時間が短いからと、カラヤン側からの提案でブルックナーの「テ・デウム」が加わった。ソリストの決定も曲折があったが、最終的にはヴェルディを歌うグループと、それ以外の「ドイツもの」を歌うグループの計二グループのソリストが招かれている。

1979年の普門館でのカラヤン指揮、ベルリン・フィル公演の写真（撮影日不明）（立正佼成会提供）

「プログラムなどの話し合いのために、ミュンヘンでカラヤンさんにお会いした時は、来日までに一年を切っていました。ソリストについては、ヴェルディのレクイエムのテノールはプラシド・ドミンゴやルチアーノ・パヴァロッティをカラヤンさんが希望したのですが、すでにほかの予定が入っていて実現せず、結局、南米出身の若手のルイス・リマという人に決まったのです。それでもフレーニ、バルツァ、ギャウロフはカラヤンさんのためなら、と都合をつけてくれました。歌手選びでカラヤンさんに教えられたことは、片方のグループで誰かが病気になっても、もう一方のグループの歌手が代わりに歌えるように、両方の曲目を歌える歌手を選ばなければいけないということです。日本のような遠いところでは、すぐに海外から代役を呼んで歌わせるというわけにはいかない、という理由です。実際に来日公演の期間中、バルツァの調子が悪くなり、ヴェルディも歌えるバルダーニに代役を頼もうか、という場面がありました。幸い、バルツァはすぐに回復して事なきを得たのですが、カラヤンさんの危機管理の考え方が身にしみたものです」。

日本製電子オルガンを使用

七九年の公演初日は、リヒャルト・シュトラウスの交響詩「ツァラトゥストラはかく語りき」が演奏されたが、日本の電子オルガンがベルリン・フィルと「競演」し、パイプオルガンに劣らぬ迫力ある響きが注目を集めた。

使用された楽器は松下電器産業（現パナソニック）が開発した日本初のデジタルオルガン「ナショナル電子オルガン・テクニトーンDO－一〇〇」だ。同社が楽器業界に参入したのは戦後まもない頃で、名古屋のピアノ製造業者の再建を引き受けたのがきっかけだったという。「ナショナル楽器」を設立しピアノ販売からスタートしたが、やがて得意の電機技術を生かした電子オルガンの研究が始まった。六三年に社内に「電子楽器部」が発足し、同社初の電子オルガンが販売されている。六八年には直轄販売会社「ナショナル電子オルガン」を設立。七三年には松下電器産業の重要プロジェクトの一つとしてデジタルオルガンの開発が位置づけられ、プロジェクトチームが結成され、七四年一一月、日本初のデジタルオルガン「DO－一〇〇」（一号機）の制作発表が行われた。さらに七六年五月には、シンセサイザーや磁気カードによる音色の記憶再生装置を備えた演奏会用の二号機を発表している（金銅英二「日本初のデジタルオルガン：ナショナル・テクニトーンDO－一〇〇」『電子キーボード音楽研究』、第八号、二〇一三年）。

七九年の普門館公演で使用されたのはこの二号機で、前述の「ツァラトゥストラはかく語りき」の他、ムソルグスキー（ラヴェル編曲）の組曲「展覧会の絵」（一九日）、ハイドンのオラトリオ「天地創造」（二二日）、モーツァルトの「レクイエム」、ブルックナーの「テ・デウム」（二五日）でも使用された。

「もっと鳴らせ!」

当時、松下電器産業の子会社「ナショナル電子オルガン」の企画部門の社員で、ベルリン・フィル普門館公演に携わったのが、現在京都市で音楽事務所を主宰し、合唱指揮者としても活動している明石好《よし》中《なか》だ。在職中は、電子オルガンを教える音楽教室の指導者の養成や、電子オルガンを使った音楽会の開催を担当していた。

「ベルリン・フィルの前にも朝比奈隆さんと大阪フィルハーモニー交響楽団とか、山田一雄さんと京都市交響楽団の演奏会なんかでも使われていた。ヤマハなどから見れば我が社は後発メーカーでしたが、そうした演奏会での実績が買われて、ベルリン・フィルの公演の時にも選ばれたのではないでしょうか」。

演奏会の現場での経験が豊富で、技術部門との関係も良好だった明石に白羽の矢が立ち、普門館公演の現場を取り仕切ることになった。まず感心したのはベルリン・フィルに同行してきたオルガニストの「耳」だったという。

普門館公演に立ち会った明石好中。当時の資料を見ながら「世界的な大物と約2週間仕事ができたことは一生の思い出です」と振り返った。京都市で2016年8月（著者撮影）

「一応こちらの調整が済み、楽器の説明をすると、しばらく自分に弾かせてくれという。すると、開発した方が思ってもみないような立派なサウンドが出てきて驚きました。彼は世界各地でパイプオルガンを弾いていて、いい音がどういうものか『耳』が知っているのでしょう。その『いい音』を目指して、探っていく作業を目の当たりにしました」。

カラヤンからオルガンについて細かい注文はなかったが、それまでに明石が携わった演奏会と大きく違う点があった。

「それ以前に一緒に仕事をした指揮者は、電子オルガンの音はできるだけ控えめに、と指示した。『電気くさい』音が目立つのを嫌ったのです。その気持ちはこちらもわかるのですが、カラヤンの場合は『もっと出せ、もっと出せ』という指示で、限度いっぱいまで音を出させました。ブルックナーの『テ・デウム』の最後の方では、オルガンが鳴りすぎるぐらい鳴って、ベルリン・フィルの音が真ん中にぶわっと沈んで行くような感じがしました。もう電子オルガンの関係者は大喜びです（笑い）。後で音楽雑誌に、オルガンの鳴りすぎを指摘する記事が載りましたが、あれはカラヤンの指示だったのです」。

もう一つ、カラヤンから強く要望されたことがあった。

「普門館公演のために特製のスピーカーを二四本作って東京まで運んだのですが、それだけ大がかりなスピーカーとアンプを稼働させるのにトランスが要るわけです。トランスが熱を持つので扇風機で冷やしていたのですが、その扇風機のしゃあっという音をカラヤンに気づかれました。それまで朝比奈さんにも山田さんにも指摘されたことはなく、自分たち関係者だけ気にしていたのですが、リハーサルの時、『ツァラトゥストラ』の最後の方でピアニシモになった時にカラヤンが気づいたのです。こちらは、ばれたか、という感じでした（笑い）。『あの音を本番までに消してくれ』というのがカラヤンの指示でした。小さい扇風機だとどうしても音がするので、近くの電器屋さんへ駆け込んで、某ライバル社の大型扇風機を買ってきた。もうメンツにこだわっている場合ではありません（笑い）。そしてそのまわりを板で囲んで黒い幕で覆って、音が漏れないように工夫しました。舞台の後ろに作られた異様な『小屋』を僕らは『カラヤンロッジ』と呼んでいました。

その日の夕方五時ごろ、カラヤンから電話がかかってきました。あの音は消えたか、という確認でした。『ほとんど聞こえません』と答えましたが、本番前にも確認にやってきて、その小屋を見てカラヤンがにやりと笑ったのを覚えています」。

「ベルリン・フィルの一員になった」楽器

デジタルオルガン「DO－一〇〇」の開発費用は一台三〇〇〇万円と言われている。明石によれば、同公演の使用にあたっては、運搬費などを除いて無償で貸与されたという。その代わりに「ベルリン・フィルの一員になったテクニトーン」という広告を出すための写真撮影の協力を依頼することにした。

「最初は新芸を通して交渉していたのですが、なかなか話が進まないので、私が直接ベルリン・フィルに頼んだら、撮影料がかかると言われました。しかもカラヤンの肖像権は別なのでカラヤンと話してくれと。それで恐る恐るカラヤンに話したところ『あんな高価なオルガンを長い間借りたのに、オーケストラがお金を要求するというのは許せない』と怒って、オケの話は断るように言われました。その代わり自分がオルガンの前でポーズを取るから、それを宣伝に使いなさい、と言った。しかも無料で、ということでした。それで、急きょ撮影することになったのですが、カメラマンがなかなか見つからない。『帝王』と呼ばれる人物を短時間で撮るということで、みな腰が引けたようです。結局撮影を引き受けたのはいわゆる『戦場カメラマン』でした」。

演奏会の終了後に掲載されたナショナル電子オルガンの新聞広告（部分）。「カラヤン氏は『電子楽器の進歩は怖いほど速い』とつぶやいた」と記されている（『朝日新聞〈大阪〉』1979年11月17日付）

間近に接したカラヤンについて明石はこう締めくくった。

「紳士的で、我々に偉そうな態度は見せなかった。マスコミが喧伝《けんでん》する『帝王』と実像はまったく違いましたね。ただ、周りにいる人間に全力を尽くさせるという雰囲気は感じた。それはオーケストラだけでなく、カラヤンを送迎する車の運

1979年のベルリン・フィル来日公演。ソリストの顔ぶれからヴェルディの「レクイエム」の演奏中と見られる（立正佼成会提供）

転手さんから、舞台の裏方さんまで、みな最高度に緊張して仕事をしていました。それぞれの仕事にプライドを持った人たちがあれだけ緊張感を持って事にあたるからいいものができるのだな、と実感しました」。

カラヤンをめぐっては、当時新芸で西岡の片腕であった吉田亮一が興味深いエピソードを教えてくれた。

「カラヤンさんは（京王プラザ）ホテルから会場の普門館（東京都杉並区）に着くと楽屋には寄らず、そのまま舞台に出てすぐ指揮を始めるのです。ホテルで衣装を着けて車に乗って、着いたらたったっとステージに行って振りたいのですね。でもそのタイミングが難しくて苦労しました」。

デジタル録音による初の全国放送

公演の一部はＮＨＫによってＰＣＭ（デジタル）録音による初の全国放送が行われた。普門館にはＮＨＫと三菱電機が共同開発した完成直後の試験機が持ち込まれた。一〇月二一日の「第九」はＮＨＫ‐ＦＭで生放送され、「未完成」「展覧会の絵」、ヴェルディの「レクイエム」など五曲は同年末、ＰＣＭステレオ回線の全国開通を待って三夜連続でＦＭ放送された。カラヤンも放送用のデジタル録音に関心を示し、ミキシング室に足を運んだり、収録日以外のテスト録音を特別に許可したりしたという（辻本廉「カラヤンの来日演奏の放送と残された映像・音声の処理」）。

七九年はＮＨＫにとっても、ＦＭステレオの本放送開始から一〇周年、ＮＨＫ技術研究所の世界初のＰＣＭ録音機発表から一〇年目の実用化、といった新技術が花開いた節目の年であった。

日本のデジタル技術が七九年の普門館公演を支え、高音質の放送が実現したことは、自ら飛行機を操縦し、最先端のテクノロジーに常に関心を持っていたカラヤンの演奏会にふさわしいエピソードだ。

トラたちの回想①「フルパワーの音」

七九年の来日公演は、日本人奏者が多数参加したことも話題になった。当時の記事によれば、ヴァイオリン四人、ヴィオラ二人、トロンボーン一人、打楽器二人、オーボエ一人、サキソフォーン二人、トランペット六人の計一八人。そのうち八人はヨーロッパからの参加者だったという（『音楽の友』七九年一二月号）。

このうち、ヴェルディの「レクイエム」が演奏された二四、二六日の公演では、三人の若手トランペット奏者が参加している。この曲ではトランペットが八本必要だったが、ベルリン・フィルのトランペット奏者は五人。残り三本を日本人のエキストラ（通称「トラ」）が担当したのだ。日本フィルハーモニー交響楽団や日本センチュリー交響楽団などを経て、現在は日本芸術文化振興会プログラムオフィサーを務める野崎明宏（一九五四～）もその一人であった。

「トランペットの八人のうち四人はオケの中で、残り四人はバンダ（別働隊）として舞台の下手側で演奏したのですが、僕ら三人はバンダでした。どこから出演依頼があったのか、はっきりしないのですが、出演料はベルリン・フィルからマルクで支払われました。練習二回、本番二回で計五〇〇マルクぐらいだったでしょうか。初日の練習で、『ディ・エス・イーレ（怒りの日）』が始まった後、自分たちの出を緊張しながら待っていたら、その直前でカラヤンが演奏を止めて、僕らの場面を飛ばして次の部分に行っちゃったんです（笑い）。全体の練習が終わってから金管とバンダで練習しましょう、ということでした。その練習の時は、カラヤンが僕らのすぐ近くまで来て指揮をしてくれた。そばで見ると小柄で、声もしゃがれ声。でも指揮台に立つと大きく見える。カリスマ性というのはこういうことか、と思いました」。

五〇〇〇人の大ホールである普門館での「吹き心地」はどうだったのだろう。

「自分の音は聞こえますが、『戻り』（ホールの空間で響いた後に奏者の耳に戻ってくる音）はなかった。でも、それはあまり気になりませんでした。演奏者はいつも同じ場所で演奏するわけではないですから、与えられた条件の中で一番いい演奏をしようと考えるものです」。

ベルリン・フィルの音を間近で聴いて感じたことがある。

「全員の楽器が鳴っているというか、全部の奏者がフルで音を出していて、とにかく音が大きいという印象でした。僕たちの目の前には年配のヴァイオリン奏者が座っていましたが、わあっと、めいっぱい弾いていました。普門館のようなホールで日本のオーケストラが演奏したら貧弱にきこえるかもしれませんが、ベルリン・フィルの音はとにかく迫力がありました。その後親しくなった団員から、八一年の来日公演の時、聴きに来ないかと誘われて、東京文化会館の舞台裏でブラームスの交響曲を聴きました。私は下手側に座っていたのですが、舞台の上手、つまり反対側にいるコントラバスの音が地鳴りのようにきこえてきた。床が鳴っているのです。まさにスーパーオーケストラだと思いました」。

野﨑はニューヨークへの留学を考えていたが、ベルリン・フィルのトラを経験したことで、ドイツのオーケストラのすばらしさに気づき方向転換し八一年にケルンに留学した。「七九年の来日公演は、個人的にもとても大きな意味のある演奏会でした」。

トラたちの回想② 「立ち上がった音の壁」

同じくヴェルディのレクイエムの演奏に参加した元愛知県立芸術大教授の武内安幸（一九五五〜）も、この演奏会がきっかけでベルリンへの留学を決めたという。

「七九年の公演では、まず楽器のことが思い出されます。当時日本で使われていたのはほとんどがピストン付きのトランペットでしたが、ドイツやオーストリアなどのオーケストラの主流はロータリートランペットです。柔らかい響きで弦楽器や木管楽器にもよく溶け込むのですが、当時の日本ではまだ珍しく、トラでも楽器の調達に苦労した人がいたかもしれません」。

練習に行くと、ベルリン・フィルのトロンボーン奏者から開口一番、こんな注意を受けた。

「ハインツ・ディーター・シュヴァルツさんという奏者でしたが、ここはベルリン・フィルだぞ、お前の楽器は何だ、と言われました。僕の楽器のさびに気づいて、ちゃんと磨いてこい、というのです(笑い)。次に磨いていったら、まだ足りない、ちゃんとピストンも磨け、とくぎをさされました」。

武内もまたベルリン・フィルの音に衝撃を受けた。

「弦楽器の音が鳴った時、音の壁が立ち上がったような錯覚を覚えました。ティンパニーの音や金管楽器の音もホールを突き抜けるような迫力で、すごい奏者たちの集まりだと実感しました。当時はちょうど世代交代の時期で、トランペットの首席奏者の二人――コンラディン・グロートさんとマルティン・クレツァーさんも若々しかった。この演奏会がきっかけでコンタクトを取るようになり、いろいろなアドバイスも受けました。カラヤンもまだ元気でかっこうよかった。それまではウィーン・フィルにあこがれて、ウィーンに留学しようと思っていたのですが、この演奏会をきっかけに、ベルリンに行こうと決めました」。

武内は、ベルリン芸術大で学んだ後、ベルリン交響楽団の首席奏者などを務めヨーロッパで活躍した。

トラたちの回想③「ミラクルな体験」

新芸招聘前、七七年のベルリン・フィル来日公演の際、日本人の若手指揮者の発掘を目的に「カラヤン・コンクール・ジャパン」が行われた。第一次審査には五八人が参加。第二次審査を経て、一一月一三日に普門館で行われた本選には三人が出場。カラヤンの目の前でベルリン・フィルを指揮し、高関健（当時桐朋学園大四年でヴァイオリン専攻）が一位に選ばれた。ほぼ同時期の一一月六〜九日には、ベルリン・フィルの楽員起用を前提としたオーディションが大阪フェスティバルホールで行われ、四人が合格。そのうちの一人である松田次史（一九五二〜）は翌七八年から四年間、「カラヤンアカデミー」に留学。七九年の来日公演時に、ベルリン・フィルとともに一時帰国し、ヴェルディのレクイエムと、通常の二倍の六人のトランペット奏者を使ったムソルグスキーの「展覧会の絵」の演奏にエキストラとして参加した。

オーディションを受けた時、松田はすでに日本フィルに在籍していたが、練習時間もなかなかとれず、将来に不安を感じていた。オーディションに受かったことで演奏者として新たな道が開かれた。

「若者の才能を発掘して育てようと設立されたのがカラヤンアカデミーというインターナショナルな機関でした。私が行った頃、ベルリン・フィルのトランペット奏者の一人が歯槽膿漏《しそうのうろう》の悪化で退団してしまい、後継者がなかなか決まらなかった。そんな時期で、私もベルリン・フィルで随分演奏の機会を与えられました。入って一週間後にクラウス・テンシュテットの指揮でマーラーの交響曲『巨人』を演奏したのを覚えています。アカデミーにいた四年間で二〇〇回以上、ベルリン・フィルで演奏したと思います」。

カラヤンは松田の目にどのように映ったのだろう。

「日本では『帝王』といった中傷めいた見方もありますが、あれほど楽員に信頼された指揮者はいないと思います。ベルリン・フィルには有名な客演指揮者も来ましたが、カラヤンがいる時の緊張感は格別のものでした。作曲家自身の考えを越えているのではないかと思うような表現、音楽観が確固としてあって、決してぶれない。彼の一振りで、どんな音楽にも命が吹き込まれました。この曲はこうなんだ、と我々も納得できるような指揮でした。若手の育成にも力を入れ、カラヤンアカデミーが送り出した演奏家は、世界の名だたるオーケストラの奏者として活躍しています。カラヤンは名誉欲、金銭欲が強いといわれますが、私は私欲のない人だと思います」。

松田は帰国後、札幌交響楽団に入団。二〇一七年に定年退職後も演奏活動や若手の指導に精力的に取り組んでいる。

「これまで山あり谷ありでしたが、カラヤンアカデミー留学中の感動的な体験の積み重ねがエネルギーになって、ここまで来られたと思います。まさにミラクルな体験でした」。

台風二〇号襲来

七九年の来日公演四日目に大型台風直撃という想定外のアクシデントがあった。一〇月六日に西太平洋のトラック島南東海上で発生した台風二〇号は、観測史上世界で最も低い気圧になるなど猛烈に発達し、一九日朝に和歌山県に上陸。ほぼ全国を暴風域に巻き込み、死者一一〇人、行方不明者五人、負傷者五四三人、住家全壊一三九棟、半壊一二八七棟などの甚大な被害をもたらした（気象庁ホームページ）。

一九日午後から夜にかけて首都圏の電車や地下鉄はほぼストップし、新幹線も東京 - 京都間が約八時間半不通となった。東京電力管内で一九三万戸が停電し、家や会社への連絡のために電話がパンク状態となり電電公社（当時）が約四時間にわたって五〇％の通話規制を行うなど、首都機能はマヒ状態に陥った。

この日は一九時開演予定で、ドヴォルザークの交響曲八番とムソルグスキー（ラヴェル編曲）の「展覧会の絵」の二曲によるプログラムだったが、新芸にはチケットを買った客からの問い合わせが相次いだ。当時若手社員として対応にあたった児玉真（現地域創造プロデューサー）は次のように振り返る。

「演奏会を中止するかどうかで大騒ぎでした。おまけに事務所の電話が鳴らなくなったのです。それでも電話が掛かってきているのは何となくわかり、受話器を取ると『演奏会をやるんですか』という問い合わせです。『やります』と答えて受話器を置いて、また次の電話に出る、という繰り返しでした。新幹線が止まっているので名古屋からタクシーで行きますとか、今箱根が通行止めです、とか、まるで実況中継のような電話もかかってきました」。

一八時ごろから電車も動き始め、結局開演を三〇分遅らせて演奏会は実施された。

「どうしても来られない人のために、後の日の公演で残っていたチケットを振り替える対応をしたのですが、西岡さんは商売に対して厳しい人でしたから、最初はなかなか承知してくれなかった。『どうするんですか』というやりとりを西岡さんとしばらくしていたように思います」。

その頃、京王プラザホテルに宿泊していたベルリン・フィルのメンバーも、高層の建物が強風で揺れるため、不安そうな表情で一階のロビーに降りてきていた。眞鍋によると、この時カラヤンは自室で窓際に立って悠然と外の様子を眺め、大丈夫ですかと声をかけると「ヨットに乗っているようで気持ちがいい」と笑っていたという。

チケット完売せず

約五〇〇〇人収容の巨大ホールで九回の公演を行うという大事業は、準備作業も膨大だった。チケットひとつとっても、現在のようにオンラインで販売するシステムはなく、計四万五〇〇〇枚のチケット一枚一枚に手作業で席番の印を押さなければならなかった。社員だけでは手が足りず、「日比谷サービス」といった外部の業者も動員された。

巨大ホールでの豪華メンバーによる公演、さぞかし儲かったのではと思いきや、西岡は「実は大赤字だった」と明かした。

「ソリストのメンバーは豪華で、カラヤンでなければそろわなかった歌手たちだ。当然ギャラもべらぼうに高かった。ベルリン・フィルや合唱団の出演料も合わせると、すごいことになっちゃった。ギャラはマルクで支払ったが、悪いことに急激な円安になった。チケットも完売せず、結局大赤字だった」。

新聞には公演開始の直前まで連日広告が掲載され、「苦戦」の様子がしのばれる。

結局チケットが売れたのは平均で七割以下、との報道もあった。当時の社員らによれば、ベートーヴェンの第九が演奏された二一日以外の公演はチケットが完売せず、特にS券、A券という値段の高い方の券が売れ残ったという。西岡は残ったチケットを親しい音楽家にこっそり渡し、客席を埋める協力を頼んだという証言もある。

倒産翌年の雑誌のインタビューで西岡はこう説明をしている。

「円安で一マルク九八円の為替レートで契約したのが、支払時には一三八～一四〇円になってしまい、為替予約制度もなかったころでしたから、大損を出しました。出演料ばかりでなく、ＩＡＴＡ（国際航空運送協会）の協定で航空運賃も欧州で契約したため、被害を一層大きくする結果になりました。為替差損が四〇％も出たら、たとえ入場客が一〇〇％入っても、お手上げです」（「敗軍の将、兵を語る　傷広げた呼び屋の気負い」『日経ビジネス』八二年二月八日号）。

高額な入場料金への批判

この公演のチケットは、合唱付きの日がＳ席一万九〇〇〇円、オケのみの公演でも一万五〇〇〇円で、高額な入場料が世間から批判を浴びた。五〇〇〇人収容の会場ならばもっとチケットを安くできるはず、という理由だが、合唱に一流ソリスト陣も加わり、経費は半端な額ではなかったのだ。ちなみに、カラヤンとオケだけで来日した七七年（大阪国際フェスティバル協会招聘）でも、大阪フェスティバルホールの入場料の最高額は二万円、普門館で行われた東京公演は一万二〇〇〇円で決して安いものではなかったが、七九年ほどの批判は確認できない。

強気の西岡も世間の批判をかなり気にしていた節がある。八〇年の『音楽の友』六月号に掲載された「コンサート'80・イン・ジャパン」というアンケート特集への反論を投稿している。この特集は「聴衆の生の声に耳を傾けて、よりよい演奏会のあり方を考える」という趣旨で、計一六三八人の読者にアンケートを行った結果をまとめたものであった。当時の演奏会の入場料に関する「読者の証言」の中には「諸悪の根元は『新芸術家協会』である。音の悪い広いホールに大演奏家、べらぼうに高い入場料。聴

衆をばかにしているとしかいいようがない」といった、新芸への批判が目につく。

西岡の反論は同年の一一月号に見開き二ページで掲載された。

「(前略) 入場料金を高い、安いと書くのなら、それなりのデーター、自分なりの調査にもとづいた見識をもって書くべきではないでしょうか。(中略) 本年 (八〇年) 六月二一日、同じカラヤンとベルリン・フィルが隣国フランスの首都パリのパレ・デ・コングレ (三五〇〇人収容) で公演を行ったときの入場料金は最高四〇〇フラン=二万三〇三六円 (一フランスフラン=五七・九円として) でした。(中略) 一九七九年の時点で五曲の合唱付きの大曲を同時に世界のベストメンバーで紹介したことが、もしも無意義であり、その演奏内容が劣悪であったという音楽上の判定があるのなら、ワーストのレッテルも甘んじて受けねばならないかもしれないのですが……。カラヤンをはじめオーケストラ、出演者たち、そして私自身、最高の演奏であったと確信しています」。

七九年といえば第二次石油ショックの年、音楽ファンもそれまで以上に入場料の多寡に敏感になっていたかもしれない。いずれにしても新芸の普門館公演に対する「集中砲火」は、音楽マネジャーとして日本のクラシック界をリードし、「一流どころの演奏家さえ呼べば、高額なチケットでも売れる」という自負、いわば「新芸イズム」からの「聴衆離れ」を象徴的に示しているようにも思われる。


「次はもうけさせてやる」

西岡によると、カラヤンはこの公演が赤字になったことを見抜いていたという。「『次はもうけさせてやる。ギャラの値上げはしないから、またやってほしい』と約束して帰った。でも八一年にはそんな話はすっかり忘れていたようで、結局ギャラは値上げされた」。

八一年一〇〜一一月、新芸は再びカラヤン、ベルリン・フィルを招聘するが、この年の七月末と八月初旬に不渡り手形を出して倒産。開局三〇周年記念特別番組として公演を放送することになっていたTBSが中心となり同公演実行委員会を発足させ、公演に関する一切の業務を肩代わりし、予定通り東京で計一〇回（会場は東京文化会館とNHKホール）の演奏会が実施された。

眞鍋によれば八〇年のウィーン・フィル日本公演で新芸のギャラ支払いが遅れ、新芸が危ないという情報がウィーン・フィルからベルリン・フィルへひそかに伝えられていたという。

自らの手で二度目の来日公演を完遂できなかった西岡は、直接わびたいとNHKホールの楽屋へカラヤンを訪ねている。その場には眞鍋が立ち会った。

「西岡さんが、申し訳なかったと言葉少なくカラヤンさんに言うと、西岡さんの手を取って『西岡さん、人生は浮き沈みがある。また頑張りなさい』と励ましました」。

カラヤン、ベルリン・フィルはその後八四年、八八年にも来日。八四年の公演では再び普門館で演奏している。宗教団体「立正佼成会」の施設である普門館は、文化面での社会奉仕とともに、「あまねく世間に門を開き、仏法に対する世間の関心を高めること」を目的に建設された施設だ。仏法を「音楽」に置き換えてみれば、音楽に対するカラヤンの姿勢と合致する。何度も普門館で演奏した理由は、案外そうした点への共感も含んでいたのかもしれない。

その普門館も老朽化により一八年末から取り壊し作業が始まった。

5 〝新人〟ポリーニ

「名前が出ていない」

現代最高のピアニストの一人、マウリツィオ・ポリーニは一九四二年イタリア生まれ。日本に初めて招聘したのは新芸だ。ポリーニは六〇年に弱冠一八歳で第六回ショパン国際ピアノコンクールで第一位となるが、その後約一〇年間表舞台から遠ざかり、再起不能説もささやかれた。しかしヨーロッパでの「再デビュー」は、センセーショナルな成功を収め、ストラヴィンスキーの「『ペトルーシュカ』からの三楽章」とプロコフィエフのソナタ第七番を収録したLPが七二年に発売されると、日本でも「知る人ぞ知る」存在となった。

初来日は七四年四月だが、西岡は当初あまり乗り気ではなかったらしい。ミケランジェリやリヒテルに信頼されヨーロッパでの仕事の機会も多かったヤマハの調律師、村上輝久（一九二九〜）がポリーニ活動再開の報を西岡に伝えても「こんな、名前の出てないのはだめだ、と簡単に断られた」という。村上は、当時イ・ムジチ合奏団の招聘などで実力を伸ばしていた神原音楽事務所にも話したが「神原さんも『ポリーニ？　まだ若いね』といい顔をしなかった」。

結局、新芸の「番頭格」であった田中一樹がポリーニ招聘を決めたが、公演の回数は極端に絞られた。東京ではN響の定期公演二回（マキシム・ショスタコーヴィチ指揮、プロコフィエフの協奏曲三番を演奏）の他、東京でのリサイタルは二晩のみで、そのうち一回は会員制の都民劇場音楽サークルの演奏会だったため、残る一回の東京厚生年金会館での公演に聴衆が殺到する結果となった。

結果は大成功だった初来日だが、音楽ファンの当初の反応は今一つであった。新芸の元社員らによれば、流れを変えたのは評論家・吉田秀和の評価であったという。七三年六月に発売されたショパンの練習曲集作品一〇、二五の全曲を収めたこのＬＰ（グラモフォン）のジャケットには、長文の吉田の評が記されている。

「（このレコードについては）一行書けば、それでもう充分ではなかろうか。『これは、この曲に関する、最高のレコードに属する』という一行だけで。（中略）私は、ポリーニのひくショパンの練習曲集をきいて、あまりの見事さに啞然《あぜん》としたあげく、私の知る限り、これはまずアシュケナージと双璧であり、この曲集に関する限り、このふたりが現代の演奏の最高に興味あるものではないかと考えてしまうのも、無茶ではないだろう」。

「日本の多くのファンは、ポリーニをそんなに高く評価するのを、不思議に思うのではあるまいか。私も、実は、このレコードをきくまで、これほど思いきった評価を下すだろうとは思っていなかった。（中略）私はまだこのイタリア生れの若いピアニストを実演できいたことがないのである。しかし、彼の獲得したピアニスティックなものの高さは、このレコードできく限り、もう、疑問のはさみようがないではないか？」

評論家たちが絶賛したこのＬＰは、七三年度の第一一回レコード・アカデミー賞（器楽曲部門）を受賞している。

放送権料が一〇倍に

ポリーニ初来日前から「あの実力は絶対間違いない」と評価していたのが、当時エフエム東京プロデューサーであった東条碩夫だ。東京厚生年金会館での演奏会の収録をいち早く新芸に申し出た。「吉田（亮二）さんに話したら『ほんとにいいの？』と言われ、非常に安価でやらせてもらった（笑い）。当時のエフエム東京のライブ番組のヒットのうちの一つで、ファンの間ではエアチェックしたテープがずいぶんやりとりされていたそうです」。

七六年の二度目の来日時も東条は吉田に収録を申し出た。「前回の一〇倍の金額を提示されてびっくりしました。最初に手をつけたのは僕でしょう、彼のすばらしさを知らしめた功績は大きいですよ、と粘り強く交渉したら、吉田さんは『あの頃誰もポリーニを知らなかったもの』と言いながら、結局言い値の三分の一で了解してくれました」。

八一年、四度目の来日では、ポリーニ自身の希望で「青少年のためのコンサート」も行っている。ベルク、シェーンベルクの作品がプログラムの半分を占め、決して親しみやすい内容ではなかったが、約三七〇〇席のNHKホールを満員にしたのはさすがだ。

初来日から八一年までの来日公演を手がけた新芸にとって、ポリーニはいうまでもなく重要なアーティストであった。吉田は「ポリーニに赤ちゃんが生まれた時には、西岡さんの指示で、ミラノの自宅までお節句の羽子板を届けに行った」と振り返る。二〇〇一年の取材時に西岡は「ポリーニとは倒産した後も文通していた」と語っていた。「日本に来た時は楽屋に顔を出したりしないのですか」と尋ねると、「行かない。もの欲しそうに見えるといけないから」と寂しそうな表情を浮かべたのが忘れられない。

6　幻のホロヴィッツ招聘

「来日確実」の報道

「クラシック音楽界の超大物　ホロビッツの来日確実」。

こんな特ダネ記事が読売新聞に載ったのは一九七五年七月四日（夕刊）のことだった。世界の大物音楽家が続々と日本を訪れる中、来日不可能とまでいわれていた「幻のピアニスト」、ウラディーミル・ホロヴィッツ（一九〇三～八九、〇四年生まれとの説もある）の来日が実現すれば、まさに「大事件」であった。

同紙が「来日確実」の根拠として挙げたのが、ホロヴィッツの妻ワンダが、マネジャーのハロルド・ショウとともに七五年六月にひそかに来日していたことだ。ホールの下見や打ち合わせが目的で、ホロヴィッツ来日は七六年一月から米カリフォルニア州やワシントン州シアトルへ演奏旅行した後の三～四月で、約七週間の滞在中に六回公演する、という具体的なものだった。

ホロヴィッツ来日の可能性については、海外のメディアでも報じられ、七五年九月一七日付の英・デーリー・テレグラフ紙にも「ホロヴィッツ、日本とロンドンでリサイタル」との記事が掲載された（『音楽旬報』七五年一〇月二一日号）。

実際にホロヴィッツが初来日したのは八三年六月。招聘したのは梶本音楽事務所だが、その八年も前に、この超大物招聘に「王手」をかけていたのが新芸であったことはあまり知られていないのではないだろうか。

梶本音楽事務所で社長の片腕として事務所を支えた藪田益資によれば、ホロヴィッツをめぐっては、後述するリヒテルの初来日同様、さまざまな会社が水面下で動いていたという。

「毎日新聞は西岡さんとの連合軍だったと思います。朝日は朝日で独自に動いていたはずですね。読売は社会部に音楽好きの記者がいて、ホロヴィッツウオッチャーのような形で米ニューヨークに派遣されていたこともあります。新芸は西岡さんの片腕の田中（一樹）さんがワンダ夫人と一緒にホテルの下見をしたりしていました。当時の梶本はダークホース以下でした（笑い）」。

神話のはじまり

演奏会を開くこと自体がニュースになった大ピアニストも、最初からスターであったわけではない。ホロヴィッツはロシア帝国（現ウクライナ）のキエフ近郊・ベルディチェフ生まれ（キエフとの説もある）のユダヤ系ロシア人で、八歳でキエフ音楽院に入学。一四年に彼の演奏を聴いた作曲家スクリャービン（一八七二～一九一五）は、音楽的な才能を認めたものの、ホロヴィッツの両親に、音楽以外も幅広い教育を受けさせるよう助言している。その後ベルリンに行くが、当初はなかなか芽が出なかった。一躍注目を集めたのが二六年、ハンブルクでの演奏会だった。急病のピアニストの代わりに演奏したチャイコフスキーの協奏曲でセンセーションを巻き起こし、二八年にはアメリカでデビュー、名声を確立していった。三三年にはイタリアの大指揮者、アルトゥーロ・トスカニーニの末娘ワンダと結婚し、四四年にアメリカの市民権を得ている。

完璧なテクニックで「神がかった」演奏を聴かせ、聴衆を熱狂させる半面、数度にわたる演奏活動の休止――「引退癖」が、ホロヴィッツ神話に拍車をかけた。特に、絶頂期を迎えていた五三年から約一二年間のステージ活動の空白は、不治の病にかかったとか、発狂したとかさまざまな臆測を呼んだ。六五年、カーネギー・ホールでのリサイタルでカムバック。「ヒストリック・リターン」として大成功をおさめ、ホロヴィッツ健在を印象づけた。

生演奏に接して

新芸のホロヴィッツ招聘計画で、中心となって交渉を進めた田中が故人となった今、詳細を知るのは難しいが、田中の元で交渉に携わった玉村穆《きよし》（現日本アーティストプロデューサー）は、ワンダ夫人が来日してNHKホール、東京文化会館、ホテルオークラ、帝国ホテルなどを下見したのを記憶していた。

「ホロヴィッツが米サンフランシスコで演奏する予定があり、その後で日本に来るプランだったと思います」。

交渉相手は、アメリカの有名な興行主、ソル・ヒューロックの元から独立し、ホロヴィッツのマネジャーを務めていたハロルド・ショウだった。ちなみに、八三年の初来日の際に梶本音楽事務所の交渉相手となったピーター・ゲルブ（現メトロポリタン歌劇場総裁）も、この頃すでにホロヴィッツのマネジメントに関わっていたようだ。

玉村は、先輩の寺田友輔とともにニューヨークへ行き、ショウの計らいでシカゴまで足を延ばし、ホロヴィッツの生演奏を聴いている。七四年と見られる。

「僕はホロヴィッツの大ファンで、一ファンとしては彼の来日を望んでいました。シカゴの演奏会では、クレメンティやシューマン、スカルラッティなどを弾いたと思うのですが、正直がっかりしました。もちろん、スタンディングオベーションで会場は盛り上がっていましたし、楽屋に行くと『日本からよく来た』と喜んで、サインもしてくれましたが、演奏はがっかりでした」。寺田も「すでに『化石』という感じの演奏でした。みんな騒いでいるけれど、何これ、と感じた」という。二人は帰国後、感じたままを西岡に報告した。

七六年の一月には、日本からホロヴィッツのシアトル公演を聴くためのツアーも組まれた。ホロヴィッツは遠来のファンのためにリハーサルを公開。「日本には必ず行くよ」と機嫌良く振る舞った様子が新聞や雑誌で報じられ、来日実現への期待は大いに高まっていた。

西岡の結論

ところが、待てど暮らせど巨匠来日の公式発表はなく、七六年七月六日付毎日新聞夕刊に掲載された記事「やはり〈幻のピアニスト〉ホロビッツ〝日本公演〟白紙に」で、夢は終わりを告げた。記事によれば「昨年、新芸術家協会がついにOKをとり、来春をメドに具体的な計画が進められていたのだが、最近、突然ドクター・ストップがかかった」という。「内臓器官が時差に順応できない」という医師の診断で、日本に続くヨーロッパ公演も白紙になった。新芸はホロヴィッツ来日を発表したこともなく、チケットを売ってもいなかったが、うわさを聞いての問い合わせが多かったことから、あえて「来ない」という発表をし、幕引きを図ったのだろう。

健康上の理由であれば、回復後を待って次のチャンスを狙ってもよさそうだが、深追いすることなく、西岡は意外なほどあっさりと撤退したように見える。

「七〇年代以降は会場の大きさによって三万五〇〇〇ドルないし六万ドル」(『毎日新聞』八三年六月六日付夕刊)といわれた高額出演料や、滞在先の設備や食事などへの特別な要求で「悪名」も高まっていたホロヴィッツ。新芸が繰り返し招聘していたリヒテルとは対照的だ。鉄のカーテンのむこうの「幻のピアニスト」と呼ばれたリヒテルの出演料は、七〇年大阪万博の際一回六〇〇〇ドルであった（六章参照）。それまで欧米の著名なアーティストの招聘を数多く手がけてきた西岡にしてみれば、ホロヴィッツ側の法外な要求は異様に思えただろう。キャンセルが多く、演奏は化石のようだ、と聞けばなおさら、危険を冒してまで招聘する意義を感じなかったのではないか。

幻に終わった招聘計画は、当時日本を代表する音楽マネジャーであった西岡の見識と矜持を感じさせるエピソードだ。

六章　蜜月

新芸が、大事な取引先である「ソ連」との関係を盤石にしたのが、一九七〇年大阪万博での「ボリショイ・オペラ」、リヒテル来日公演の成功である。ムラヴィンスキーの初来日、三大バレエの招聘など、ソ連の仕事をめぐる光と影に迫る。

1　大阪万博まで

ソ連への接近

六〇年から「呼び屋」として海外の音楽家の招聘を始めた新芸の最初のピークは、七〇年の大阪万博の年に訪れた。歌手、管弦楽、裏方などを含め総勢約四〇〇人が来日した「ボリショイ・オペラ」、「幻のピアニスト」としてさまざまな団体が招聘を競ったスヴャトスラフ・リヒテル、レニングラード・フィルハーモニー管弦楽団（指揮者ムラヴィンスキーは直前に来日中止）といった、ソ連を代表する音楽家・団体のマネジメントを一手に手がけて存在感を示した。以後、八一年の倒産の年まで、ソ連関連の仕事は新芸を支える太い柱であり続けた。当時のソ連では、文化省下の「ゴスコンツェルト」（国立コンサート公団、以下ゴスコン）が音楽家のマネジメントを行っていたが、西岡はどのようなルートでソ連側と接触し、「大物」を任されるまでの信頼を勝ち得ることができたのだろうか。

赤い呼び屋

「ソ連もの」を得意とした昭和の興行師といえば、筆頭に挙げられるのは神彰《じんあきら》だろう。くしくも西岡と同年の生まれで同じ北海道出身。画家志望で興行はまったくの素人であった神は五四年、アメリカへ亡命したロシア人による「ドン・コザック合唱団」招聘をにわかに思い立ち、「アート・フレンド・アソシエーション」（ＡＦＡ）を設立。五六年に招聘を実現させる。その後はボリショイ・バレエ団、レニングラード・フィル、モスクワ国立ボリショイサーカスなどのソ連関係の興行を次々と手がけ「赤い呼び屋」と呼ばれた。

まずは東欧圏

新芸が最初にソ連のアーティストを呼んだのは六二年、ヴァイオリニストのボリス・グトニコフ（一九三一～八六）であった。五七年ロン・ティボー国際コンクール優勝、六二年チャイコフスキー国際コンクール優勝の新鋭で、初来日は大いに注目を集めたようだ。しかし新芸のソ連ものは後が続かなかった。神のＡＦＡが六四年に倒産するまでは、ソ連関係の興行の多くはＡＦＡが手がけ、新芸の食い込む余地がなかったのだろう。このころの新芸の仕事は、得意としたウィーンの演奏家以外では、アダム・ハラシェヴィチ（ピアノ）、アントニン・モラヴェッツ（ヴァイオリン）、スーク・トリオ、ハンガリー弦楽四重奏団など東欧圏の演奏家の公演が目立つ。

六三年、新芸が最初に招聘したオーケストラも「ポーランド国立放送交響楽団」(Poland National Great Radio Orchestra)で、地方都市カトヴィツェの放送局のラジオオーケストラだった。指揮者はヤン・クレンツ、イエージ・カトレヴィチ、ピアノ独奏はバーバラ・ヘッセ＝ブコウスカ。共催には毎日新聞社も名を連ね、前触れ記事では六二年に現地で指揮をした岩城宏之が「まちがいなく世界のA級の交響楽団である」と絶賛(六三年一月一一日付夕刊)。またポーランドの作曲家クシシュトフ・ペンデレツキ(一九三三〜)の「広島の犠牲への哀歌」がプログラムに取り上げられたことも話題になった。

労音のソ連ものに関与

六二年のグトニコフ招聘以前に三件、新芸が関わっているソ連関連の公演情報が当時の音楽新聞に掲載されていた。五九年一一月に行われたミハイル・ワイマンヴァイオリン独奏会、ほかにいずれもボリショイ劇場専属歌手で六〇年一〇月に行われたタマーラ・サローキナ独唱会、六一年五月のアルトゥール・エイゼン独唱会である。ソ連から招聘したのは全国労音(全国勤労者音楽協議会)で、新芸はワイマン、サローキナの公演では協賛、エイゼンの公演は東京労音と並ぶ主催者として関わっている。

最盛期には全国で約六五万人の会員数を誇った労音と新芸の関係は長く深い。新芸設立時の「社員第一号」の中に、東京労音設立に関わった諸井昭二がいたことは既に述べたが、新芸躍進の過程で重要な役割を担った社員、中筋栄一(一九三六〜)は大阪労音から、プログラムや会報紙の編集を手がけた北(木村)嘉和は京都労音から引き抜かれた人々であった。また、西岡は五〇年代から歌劇「夕鶴」や、新芸関係の日本人演奏家の公演を労音に「企画提供」し、発展の足がかりを築いている。

この労音という組織はソ連との関係も深かった。全国労音は五八年から国際文化交流を開始。六一年九～一〇月にはさらなる拡大・発展を促進するために、労音代表団がソ連・東欧を訪問。代表団の中には、西岡と親しい人物もいた。

在日ソ連大使館の記録

日ソ文化交流史に造詣の深い愛知県立大の半谷史郎教授への取材で、半谷がロシアで調査した文書の中に、新芸とソ連側の接触に関する貴重な情報が記されていたことがわかった。

いずれも在日ソ連大使館が本国に送付した文書で、半谷の日本語訳に基づき紹介する。

一つは六一年。N響の指揮者で新芸の所属でもあった岩城宏之に関するものだ。二月二八日、岩城と西岡が大使館を訪問。三月にウィーンとミュンヘンへ出発するが、四月末に二カ月から二カ月半のソ連訪問ができないか（ソ連各地のオーケストラを指揮できないか）との相談だった。ソ連文化省との交渉は西岡が行うこととし、提示予定の条件は、ウィーン～モスクワ～ウィーンの飛行機代及びソ連滞在費をソ連側が負担。その代わりギャラは要求しない、というものだった。ここに労音書記長のマキノ（前述の労音代表団の一人で全国労音事務局長の牧野弘之と思われる）が同席し、労音は岩城のソ連公演を支持すると述べたという。

岩城は六〇年のN響世界一周演奏旅行でソ連を訪れており、半谷によれば、この文書には駐日大使のフェドレンコが岩城のソ連公演を支持する旨の注記もあり、「岩城の要望により、彼の訪問を一九六二年に計画」との手書きの書き込みもあったという。

岩城の六二年ソ連公演は実現し、約一カ月間モスクワをはじめオデッサ、バクー、キエフ、トビリシ、ヴィリニュス、レニングラードの各地で指揮（岩城宏之『回転扉のむこう側』）。当初の希望より一年遅れではあったが、西岡の交渉はうまくいったようだ。

ソ連側の評価

もう一つは六二年四月に駐日ソ連大使館員が作成した、ソ連のアーティストの日本公演を手がけている団体に関する報告書。労音、ＡＦＡ、本間興業、日本国際芸術センター、新芸、日ソ協会、新聞・放送局に関する評価が記されている。ＡＦＡについては「最大の招聘《しょうへい》元。唯一法人格を持つ。日本外務省や文部省の支持も得ている。ソ連とは数年におよぶ関係がある。このルートで大きな団体を派遣し、このパイプはさらに発展させるべきだ」と高く評価している。さらに「最近はアメリカとも関係を持つ。彼は大規模な公演を任せられる有能な興行師。一九六二年にソ連モノの興行契約がないのは危険。アメリカに取り込まれる可能性も」と記されている。

一方、新興勢力の新芸についての評価はなかなかシビアだ。「日本共産党とも関係、労音書記長マキノとは友人（このため労音の行事を手伝ったこともある）。最も力を入れているのは、ポーランドとチェコ。両国大使館の彼に対する評判は良好。彼のルートで日本に二～三人の個人演奏家を派遣するのが良い。六二年には初めての彼のルートによる招聘（グトニコフ）を予定。財政基盤は弱い。音楽家の間での知名度は低い」。

ちなみに若き日の西岡は「戦争中からかぶれて」共産党員として活動、警察にマークされた時期もあった。

ポストAFA

この後、新芸が招聘したソ連アーティストは六四年にディミトリー・バシキーロフ（ピアノ）、ボリス・グトニコフ（ヴァイオリン）、六五年はムスティスラフ・ロストロポーヴィチ（チェロ）、六六年ボロディン弦楽四重奏団、モスクワ室内オーケストラ（指揮＝ルドルフ・バルシャイ）、六七年モスクワ・フィルハーモニー交響楽団（指揮＝キリル・コンドラシン、ダヴィッド・オイストラフ、ヴァイオリン＝ダヴィッド・オイストラフ、イーゴリ・オイストラフ）、六八年ソビエト国立交響楽団（指揮＝エフゲニー・スヴェトラーノフ、マキシム・ショスタコーヴィチ、ヴァイオリン＝レオニード・コーガン、ヴィクトル・トレチャコフ、ピアノ＝グリゴリー・ソコロフほか）と続く。六四年のAFA倒産後、新芸がソ連側の信頼をかち得て、徐々に「大物」を任されていった過程が見てとれる。

2 国家の威信を懸けて――ボリショイ・オペラ来日

大阪万博に総勢四〇〇人

一九七〇年の日本万国博覧会（大阪万博）では、音楽、舞踊、演劇、演技、演芸、映画など多岐にわたる催し物が行われた。フェスティバルホール（大阪市北区、座席数二八一〇）で行われた「クラシック催物シリーズ」（EXPO'70 CLASSICS）では三月一五日のオープニングコンサートを皮切りに、九月一二日まで計二九企画一〇三公演が実施され、出演者は延べ一万三五二〇人（うち外国人一万一八二〇人）、観客数は一九万三五九人にのぼった（『日本万国博覧会公式記録第二巻』）。

ベルリン・ドイツ・オペラ、パリ管弦楽団、ベルリン・フィルハーモニー管弦楽団、クリーブランド管弦楽団、モントリオール交響楽団、ニューヨーク・フィルハーモニックといった欧米の有名オーケストラやオペラと並んで、ソ連からもレニングラード・フィルハーモニー管弦楽団、スヴャトスラフ・リヒテル（ピアノ）、ボリショイ・オペラといったソ連を代表するアーティストたちが送り込まれた。七〇年といえばソビエト国家の創設者、レーニンの生誕一〇〇周年の年。初来日のボリショイ・オペラは、ソリスト、合唱団、オーケストラ、バレエ団、裏方など総勢四〇〇人による空前の規模の引っ越し公演で、「ボリス・ゴドノフ」（ムソルグスキー）、「エフゲニー・オネーギン」（チャイコフスキー）、「スペードの女王」（同）、「イーゴリ公」（ボロディン）の四演目を計九回上演。まさに国家の威信をかけた取り組みであったことがうかがえる。

1970年大阪万博のクラシック催物シリーズで行われたボリショイ・オペラ公演のプログラム。東京公演のプログラムは別途作成されている（著者蔵）

大きな「忘れ物」

七〇年八月一二日午前九時、大阪万博の「クラシック催物シリーズ」に出演するボリショイ・オペラの一行三〇〇人余りを乗せたソ連の客船マリア・ウリヤノーワ号が大阪港へ入港した。ところが、全員が入国査証（ビザ）を持っておらず、大阪入国管理事務所（当時）がいったん上陸を拒否するというハプニングがあった。ビザ申請はすでにモスクワの日本大使館経由で法務省に提出されており、許可する

ロシアを代表するオペラ・バレエの殿堂、ボリショイ劇場の外観。2017年9月（著者撮影）

旨の返事もモスクワへ出されていたが、一行の出発と行き違いになったらしい。入国管理官が派遣され、急きょ同船ロビーに「仮事務所」を設置し、一人一人を名簿と照合して仮上陸許可証を発行するという異例の措置がとられた（『産経新聞』七〇年八月二二日付夕刊）。

舞台美術関係者やソリストは一足早く来日しており、翌一三日には指揮者らも空路で到着。空前の規模の引っ越し公演は、八月一六日に「ボリス・ゴドノフ」で無事に幕を開け、大阪万博のクラシック催物シリーズでの公演後移動し、東京文化会館で新芸と毎日新聞社の主催で計九回の公演が行われた。ボリショイ・オペラはスターを売り物にするのではなく、あくまでアンサンブル重視といわれるが、七〇年公演の出演者の顔ぶれはなかなかの豪華メンバーだったことがわかる。

指揮は、六九年にボリショイ劇場の首席指揮者に任命されたばかりのユーリ・シモノフが「ボリス・ゴドノフ」「イーゴリ公」、ゲンナジ・ロジェストヴェンスキーが「スペードの女王」を担当。とりわけ注目を集めたのは、世界的なチェリストで指揮者としても活動を始めていたムスティスラフ・ロストロポーヴィチの「エフゲニー・オネーギン」だろう。彼の妻でソ連を代表するソプラノ歌手、ガリーナ・ヴィシネフスカヤがタチヤーナ役を歌い、夫婦の共演となったが、ヴィシネフスカヤがプリマドンナとしての貫禄を遺憾なく発揮し、「歌も演技も容姿も含めて理想的なタチヤーナ」（大木正興評『東京新聞』七〇年九月四日付夕刊)、「格調の高さにおいて群を抜いた存在」(小石忠男評『毎日新聞』七〇年八月二四日付夕刊)などと絶賛された。その他、「ボリス・ゴドノフ」のタイトルロールなどを歌ったアレクサンドル・オグニフツェフ、「ソ連のマリア・カラス」と呼ばれ、「ボリス・ゴドノフ」のマリーナ役や「スペードの女王」のポリーナ役などを歌ったエレーナ・オブラスツォワも各紙がこぞって賛辞を贈っている。そしてソリストに勝るとも劣らない「地鳴りのような」合唱の迫力、リアリズムを追求した舞台の壮麗さが聴衆を圧倒した。

社員を増強

当時の報道によれば、舞台装置などの荷物は貨車四八両分もあり、シベリア鉄道、ナホトカ港経由で大阪港に到着。六トンと八トンの大型車延べ七〇台で、長さ一二〇メートルほどもある巨大な格納庫のような国際見本市会場にいったん運び込んで整理。演目ごとにホールに持ち込んで入れ替えたという。

空前の規模のオペラ公演のマネジメントを手がけることになった新芸だが、それまで手がけたオペラといえば少人数で上演可能な「夕鶴」ぐらいで、経験はほぼゼロ。西岡は、親しい友人であった二期会事務局長の河内正三に相談し、二期会事務局の吉田亮一(一九三二〜)を新芸に迎えることにした。吉田は六九年に新芸に入り、準備段階からボリショイ・オペラを担当した。

「二期会ではオペラのプロデュースをしていて、今でいうヘッドハンティングのような形で新芸に呼ばれました。新芸での最初の仕事は、日本から舞台監督や大道具、小道具、衣装、照明などのスタッフを連れて現地で特訓を受けることでした。モスクワでボリショイ劇場のディレクターからいろいろな講習を受け、その後パリへ行きました。というのは、ボリショイ・オペラは日本公演の前年に、パリのオ

新芸が招聘したウクライナ出身のソプラノ、ベラ・ルデンコ（左から２人目）との記念撮影。右から新芸の吉田亮一、西岡社長の妻・旬子、ルデンコ、通訳の浅岡宣彦。撮影日不明（西岡昌紀提供）

ペラ座でほぼ同じ演目を公演することになっていたのです。仕込みからゲネプロ（総練習）、公演初日までずっと見学しました。モスクワ、パリ合わせて二週間ほどの期間でしたが、この経験は七〇年の公演でも非常に役立ちました」。吉田はその後も長らく中心的な存在として新芸を支えた。

舞台裏の攻防

現地視察によって明らかになったのは、日本公演の根本的な課題だった。ボリショイ劇場やパリ・オペラ座と、オペラ専用ではない日本のホールでは、舞台機構があまりに違っていたのだ。例えばボリショイ劇場は奥行きが三五メートルあるが、当時のフェスティバルホールは一四メートル、東京文化会館は一七メートルでいずれも半分以下だ。ドロップ（舞台装置の絵）をつり下げるパイプはボリショイ劇場には八〇本以上あるのに、フェスティバルホールも東京文化会館も二〇本弱。「ボリス・ゴドノフ」のように一演目で六〇枚のドロップを使う大がかりなものに対応しなければならないが、パイプの増設には限界がある。一本のパイプに何枚もドロップをつるすなど工夫し、あとは人海戦術でカバーするしかない。限られた舞台機構で、いかに本場の舞台に近づけるか、現場の人々の苦労は計り知れないものがあった。実際、日本公演の会場を下見に来たソ連側の関係者の中からは「上演不可能」との声も上がったという。

日本側の舞台監督を務めた加藤三季夫（一九三七〜）（現ザ・スタッフ会長）はこう語る。

左から加藤、西岡、ボリショイ劇場の舞台監督アララート・チャルフチャンツ（日本公演のプログラムの表記では美術演出部主任マルチロス・チャルフチャンツ）、西岡夫人、ロシア語通訳の河島みどり。加藤は舞台監督として、二期会のオペラや、新芸がソ連から招聘したバレエ団の公演を支えた。撮影日不明（西岡昌紀提供）

「モスクワとパリで劇場を見学して、日本とはまったく違うので驚いたし、本当にできるのかなと思いました。公演が決まっている以上、やらなければいけないのですが、当初考えていた、毎日出し物を変えることは不可能だとわかりました。同じ演目を続けてやって、改めて別の演目の仕込み、舞台稽古（けいこ）、本番をやるというふうにしないと無理だということを、パリから万博協会へ連絡しました。ソ連側は、歌手は中二日とか三日開けないといけないので、同じ演目が連日となると、歌手を余分に連れて行かなければならないと、難色を示しました。でも最終的にはその方法をソ連側も受け入れました。すでにチケットの印刷が始まるような時期での変更でした」。

舞台装置の寸法の違いや、裏方の「文化」の違いにも当初は苦労した。

「日本のホールの舞台は、元々歌舞伎から来ているから、間口は広いが高さが低いのです。歌舞伎の道具はだいたい一五尺（約四・五メートル）の高さですが、ボリショイ劇場の道具の大きさは九メートルぐらいあって、フェスティバルホールではそのままでは使えない。それで、いったん倉庫（国際見本市会場）に入れてアレンジして、ホールに持っていったらすぐ使えるような形にしました。また、ソ連側は最初、二四時間体制でやらないと間に合わないからと、日本側に大人数のスタッフを用意するよう求めてきた。僕は、日本ではそんなことはできない、とつっぱねた。その時日本のスタッフは三〇人ぐらいだったと思います。深夜、日付が変わって一時、二時まで働いて、朝は八時からつきあうから、と言っても、向こう（ソ連側）は無理だという。じゃあ、日本人がどういうふうに働くか実際に見て、できるかできないか判断してほしいと言って仕事をはじめた。僕は当時三三歳、ほかのみんなも若かったからね。そうしたら翌日、向こうから『大丈夫だ』と言ってきた。この働きぶりなら、と納得したのでしょう。言葉が通じなくても、ものを見た時に、同じ思いで見ていれば、指を指しただけでも理解しあえる。そんな思いでソ連のスタッフと仕事をしました」。

日ソのスタッフの共同作業は実を結び、公演では本場に近い迫力ある舞台が聴衆を魅了した。

譲らぬ「リアリズム」

万博のクラシックの催し物で、ソ連関係の公演に関わるロシア語通訳は一五、六人いたという。後にプーシキンなどロシア文学の研究者となる浅岡宣彦（一九四五〜、大阪市立大学名誉教授）もその一人だった。新芸の通訳をしていた大学の先輩、平湯拓《ひらゆひらく》に頼まれて、アルバイトで新芸の招聘アーティストの通訳やマネジャー的な仕事を務め、万博時には、ボリショイ・オペラの舞台関係の通訳を務めた。

「『ボリス・ゴドノフ』や『イーゴリ公』は、舞台装置のつり物が非常に重いのでフェスティバルホールの「スノコ」（幕やパイプ、照明器具などをつるす舞台上部の棚）を補強しました。それからパイプが一八本ぐらいでは舞台はできないということになり、反響板を取り外してほしいとソ連側の舞台監督のアララートさんから要望されました。いったん外すと使い物にならないというので、日本側は難色を示したのですが、アララートさんは頑として譲らず、結局取り外しました。それと、舞台の奥行きがボリショ

中央に座りグラスを手に乾杯のポーズを取るソ連のエカテリーナ・フルツェワ文化相。右側には西岡の妻旬子、オレグ・トロヤノフスキー駐日大使が並んでいる。テーブル上には日ソの国旗も見える。撮影日不明（西岡昌紀提供）

イ劇場の半分ぐらいですので、出演者の踊り手が跳躍して来るような場面では舞台から落ちる恐れがあった。それでオーケストラボックスの上に延長するような形で一・五メートルの仮設舞台を設けました。また、『ボリス・ゴドノフ』では噴水の場面があるのですが、水を必ず出さなければいけないと言われました。向こうはリアリズムを重んじますから。噴水の高さは七メートルと。消防局に掛け合って了解を取るのに苦労したのを覚えています。アララートさんは『私は一切妥協しない』と言っていましたが、かえってやりがいがありました。彼がいたからできた公演だったと思います」。

大阪でのボリショイ・オペラ九公演の観客数は一万四二四三人。初日の「ボリス・ゴドノフ」終演後は約二〇分間拍手が止まなかった。来日したソ連文化相のフルツェワが記者会見で語ったように「日ソ両国の相互理解に新しい一ページをもたらす」記念すべき公演となったのは言うまでもない。

クライマックスでの珍事

待ったなしの舞台芸術には大なり小なりトラブルがつきものだが、「ボリス・ゴドノフ」では、思いがけない椿事が発生し、映像を収録していたＮＨＫのスタッフらを大いに慌てさせた。それは大阪公演二日目の八月一七日に起こった。殺人を犯して皇帝の座に上り詰めた主人公が、恐怖政治で周囲の支持を失い心理的にも追い詰められていくクライマックスのシーンで、皇帝の威厳を象徴する大きな付け鼻がはずれて、慌てた歌手は自分でその鼻をつかみ、握りつぶしてしまったのだ。担当していたＮＨＫの杉理一はこう回想している。

「威厳に満ちた皇帝が一瞬にして、先っちょだけが上を向いた低い鼻の庶民に変貌してしまった滑稽《こっけい》さは普段だったら腹を抱えて笑い転げたことだろうが、今は笑っている場合じゃない。私は我に返って、よりルーズな画面に切り替えるようスイッチャーに指示したが、既にあとの祭り。一部始終はアップで収録されてしまっていた。最悪の事態である」。

実は前日の一六日にも収録はしていたのだが、別の歌手が歌っており、一七日の方が「音楽的には断然よかった」という。結局、映像を部分的に差し替えて何とかしのいだ。

「一般の人はカメラ割りの不自然さも、鼻が突如低くなったことにも全然気付かなかったようで、放送後、その件での電話は一本もなかった」（『洋楽放送七〇年史　一九二五－一九九五』）。

大引っ越し公演の「お値段」

さて、ソ連が国を挙げて実施したこの大事業の総経費はいくらぐらいだったのだろうか。当時の新聞を見ると、大阪、東京で計一八公演の総経費は七億円とも一〇億円とも報じられている。万博のクラシック催物シリーズのプロデューサーを務めた福原信夫は、雑誌の座談会で、具体的な数字は明かさなかったものの、歌手、オーケストラ、バレエ、合唱団、スタッフの出演料、滞在費、交通費といった総経費の約四分の三をソ連政府が負担したと述べている（「ボリショイ・オペラの裏表」『音楽の友』七〇年一〇月号）。通常は半々が原則と主張するソ連側との交渉には随分時間がかかったようだ。

さらに日本側の舞台制作費を含めると、合計いくらぐらいかかったか、との質問に福原は「ボリショイに限らず一般論として、一つのオペラ劇場がまるごと引っ越しする場合の標準額は二〇〇万ドル（約七億二〇〇〇万円）。その四分の一プラス日本での制作費、と考えていただければ」と答えている（同上）。

一八年一月、私が大阪府で閲覧したソ連のゴスコンツェルトと日本万国博覧会協会（万博協会）の契約書（六九年六月二三日付のコピー、大阪・東京分一括、ガラコンサート二回含む）などによると、モスクワ―日本間の人・物の往復運賃はソ連側が負担。「公演の経費の一部」として万博協会の分担金は二四万ドル（八六四〇万円）。これに出演者の日当が約四〇〇〇万円、宿泊費約三七〇〇万円に税金を加えた日本側の負担は約二億円。さらに大阪―東京間の人・物の輸送費や舞台制作費二会場分などをすべて含めれば、「総経費は一〇億円、うち六億円をボリショイ＝ソビエトが負担、日本側が四億円」という毎日新聞が報道した金額が信ぴょう性を帯びてくる（七〇年八月二六日付夕刊）。一方、大阪での九公演の入場料はボックス席八〇〇〇円～E席二〇〇〇円という値段設定で一万四二四三人が来場、入場料収入は五七六一万円だった。

東京公演については、万博協会が新芸に企画を「提供」する形での契約が結ばれたようだ。新芸は大阪公演も含めた全体の制作に関わっているが、東京と大阪の「財布」は別で、東京公演は新芸と毎日新聞の主催で実施されている。入場料は大阪公演よりやや高くS席一万円～D席二五〇〇円だが、経費に見合った収入は得られなかったと思われる。西岡は万博の思い出を「ソ連の文化大臣が来日するというので、紋付きをあつらえた」と冗談まじりに語ったが、「オペラというのは何百人もやってきて金が掛かりすぎる。七〇年のボリショイ・オペラ公演は万博でお金が出たからできたけれど、オペラはもうこりごり」と話していたのが印象的だ。

ボリショイ・オペラという「国立」オペラの圧倒的な舞台は、芸術的な感動以上に、日本の音楽・舞台関係者にさまざまな刺激を与えた。公演後の報道で、日本にも国立のオペラ劇場を、との論調がにわかに高まりを見せている。

水面下のつばぜり合い

大阪万博で大いに存在感を示した新芸だが、追い風となったのがクラシック担当プロデューサーの交代である。

当初のプロデューサーは大阪国際フェスティバル協会専務理事であった村山未知（美知子、現朝日新聞社社主）で、六七年に就任して以来、フランスの大物マネジャー、サルファティなどを介して交渉を進め、ソ連のほか欧米の有名オーケストラやメトロポリタン・オペラ、ミラノ・スカラ座オペラの招聘など一六企画一〇〇公演を提案した。ところが、万博協会は、収支の問題などを理由に村山案を了承せず再検討することになり、村山は六九年三月に辞任。「超一流主義の村山と、赤字を恐れる『お役所仕事』の万博協会の対立」といわれた。村山に代わって同年五月にプロデューサーに就任したのは日本放送協会芸能局チーフ・ディレクターの福原信夫。大阪を本拠としていた梶本音楽事務所に運営を委託するなど、万博に対して今一つムードが盛り上がらない地元・大阪への配慮を見せている。

さらに「日本で開く万博だからもっと日本の演奏家を」との方針を打ち出し、既に決まっていた岩城宏之指揮・NHK交響楽団、歌劇「夕鶴」のほかに、二期会オペラ「ラインの黄金」、小澤征爾指揮・日本フィルハーモニー交響楽団、若杉弘指揮・読売日本交響楽団、朝比奈隆指揮・大阪フィルハーモニー交響楽団、渡辺暁雄指揮・京都市交響楽団の出演が決まった。また、「けんか別れ」した万博協会と村山もその後に和解し、パリ管弦楽団やベルリン・フィルハーモニー管弦楽団などの四企画が大阪国際フェスティバル協会と万博協会の共催で行われている。

実はロシア国立文学芸術文書館（ルガリ）の資料から、西岡はゴスコンに対して、かなり早くから積極的な交渉を進めていたことがわかった。さらに、水面下での西岡と村山のつばぜり合いを暗示するような文書も確認された。

六八年四月二三日付で西岡がゴスコンのボニ総裁に宛てた手紙（英文）には、万博の催し物全体のプロデューサー・伊藤邦輔の発言として、「万博の参加アーティストが出演する東京での演奏会について万博の委員会（文面ママ）は関わらない」とした上で、「ボリショイ劇場の東京公演については、新芸術家協会が企画するということで、万博関係者と私ども間でお互い意見の一致を見ました。これは伊藤氏個人の意見ではなく、万博の委員会としての見解です」と記している。さらには、村山が交渉役としていたフランスのマネジャー、サルファティについても「万博と一切関係を持たず、村山氏のアシスタントにすぎない」といった言及もあった。万博協会のお墨付きの興行師は新芸である、といわんばかりの文面である。

ボリショイ・オペラをはじめとするソ連のアーティストたちについて万博公演とそれ以外の東京などで行う公演は、契約は別であっても、ソ連側にしてみれば「多ジャンル、多民族のソ連芸術を紹介する絶好の機会」であり、実際には一体のものとして考えていたはずである。

一方、大阪以外の公演が決まれば、ソ連側と万博への出演契約がスムーズかつ有利に進められるという万博協会側のメリットもあった。つまり、日ソ双方にとって、全国各地での興行をトータルに実施できるマネジャーが不可欠だった。興行師としての実績を見れば、全国組織である労音などと協力しながら、「ソ連もの」のみならず、一流の演奏家を招聘して各地で演奏会を実施してきた新芸が選ばれたのも自然の流れであったろう。村山は海外から一流演奏家を招聘する力はあっても、国内を巡回させるノウハウやネットワークにおいて新芸に及ばなかった。

大阪万博の公式記録によれば、村山の辞任は六九年三月一五日だが、それを待っていたかのように、三月二六日付で万博協会事務局の平井勇二次長がゴスコンのボニ総裁に宛てた手紙で、四月七日に万博協会関係者が交渉のために訪ソする旨を伝えている。さらに「三月二七日にモスクワに行く西岡氏に、大阪以外のすべての演奏会のハンドリングを依頼している」と明記。「あなたが西岡氏を通して私どもの希望をくみ取り、私どもが到着する前に、大阪以外の演奏会について、彼と協議していただけることを願っています」と記していた。

期待にたがわず、新芸はメインの演奏会以外にも「ソビエト音楽家シリーズ」として万博期間中に訪日した計七グループのうち四グループの興行を実施。民族音楽・舞踊や、知名度の低いクラシックの演奏家などを含むソ連側の「抱き合わせ商法」にもかかわらず、労音などの協力で多数の地方公演を実現し、無事にミッションを終えている。

3　ムラヴィンスキー初来日まで

三度目の正直

一九七三年五月二六日、レニングラード・フィルハーモニー管弦楽団（略称・レン・フィル、現サンクトペテルブルク・フィルハーモニー交響楽団）の演奏会の開演を前に、東京文化会館の客席は異様な熱気に包まれていた。五八年と七〇年のレン・フィル来日時に同行が予定されていながら実現しなかったソビエトを代表する指揮者、エフゲニー・ムラヴィンスキー（一九〇三〜八八）がようやく初来日を果たし、この日が東京公演の初日だった。聴衆は「幻の指揮者」の登場を今か今かと待ち構えていた。

定刻の午後七時、楽団員が着席し、長身痩躯《そうく》で哲学者のような風貌の指揮者が舞台に現れた瞬間、地鳴りのようなどよめきが大ホールを揺るがせた。

演奏曲目はベートーヴェンの交響曲第四番とショスタコーヴィチの交響曲第五番。同夜の模様を報じた毎日新聞の記事によれば、「オーケストラは一つの生きた楽器となって、驚くほどに、みずみずしく、ゆたかな音楽をつくりだす」。ショスタコーヴィチでは「永い伝統を、この一曲に凝縮したかのように、一段と精彩を放った。人々の心を奥底から、なぐさめ、勇気づける音楽であった」という（七三年五月二七日付）。

演奏終了後、興奮冷めやらぬ客席から一人の青年がステージに駆け上がるというハプニングがあった。握手を求めた若者に、ムラヴィンスキーは自分の指揮棒を渡し、客席は大きな拍手と歓声に包まれた。通訳を務めた河島みどりによるとマエストロは「火のように燃える目を見たら思わず渡してしまった」と語っていたという。

レン・フィルの歴史は一八八二年までさかのぼる。当時は宮廷付属の帝室交響楽団で、公開の演奏会を行うようになったのは二〇世紀に入ってからだ。前身は一七〇〇年代からあったペテルブルクの宮廷オーケストラで、長い伝統と歴史を誇るロシアを代表する楽団である。

ムラヴィンスキーはレニングラード（現サンクトペテルブルク）に生まれ、レニングラード音楽院で作曲、指揮を学んだ。三八年に全ソ連指揮者コンクールで第一位となり、三五歳の若さでレン・フィルの首席指揮者に任命され、以後、八八年に亡くなるまでの半世紀にわたりその地位にあり、レン・フィルを世界有数のオーケストラへと導いた。

ムラヴィンスキーは飛行機嫌いで知られ、初来日に際してはレニングラードから一六四時間の鉄路での旅を経て、ナホトカでオーケストラと合流。船で横浜港に到着したのは五月一八日だった。モスグリーンのコートに身を包んだ長身のマエストロは、オーケストラの一行の最後に悠然と上陸。夫人でレン・フィルのフルート奏者であったアレクサンドラ・ヴァヴィーリナも同行していた。写真で見るムラヴィンスキーは気難しそうな印象だが、通訳の河島は「握手のために差し出された手がとても柔らかかった」ことを覚えているという。

リヒテルの「代役」

実はこの初来日は、急病で来日不能となったピアニストのスヴャトスラフ・リヒテルの代わりに、ソ連政府が急きょ決定したものだった。七二年から日ソ平和条約の交渉が動き出し、七三年一〇月には田中角栄首相が訪ソし一七年ぶりに日ソ首脳会談が行われ、両国にとっては重要かつデリケートな時期であり、ソ連側の政治的配慮があったのかもしれない。

リヒテル来日中止が公になったのは同年一月で、招聘元の新芸とともに東京公演を主催した毎日新聞でムラヴィンスキーの来日が発表されたのが二月二一日、チケットの発売が同二三日だった。

来日公演は五月二一日の京都からスタートし、金沢、大阪、栃木（足利市）、東京、札幌、長野、盛岡、仙台、和歌山で行われ、六月八日の名古屋まで計一五回の過密スケジュールで、このうち八回をムラヴィンスキーが指揮。七回をアレクサンドル・ドミトリエフが指揮している。

ムラヴィンスキーが指揮した曲目は、ショスタコーヴィチの交響曲第五、六番、チャイコフスキーの交響曲第五番、ベートーヴェンの交響曲第四番、ブラームスの交響曲第四番、プロコフィエフのバレエ組曲「ロメオとジュリエット」第二番、グリンカのオペラ「ルスランとリュドミラ」序曲。特にショスタコーヴィチの演奏は、彼の作品の初演を多く手がけ、交流も深かったムラヴィンスキーならではの名演として音楽ファンに記憶された。

西岡も二〇〇一年の取材で、ムラヴィンスキーへの思い入れを語っている。

「私が呼んだ音楽家の中でもムラヴィンスキーとレン・フィルの組み合わせは飛び抜けて素晴らしかった。彼が位置につくだけで楽員の背筋が伸びるんだよ。小さな音までよく聞こえ、フォルテの時も指揮棒を振り回さない。チャイコフスキーの演奏は絶品だったし、プロコフィエフも今まで聞いたことのないような演奏だった。偉い指揮者だと思う。彼は飛行機が嫌いで、『日本へは潜水艦に乗って行きたい』と冗談を言っていた。気難しそうに見えるけれど、謙虚できちんとした人。生活も質素で、椅子に座って一日中本を読んでいるような感じだった。数年前にロシアへムラヴィンスキーの墓参りに行って自宅を訪ねたら、奥さんが、ムラヴィンスキー愛用の籐椅子に座らせてくれ、長い時間おしゃべりをした」。

七三年に新芸に入社した玉村穆《きよし》も、そのカリスマ性をこう証言する。

「彼が指揮する時には、楽員がぴりっとしていましたね。みんな猛練習していました。当時は帝国ホテルを使っていましたが、あちこちの部屋からヴァイオリンの音が聞こえてきたものです。公演では、ムラヴィンスキーがステージに登場した瞬間に、客席から『ウォー』と歓声が上がりました。確かにす

1973年の初来日の公演を終えて横浜港から帰国する際に船上で撮影されたと思われる写真。左から当時の新芸社員の寺田友輔、永松俊樹、田中一樹、ムラヴィンスキー、河島みどり、ムラヴィンスキー夫人（浅岡宣彦提供）

ごい指揮者でした」。

初来日中に七〇歳の誕生日を迎えたマエストロは、当初「これが最後の日本公演」と語っていたが、日本のファンの熱狂ぶりや、河島を含めた新芸の、万全を期した受け入れ体制が老巨匠の心をつかんだのだろう。帰国の際には「ここに来るときは、さいはての地に行くと思っていたが、今ではわれわれがさいはての僻地に住んでいることがわかった」と言いのこしている（河島みどり『ムラヴィンスキーと私』）。その後七五、七七、七九年にもレン・フィルとともに新芸の招きで来日している。

七〇年来日中止の真相

初来日の三年前、七〇年大阪万博にも彼らの来日が予定されていた。「幻の指揮者」の登場とあって、音楽ファンらの期待が高まったが、直前になって病気を理由にムラヴィンスキーの来日は中止されている。

大阪府に保管されている資料によれば、ゴスコンと万博協会が出演契約を交わしたのは六九年六月二三日。契約書には七〇年七月一、二、四、五日の計四回公演し、「ゴスコンは公演の指揮者としてムラヴィンスキーおよびヤンソンスと契約する」と明記されており、同年一〇月一六日付でムラヴィンスキーとレン・フィル管理部との協議の上で作成された演奏曲目を記した文書も日本側に送付されている。

しかし、七〇年のレン・フィル来日にムラヴィンスキーは同行しなかった。「日本万国博覧会公式記録」には「六月一五日、ムラビンスキーが心臓病悪化のため倒れ、アレクサンドル・ドミトリエフが代わって来日することになった」と記されている。万博での公演後、新芸とともに東京公演を主催した毎日新聞紙上でも、六月一六日付朝刊でムラヴィンスキーの来日中止を告知している。

表向きは病気が理由だったが、真相はどうだったのだろうか。新芸の依頼で初来日以来ムラヴィンスキーの通訳を務め、親交も深かった河島みどりによれば、実際は、共産党のレニングラード州本部（所在地にちなみ略称スモーリヌイ）が、体制に迎合しないマエストロへの嫌がらせで出国を許可しなかったのだという（『ムラヴィンスキーと私』）。

フルツェワの戦略

一七年九月、ロシアでの資料調査を行った際、政治的な背景をにおわせる資料が確認された。同行した半谷史郎教授が見つけたもので、六八年一一～一二月に来日し、万博協会の関係者らと会談したゴスコンの副総裁ら三人の連名によるフルツェワ文化相宛ての報告書である。ソ連から日本への音楽家派遣に関する話し合いが目的の訪日だったが、フルツェワは「国立ソビエト交響楽団とスヴェトラーノフにするか、レン・フィルでもムラヴィンスキーなしで」と出張前の副総裁らに指示を出していた。日本側の強い要望に押し切られた形で後に契約書は交わしたものの、ソ連側は当初からムラヴィンスキー訪日に対して消極的であったことがうかがえる。さらに、日本側から何度も提起された「幻のピアニスト」スヴャトスラフ・リヒテル来日について、ソ連側はすぐには交渉に応じず、日本の興行師らを競わせて、他の公演と抱き合わせた「ソ連芸術祭」を実現するための「切り札」として温存していたようだ。体制

来日中のソ連のエカテリーナ・フルツェワ文化相（中央）。左は当時著名な通訳だったラブレンチェフ。フルツェワは60年から文化相を務め日ソ文化交流に貢献、西岡とも親交が深かったといわれる。失脚がうわさされた1974年10月に死去。撮影日不明（西岡昌紀提供）

に批判的であったにせよ、すでに海外でも名声の高かった「人間国宝」的指揮者も同様に交渉の切り札としての側面があったのかもしれない。フルツェワのしたたかな文化戦略が垣間見える。

ちなみに、同じ日ソ会合について日本側が作成した「覚書」も大阪府の事務所に保管されており、レン・フィルの来日公演の指揮者については「ムラヴィンスキーまたはヤンソンスのいずれかをその一人とする二名の指揮者」と記されていたことも付記しておく。

七九年来日中の亡命事件

レン・フィルを率いたムラヴィンスキーの最後の来日となった七九年、思わぬ事件が持ち上がる。六月一〇日、レニングラード・フィルの団員二名が亡命したとのニュースが、毎日新聞などの朝刊一面で大きく報じられた。毎日新聞によると、亡命したのはトランペット奏者のワレンチン・マルコフと独身の女性ヴァイオリニストで、七日夜に駐日米国大使館へ亡命を申し入れたという。「米国の方が自由に演奏活動できる」というのが理由だった。

ソ連人が日本経由で米国への亡命を求めたのは七六年にミグ25で函館空港に強行着陸したソ連空軍のベレンコ中尉以来だった。二人の団員は恋愛関係だったともいわれる。マルコフはその後ロストロポーヴィチを頼ってワシントン・ナショナル交響楽団のオーディションを受けたようだが、その後オーストラリアに渡り、楽器の工房を開いたとの情報もある。

二人が姿を消した後、八日の夜には最終公演が控えていたが、河島によれば、ムラヴィンスキーには「二人は病気」ということで周囲が口裏を合わせ、亡命の事実は帰国まで伏せられたという。公演には、当時東京都交響楽団のトランペット奏者だった北川晋《すすむ》がエキストラとして参加した。

「公演の日（八日）の午前中、都響の事務所にエキストラ出演の依頼の電話があり、僕がたまたま事務所にいたのです。事務所が出番を調整してくれて、僕が急きょ行くことになりました。体調不良の団員の代わり、ということでした。僕が吹いたのはチャイコフスキーの『眠りの森の美女』（抜粋）と『フランチェスカ・ダ・リミニ』。『リミニ』は地味であまり演奏されない曲でしたが、僕は自分でポケットスコアから書き写したパート譜を持っていたので、小平市の自宅に譜面を取りに帰り、会場のＮＨＫホールへ向かう間は、電車の中でずっと譜読みをしていました」。

夕方の練習にムラヴィンスキーは現れず、金管奏者だけでパート練習をした。「マエストロはたぶんこう振るだろう」ということしかわからず、そのまま本番を迎えた。

「『リミニ』ではコルネットの二番を吹きました。『眠りの森の美女』では、自分の前にホルン、後ろはトロンボーンが座っていました。終曲で大音量のところがあるのですが、前後からすごい風圧を受けながら『気がつくと吹かされていた』という感じでした。あれほど大きな音で吹いたのは僕にとって初めてだったかもしれません。当時のソ連のオケの音の大きさは尋常ではなかったです」。

楽団員に恐れられていたムラヴィンスキーだが「僕は怖さを感じなかったです。長い棒でとてもわかりやすい指揮でした」。終演後、舞台裏に行くと、ムラヴィンスキーが自ら北川をねぎらった。「僕を待っていてくれたようで、『ハラショー』(良かった)と言って握手をしてくれた。感激しました」。音楽に対する姿勢は厳しかったが、周囲への気遣いを欠かさなかったマエストロの人柄を示すエピソードである。

KGB登場

七二年から新芸の依頼でロシア語通訳を務めていた鈴木功も、七九年の亡命事件を目のあたりにした一人だ。

「ソ連から医師が一人、オケに同行していました。知的な感じの人で、地方に行くとホテルの部屋に呼んでくれて、キャビアなどをつまみに一緒にお酒を飲みました。酒といっても医療用のアルコールで九〇度以上ある強いものでした(笑う)。医者ですから普段は団員の動きに何も干渉しないのですが、亡命事件が起こったら急に彼がみんなに指示を出しはじめたのです」。

医師は実はソ連国家保安委員会(KGB)だった。当時、ソ連の音楽家の来日時に「見張り役」が同行することは普通に行われていたという。「彼はオケの総裁のような立場の人も呼びつけて、監督責任を追及したり、かん口令を敷いたり、マスコミの対応はするな、といった、いろいろな指示を出していました。今思えば、僕も情報収集の対象だったのでしょうね。事態が収まってから『実はこういう身分だ』と明かされて驚きました」。

レン・フィルのメンバーの「出国」(移住)は、実はこの時だけではなかったという。新芸の吉田亮一は、レニングラードへ出張中にこんな経験をしている。「昼間のゲネプロには参加していたコンサートマスター(コンマス)が夜の本番の時に消えていたのです。その日はユダヤ人の出国が許可された特別な日だったようで、他にも何人かの楽団員が姿を消していました」。このコンマスは、ムラヴィンスキーの信頼が厚かったヴィクトール・リーベルマン（一九三一〜九九）で出国は七九年（来日前）と見られる。楽団員たちの出国は、マエストロを大いに落胆させた。リーベルマンはその後、オランダのコンセルトヘボウ管弦楽団のコンサートマスターに就任している。

七九年の帰国後、ムラヴィンスキーはスモーリヌイに呼ばれ、日本公演中の亡命について監督責任を追及された時にこう答えたという。

「彼らは私のオーケストラから逃げ出したのではない。この国から逃げ出したのだ」（河島みどり『ムラヴィンスキーと私』）。

ロシア語通訳の鈴木功（左）と西岡。鈴木は新芸が招聘したソ連の音楽家やバレエ団などの通訳、ソ連との交渉業務を担っていた。撮影日不明（西岡昌紀提供）

突然のオケ交代

実は八一年五月にも来日が予定されていたが、ムラヴィンスキーの急病を理由に急きょ中止となり、代わりにモスクワ・フィルが来る「事件」があった。チケットの払い戻しをしたり、地方の演奏会の主催者から出演料の値引きを求められたりと対応に追われ、結局二億二〇〇〇万円の損失を出したという（『日経ビジネス』八二年二月八日号）。同年夏に新芸は倒産。ムラヴィンスキーとレン・フィルのキャンセルで、まさに「息の根が止められた」恰好だ。「ソ連もの」を手がけて急成長した新芸が、ソ連ものによって幕引きを迎えたのは何という運命の皮肉だろう。ソ連という国を相手にしたビジネスは、それだけリスクも高かったといえよう。

その後二度と日本の土を踏むことなく、ムラヴィンスキーは八八年一月一九日、レニングラードの自宅で生涯を終えた。

4 幻のピアニスト、リヒテル

「争奪戦」の構図

海外から続々と著名な演奏家や団体が来日していた六〇年代、ウラディーミル・ホロヴィッツ、マリア・カラスとともに「難攻不落トリオ」と呼ばれ、興行師らが虎視眈々《たんたん》と招聘のチャンスを狙っていたのが、ソ連のピアニスト、スヴャトスラフ・リヒテル（一九一五〜九七）であった。七〇年に初来日し、大阪万博の「クラシック催物シリーズ」に出演。その後東京などでも演奏会を開き、リヒテル旋風を巻き起こした。

リヒテルはジトミル（現ウクライナ領）生まれ。ドイツ人の父テオフィルはウィーンで音楽教育を受け、オデッサ音楽院で教鞭《きょうべん》を執っていた。リヒテルは父に音楽の手ほどきを受け、ほぼ独学でピアノの技術を習得。オデッサの歌劇場の伴奏ピアニストなどを経て、二二歳でモスクワ音楽院に入学し、名教師といわれたゲンリヒ・ネイガウス（一八八八〜一九六四、スタニスラフ・ブーニンの祖父）に師事した。桁外れの才能を持った若者に対し、ネイガウスは「率直にいって普通に使われている意味での『教える』ことはもはや何もなかった。彼に対してはいつも助言者の立場を守っていたにすぎない」と述べている（七〇年来日プログラムより）。

四五年に全ソビエト音楽ピアノ・コンクールで優勝。五〇年から国外での演奏活動も開始し、五四年の「プラハの春」音楽祭では「現代のリスト」と称賛された。名声が日本へ届くようになったのもこの頃からのようだ。

さらに、六〇年五月のフィンランド公演を皮切りに「西側」での活動を開始。同年秋にはアメリカ公演でセンセーションを巻き起こし、新たな伝説を生み出していた。

日本におけるリヒテルの招聘合戦は、すでに五〇年代から始まっていたともいわれるが、激化したのは六〇年代に入ってからだろう。マスコミで名前が取りざたされた「参戦者」は、大手新聞社（毎日、読売、朝日）をはじめ、すでに「ソ連もの」の興行で実績を上げていた新芸のほか、本間興業、石井音楽事務所、日本対外文化協会（対文協）、大阪国際フェスティバル協会、安宅産業、勤労者音楽協議会（労音）、日生劇場などだ。

このうち、「西の吉本、東の本間」と呼ばれ、日本有数の興行会社であった「本間興業」は、西岡と同じく北海道出身の本間誠一（一九〇八～八八）が創業。本間は一六歳で旅回りの一座を買って座主になるなど、早くから興行師としての才能を発揮していたようだ。戦後は映画館を次々に買収し、北海道を拠点に一大チェーンを作りあげた。映画だけでなく歌舞伎や文楽の公演なども手がけ、六一年には訪ソ歌舞伎公演を実現。ボリショイサーカスの来日公演の興行も行っており、ソ連との縁が深かった。

「プラハの春」余波

対文協は、日本社会党衆議院議員で日ソ交流に尽力、東海大創立者でもある松前重義（一九〇一～九一）によって六六年に創設された国際友好団体だ。呼び屋ではないが、非営利分野の活動資金を補填《ほてん》するためにアーティストの公演などを手がけていた。六八年秋には、読売新聞社、石井音楽事務所（代表はシャンソン歌手の石井好子）とともに世界最大の合唱団といわれたソビエトの軍楽団「赤軍合唱団」を招聘していた。合唱団、舞踊団、オーケストラ、裏方などを含め総勢一八五人で、日本武道館をはじめ全国各地で九月下旬から約一カ月間の公演が予定されていた。

ところが同年八月、チェコスロバキアの自由化の波（プラハの春）を阻止するためにソ連を中心としたワルシャワ条約加盟の各国軍がチェコスロバキアに侵攻する「チェコ事件」が勃発。日本の対ソ感情が急速に悪化する中、公演主催者の元へ右翼が連日押しかけるなどのトラブルも起こった。不測の事態を恐れた主催者はソ連側に公演延期を申し入れ、フルツェワ文化相も「日本国内でどうして騒ぐのか理解できない」としながらも、訪日延期を発表。事実上の中止となり、主催者側には膨大な赤字が残った。

異例の決着

こうした流れの中で、リヒテル招聘をめぐって最終的には、協力関係にあった新芸＝毎日と、単独で招聘すべく動いていた読売という二つの陣営が、ソ連を相手に激しく競り合っていたようだ。

ソ連関係の招聘を手がけた経験がある関係者は「ソ連当局は義理堅い面がある」と口々に語る。すでに述べたように、フルツェワ文化相は興行師を競わせる戦略であったが、参戦者はそれぞれに実績のある団体だけに、リヒテル訪日公演という大事業をどこに任せるかという判断は、ソ連側にとっても至難の業だったのではないか。

ソプラノ歌手で、ソ連留学時代にリヒテル夫人で声楽家のニーナ・ドルリアクに師事した小野光子《てるこ》は『回想　音楽の街　私のモスクワ』の中で、小野の母で「うたごえ運動」で中心的な役割を果たし、ソ連とも関係の深かった関鑑子《あきこ》が調整役を務めたと記している。また、関係団体が合同で行う方式はソ連側からの提案だったという報道もある。

いずれにせよ最終的には、東京公演は毎日新聞社と読売新聞社というライバル関係にある二社が主催として並び、マネジメントは新芸、「協力」として本間興業、石井音楽事務所、対文協が名を連ねる異例の形に決着した。

ロシアのルガリには六九年八月一四日付の六者の合意書（コピー）が保存されており、毎日・読売の委任を受けた西岡は同年九月三〇日にモスクワでゴスコンとの契約書に署名している。ただし、オーケストラとの共演については、N響を主張する新芸＝毎日と、読売日本交響楽団を主張する読売との溝は埋まらず、N響公演は毎日、本間興業、新芸の主催、読響公演は読売主催、石井音楽事務所、対文協の協力で別々に行われている（指揮はいずれもルドルフ・バルシャイ）。

来日公演で演奏するリヒテル。譜めくりとして後方に座っているのは新芸の寺田友輔。撮影日不明（寺田友輔提供）

リヒテルの来日決定から公演を終えて帰国するまで、両紙の報道は紙面競争の様相を呈しており、学芸面のみならず時には一面や社会面でもスペースを割いてリヒテルの動向などを伝えている。万博の二公演のチケットは六九年一二月六日に前売りが開始されたが、四日前から窓口前に行列ができ、発売後数時間で売り切れた。東京公演も前売り開始の前夜から毎日・読売両社に徹夜組のファンが列を作った。

赤軍合唱団公演中止で多額の赤字を抱えた対文協も「翌年のリヒテルの公演である程度補てんできた」という（松前重義『日本対外文化協会二十年の記録　私の民間外交二十年』）。毎日・読売を並び立たせる大胆な戦略は、結果的にリヒテルブームに拍車をかけ、大きな成果を挙げたように見える。

「あなたのヤマハを弾く」

七〇年八月三一日午後三時、リヒテルを乗せたソ連の客船オルジョニキーゼ号が大阪港に入港した。飛行機嫌いのリヒテルは八月一〇日にシベリア鉄道でモスクワを出発し、途中のオムスク、イルクーツクやハバロフスクなどで演奏会を開き、ナホトカから乗船。約三週間の長旅を経ての初来日だった。妻とともにデッキに姿を現したリヒテルは、出迎えにきた関係者の中に、信頼する日本人調律師の姿を見つけて、安心したようににっこりとほほえんだ。ヤマハのピアノ調律師、村上輝久（一九二九〜）である。

村上は、本場で技術を磨くために六六年に渡欧。六七年、公式調律師として招かれた南仏のマントン音楽祭でリヒテルと出会い、調律を依頼されるようになった。六九年一月、イタリア・パドヴァでの演奏会では、会場のピアノの状態が悪く、リヒテルからの申し出でヤマハのピアノ（CF）を使用。同年のマントン音楽祭ではオフィシャルピアノに指定され、以後、リヒテルのヨーロッパツアーでは可能な限りヤマハが使われるようになった。七〇年の来日前も、フランスのツール音楽祭でヤマハが使用され村上も同行するなど、リヒテルと村上、そしてヤマハとの信頼関係は着々と築かれていた。しかし、外国のピアノに対する信仰は根強かった時代に、そうした情報が日本に届いても「どうせメーカーの宣伝だろう」といった冷ややかな反応が多かった。

「初来日の出迎えの時、リヒテルさんを直接知っているのは私だけだったのですが、ヤマハの若造がリヒテルを知っているはずがない、と出迎えに来ていた関係者は本気にしてくれませんでした。彼らは大阪港に船が着いた瞬間に、いち早く自分のところにリヒテルさんを抱き込もうとぴりぴりしていました。到着後にリヒテルさんが私を探していることがわかり、ようやく彼らも私が知り合いだと信じてくれました」。

ヤマハのピアノを演奏会に提供することもリヒテルの依頼だったが、最初は主催者に受け入れられなかった。村上によれば、大阪での最初の演奏会（九月三日）の前日、会場のフェスティバルホールのステージにはスタインウェイ二台、ヤマハ二台、ベーゼンドルファー一台の計五台が準備されていた。水面下では自社のピアノを使ってもらおうと、メーカー同士の熾烈《しれつ》な争いがあった。

「主催者は、たくさん用意して選んでもらうのが親切だといっていましたが、リヒテルさんはそういうやり方は嫌いだったのです。さっと見ただけで楽器を選ばずに帰ってしまった。結局彼は『会場のピアノを弾く』と言いました。会場のピアノはスタインウェイで、私の出番はなく、演奏会初日は客席で演奏を聴いていました」。

1970年10月、初来日の演奏旅行中、新潟のホテルで村上輝久とリヒテル（村上輝久提供）

当日、スタインウェイの調律を手がけた杵渕直知《きねぶちなおとも》は、終演後、ピアノの鍵盤を見てがくぜんとした。鍵盤が血で赤く染まっていたのだ。

「一瞬、走馬灯のように演奏の場面が浮かんだ。シマノフスキである、あのグリッサンドで指を傷めたのだ。リヒテルの爪は大丈夫だったのだろうか、怪我《けが》の程度は、スタインウェイは再び使われるだろうか、明後日の演奏は取り止《や》めになりはしないか、私は慚愧《ざんき》の思いでキイを拭きに拭いた」（杵淵直知『ピアノ知識アラカルト』）。

どうやら鍵盤の上をすべるように指を移動させるグリッサンドがスムーズに弾けるための調整が不十分だったらしい。しかしリヒテルは杵淵を責めることもなく、「明後日はさらにレガート（滑らかに弾くこと）に注意して」と言い残し、穏やかに帰っていった。

一方、その日の夜中、ホテルで寝付かれずにいた村上の元をリヒテル夫人が訪れた。

「リヒテルさんからの伝言で、明日のコンサートは、誰が何といってもあなたのヤマハを弾くから準備してください、と。主催者にも伝えている、といわれました」。

以後リヒテルは、来日公演では常にヤマハを選んだ。後にリヒテルはくだんのピアノ選びについて「日本のホールならば、当然ヤマハが置いてあると思ったから『会場のピアノにする』と言ったのだよ」と村上に明かしたという。

ミケランジェリに認められ

村上は調律師を志して四八年にヤマハに入社。四九～五四年に北海道支店に勤務し、当時北海道で音楽鑑賞団体の仕事をしていた西岡との接点もあったという。東京に戻り、調律の仕事以外に営業・企画なども担当したが、転機となったのが六五年に来日したアルトゥーロ・ベネデッティ＝ミケランジェリ（一九二〇～九五）の演奏会だった（読売新聞社、報知新聞社主催）。専用のスタインウェイを空輸し、専属調律師タローネも同行しての演奏会とあって、興味津々で聴きにいった。そこで村上は、それまで聴いたことのない、多彩で魅力的なピアノの音色にショックを受けた。

「ミケランジェリの音の秘密を探りたいと思いました。まだ私も三〇代で、川上源一社長も行ってこいと勧めるので、来日の時に会ったタローネを訪ねてイタリアのミラノへ行きました。彼はまもなくミケランジェリを紹介してくれ、私はミケランジェリが弟子たちと一緒に生活しているアレッツオの『合宿所』に行き、仕事をはじめました」。

まもなく村上はタローネに代わって演奏会のツアーにも同行するようになった。ヨーロッパではまだヤマハのピアノの知名度は低く、村上が調律する楽器はほとんどがヤマハではなかった。六六年にドイツのハンブルクに販売子会社「ヤマハ・ヨーロッパ」が設立されたものの、当時ヤマハといえば、オートバイの方がはるかに有名だった。

「オートバイの会社がピアノを？とか、日本人にピアノの調律ができるのかと、まともに相手にされず、仕事をさせてもらえないこともありました。それでも、ミケランジェリの調律をしているというと、否応《いやおう》なく信用されるようになりました。ミケランジェリも一生懸命宣伝してくれました」。

六七年、パリでのミケランジェリの演奏会の調律を担当したのが目にとまり、マントン音楽祭の調律を依頼された。それがリヒテルと村上の出会いをもたらしたのは先に述べたとおりだ。歴史に残る巨匠たちに信頼された調律とはどのようなものだったのだろう。

「鍵盤の深さでいえば二人は紙一枚ぐらいの違いがありました。リヒテルの方がわずかに深いのです。それだけの違いでも、力の入れ方やタッチの仕方、椅子の高さなどで音が大きく変わってきます。彼らは感性が鋭くて、ピアノにぱっと触った瞬間に微妙な違いを感じ取るのです。たとえばリヒテルは、『きょうは風邪引いているんじゃない？』とか、こちらのコンディションまで言い当てるのでびっくりしたものです」。

「ミケランジェリがＲＡＩ（イタリア放送協会）のインタビューを受けた時に『なぜ日本人の彼に調律をやらせるのか』と質問されました。どこの馬の骨かわからない日本人になぜ頼むのか、という疑問です。耳をそばだてていたら、ミケランジェリは『彼は何も言わずに黙って仕事してくれるからだ』と答えました。ヨーロッパの人達はああだこうだ、と主張が多いですからね。もっとも私は黙っているというより、外国語でうまく話せなかっただけだったんですが（笑う）」。

村上は八〇年に設立されたヤマハピアノテクニカルアカデミーの初代所長に就任。本場で「すべてのピアノの音を『ストラディバリウス』（最良の品質）に変える」といわれた技術を後輩達に伝えてきた。

1970年の初来日時に使用されたピアノがヤマハの掛川工場内の「ハーモニープラザ」に展示されている（左）。右は最後の来日公演で使用された楽器で、現在は浜松市のヤマハ本社内「イノベーションロード」に展示されている（ヤマハ提供）

生涯ヤマハを愛した巨匠

リヒテルが人生で最初に会った日本人男性は村上だったという。村上はリヒテルの招聘活動に関わったわけではないが、その誠実な仕事ぶりがリヒテルの心をとらえ、極東の未知の国に対する心理的な距離をも縮めたように思える。

実際、リヒテルは来日してすっかり日本びいきとなり、新芸の招きで七四、七九、八一年と来日を重ねた。七九年には、体調を崩して演奏旅行に同行できなかった村上の見舞いを兼ねて浜松市に立ち寄り、ヤマハのピアノ工場内で演奏会を開いた。技術者など二〇〇人を前に約二時間、普通の演奏会同様の本格的なプログラムを披露、関係者を感動させた。
伝説のピアニストは日本を愛し、ヤマハのピアノを「心の感度に応えてくれる楽器」として生涯愛用した。

日本に魅せられて

七〇年の初来日中、リヒテルは体調を崩し、五回の演奏会をキャンセルしている。だが滞在期間を延長して三回の追加公演を行い、大阪万博や地方公演を含め計一八回の演奏会を精力的にこなした。彼の「音楽をめぐる手帳」には、初日の演奏曲目とともに次のような記述が見られる。

「演奏会はかなりの成功だった。これが日本での最初の演奏会だったのだ！　何もかもが目新しいことずくめ、慣れないことずくめで、非常な不安を覚えたが、それもほどなく消えてしまった。やがて滞在は興味尽きせぬものになり、私たちは奈良へ行き、万博にも行ったものだ……。以来しばしばこの国を訪れ、ここの生活のリズム、習慣、料理にすっかりなじんでしまった……わからないものだ！」（ブリューノ・モンサンジョン『リヒテル』）。

初来日初日の演奏曲目は以下の通り。

シューベルト：ピアノ・ソナタ　第一九番　ハ短調　D九五八
バルトーク：一五のハンガリー農民の歌
シマノフスキ：仮面劇　作品三四から「シェエラザード」「道化のタントリス」

禅寺の石庭を鑑賞するリヒテル。京都の竜安寺と思われる。撮影日不明（寺田友輔提供）

プロコフィエフ：ピアノ・ソナタ　第七番　変ロ長調　作品八三
＊アンコール
プロコフィエフ：小品集　作品九五から「風景」
プロコフィエフ：ワルツ　変ホ長調（歌劇「戦争と平和」から）作品九六の一
ドビュッシー：映像　第二集から「葉末を渡る鐘の音」

リヒテルの出演料

ところで、ソ連ものの興行は、出演料が欧米の演奏家に比較して安いため、利ざやが大きかったといわれるが、七〇年はどうであったのだろう。ゴスコンと万博協会の契約書（コピー）によれば、リヒテルの出演料が一回あたり税別で六〇〇〇ドル（一ドル三六〇円換算で二一六万円）。「幻のピアニスト」にしては安いような気もするが、別途契約が交わされた放送権料も六〇〇〇ドル（九月三日NHK収録）。こちらは当時破格の高値だったという。ちなみにレニングラード・フィルハーモニー管弦楽団の出演料は、指揮者の分を含めて一回六〇〇〇ドル。リヒテル一人分と一〇〇人超のオケの出演料が同額というのは驚きである。

西岡の長男、昌紀によれば、万博の仕事を終えた翌七一年の正月、西岡が岳父の町田佳声に「去年はどうだった」と聞かれ、「ボリショイ・オペラで損をしたが、それと同じぐらいの額をリヒテルで稼いだので、とんとんでした」と答えたという。

収支はともかく、音楽事務所としての新芸が、一頭地抜きんでた存在感を示した年であったことは間違いない。

七四年の来日

リヒテルの演奏会といえば、ステージを暗くして譜面台に楽譜を置いて演奏する姿を思い浮かべるファンも多いのではないだろうか。実はこのスタイルは七四年、二度目の来日公演で体調を崩した時に始まったという。

新芸は当初、七三年春にリヒテルを招聘する予定だったが、病気のために約一年後の七四年四月に延期された。七三年一〇月に東京公演の前売り券が発売されたが、すぐにチケットは完売。リヒテル人気は相変わらずだったが、「肩の筋肉痛のため」七四年の来日は若干遅れ、四月一九日から演奏会がスタートした。

ところが、このころリヒテルは精神的に不安定で、東京公演の後に「これ以上演奏できない。ピアノが怖くて弾けない」と言い出した。西岡の即断で、リヒテルの主治医がフランスから呼ばれた。彼の友人でもあったこの医師は「簡単なことだ、譜面を見て弾けばいい」と助言。リヒテルと数日間一緒に過ごして不安を取り除いた（河島みどり『リヒテルと私』）。

医師の帰国後も、リヒテルは助言通りに譜面を置いて演奏会を続行。高血圧と疲労のため最後の二公演はキャンセルされたものの、計二二回の公演をやり遂げた。

「赤ちゃんのような人」

七〇年の初来日以来、ロシア語通訳として、時には秘書役としてリヒテルを支えたのが河島みどりだ。河島はリヒテルのみならず、ムラヴィンスキー、オイストラフなど新芸招聘のロシア人演奏家の通訳を務め、主催者・演奏者の双方から信頼された。

河島は三〇年生まれ。幼少時代をハルビンで過ごした。「ロシア語を勉強したのは郷愁からだったと思います。幼い頃、一緒に遊んだ子供たちと中国語やロシア語で話していたのです。結構話せたので、自分はかなりロシア語ができると思っていたらとんでもない（笑い）、難しい語学でした」。

早稲田大露文科卒業後、通訳として最初に新芸の仕事をしたのは、六七年のオイストラフ来日の時だった。

「当時の私はまだ駆け出しでしたが、オイストラフ夫妻は人間的に大変いい方で、とても楽しく仕事ができました。その時に西岡さんが私を気に入ってくださったのかもしれません。六九年のレニングラード（キーロフ）・バレエ団招聘の時にも通訳を頼まれました。バレエの事を何も知らずに、頼まれた時もバレーボールだと思ったくらいで（笑い）。その次が七〇年の大阪万博の時でした」。

最初はボリショイ・オペラの舞台まわりの通訳を務めた。

「準備作業はとても時間がかかって、皆泊まり込みで働いていましたね。人海戦術で、かなりの人数がいたけれどそれでも手が足りなくて、それはもう戦争のようでした。私も通訳だけでなく、小道具を運んだりして手伝いました。舞台の用語は難しく、日本語でもわからない（笑い）。日本語、ロシア語両方の用語をその時必死で覚えました。舞台の裏方はちょっとくせがあって、ぶっきらぼうで、最初は泣いてしまったこともありました。でも同じ目標に向かって働いているうちに仲良くなって、あとは本当に楽しかった。ソ連側の総裁は日本人の働きぶりにびっくりしていました。それでできあがった舞台の素晴らしいこと！　こんなに面白い世界があるのかと感動しました」。

ソ連のスタッフとも気心が知れたころ、来日するリヒテルの通訳を頼まれた。奇人変人、気むずかし屋、といったうわさが根強く、不安でいっぱいになった。「あんな変な人に付いたらだめだ、とみんなで私を引き留めたのですが、断れませんでした（笑い）。もうやるしかない、と心を決めました」。

出迎えに行った大阪ふ頭で紹介された調律師の村上は「心配ない、リヒテルさんは心の温かい人です」と励ましてくれた。それを裏付けるように、入港したオルジョニキーゼ号のデッキに姿を現したリヒテルは、村上を見つけてにっこりと笑った。「あんな笑顔を見せる人はきっといい人だ」。こうしてリヒテルとの長い交流が始まった。

「つきあってみると、赤ちゃんのようなかわいい面を持った人。そして、お金にも権力にも動じない、無欲な人でした。権力におもねらないから、ソ連政府も大変だったでしょうね。体制に忠実でないからパスポートを出さないとか、外遊させないとかプレッシャーをかけようとしても、彼は『じゃあいいよ、行かなくて』という人。だから結局自由にさせたようです。本当に彼は自由な人でした。いい意味でお

リヒテルを囲む「チーム」の面々。右からヤマハの瀬川、リヒテル、河島、寺田。左端は新芸倒産まで社員として務めた藤田善彦。新芸が最後にリヒテルを招聘した1981年3月2日、演奏会のために松山市へ向かう船上で撮影（寺田友輔提供）

体調回復と演奏会への復帰を祈って寺田がリヒテルにプレゼントした「イナリ」の置物。鎌倉佐助稲荷神社で購入したという。今もリヒテルが暮らしたマンションの棚に鎮座している。寺田は対の物をムラヴィンスキーにも贈っている。モスクワで2017年（著者撮影）

もしろい人で、私と肌が合いました」。

指切りげんまんと「イナリ」

新芸の社員の中で、リヒテルの信頼が厚かったのが寺田友輔（一九四七〜）である。新芸倒産後に招聘元が代わってからも、当初は河島やヤマハの調律師・瀬川宏（村上の後継者）とともに、マエストロの要望で随行した「チームリヒテル」の一員であった。リヒテルは「知らない人アレルギー」が強く、演奏会で楽譜を使うようになってから、チームのメンバーに譜めくりを頼むこともあった。

「私が譜めくりをした時のことですが、ステージに出る前、彼が指切りげんまんを求めてきたのです。本番前、リヒテルさんも緊張するので、おまじないのようなつもりだったのか、あるいは私の気持ちを和らげるつもりでしてくれたのかもしれません」。

そんなマエストロのために、寺田はある時、キツネの「おいなりさん」の小さな置物をプレゼントした。以来、リヒテルは、困ったことがあれば「イナリ」が助けてくれると信じて、演奏会にお守りとして必ず持ち歩いた。日本以外のツアーにもしばしば同行した河島も、ステージへ「脱兎《だっと》のごとく」出ていくマエストロを、「トイ、トイ（出演者が舞台へ出る時、この言葉で送り出し、演奏の成功を祈る習慣がある）。イナリ」と発破をかけて送り出した。

長期出国申請の噂

七四年の来日中、リヒテルがソ連当局に長期出国を申請しているとの記事が新聞各紙に載った。行く先はロンドンとされた。報道を知ったリヒテルは即座に全面否定。覚えたての日本語で「バカ」と言って笑い飛ばした。「ぜんぜん根も葉もないこと。そういう（国外長期滞在の）意思はまったくない。それに私は、ロンドンという所はあまり好きでない。せめて東京と書いてくれたらうれしかったのに」と語っている（『読売新聞』七四年六月一日付）。

八一年の新芸倒産後もたびたび来日したマエストロの、日本での最後の演奏となったのは九四年の公演だった。九五年の冬にも来日したが、約二カ月間の滞在中に体調が回復せず、すべての演奏会をキャンセルして帰国した。九七年八月一日、リヒテルは心臓発作のためモスクワで八二年の生涯を閉じた。ロシア政府はニーナ夫人に国葬を申し出たが夫人は拒否した。

死の前日までピアノに向かっていたリヒテルが最後に弾いた曲は、シューベルトの初期のソナタD四五九だったという（河野周平「最晩年のリヒテル」『音楽の友』九七年一〇月号）。

5　功労者たち

北朝鮮からソ連への亡命者

新芸がソ連に食い込み、リヒテルやムラヴィンスキーなど大物音楽家の招聘を実現させた背後には、ソ連在住の一人の朝鮮人の協力があった。許真《ホジン》または許雄培《ホウンベ》という名の北朝鮮からソ連への亡命者である。美しい日本語を話し、ソ連文化省やゴスコンとの交渉に大きな力を発揮した。

私が西岡にインタビューした際、リヒテルとのそもそもの出会いについて尋ねたところ、真っ先に挙げたのが許の名前であった。

「許という人は、抗日自衛軍で金日成らと一緒に戦っていた人間だが、金日成がだんだん横暴になっ

左から西岡、許夫人、西岡夫人、許。撮影時期、場所は不明（西岡昌紀提供）

て、命の危険を感じてソ連に亡命したらしい。声楽家の小野光子さんの紹介と、許さんが非常に要領よくつないでくれたおかげでリヒテル夫妻に会うことができ、じゃあ日本へ行こうか、ということになった」。

許真については、元毎日新聞記者で、一九六〇～六三年、六六～六八年にモスクワ支局長を務めた谷畑良三（一九二六～二〇〇〇）も著書の中で詳しく記している。

「知り合ったのは一九六六年末、毎日新聞の音楽事業で提携関係にあった新芸術家協会の西岡禧一社長に同行して彼が支局を訪れた時のことである。ソ連文化省に籍を置く日本語通訳で、中央アジア、ウズベク共和国の首都タシケント出身と自己紹介した。（中略）許さんの夫人も医学教育を受け女医としてモスクワで働いていた。当時毎日新聞は、『幻のピアニスト』と呼ばれていたリヒテルの日本公演を実現するために、朝日、読売両社系の『呼び屋』との間で激しい誘致合戦を演じていた」。

谷畑は、許が完璧な日本語を話し、日本人の習慣にも詳しい様子を見て、ソ連軍参謀本部情報総局（ＧＲＵ）の関係者ではないかと疑った。すると許は朝鮮人と記されたソ連共産党員証を見せてこう打ち明けた。

「実は私は北鮮からの亡命朝鮮人です。ソ連にはそういう人がたくさんいて金日成打倒後帰国の機をうかがっている。私もそういうグループの一人です」（谷畑良三『クレムリンの赤い星をみつめて』）。

許の略歴

日ソ文化交流に詳しい二人の研究者——半谷史郎、梅津紀雄両氏の協力のもと、ロシア語のウェブサイトなどで、朝鮮民族運動家であり在ソ朝鮮人の偉人として許が紹介されていることがわかった。その興味深い略歴は次のようなものだ。

許は一九二八年中国生まれ。祖父許蔿（ホ・ウィまたはホ・ビ）は日韓併合に反対して日本に対して独立戦争を戦ったために処刑されている。ハルビンで中等教育まで受け、四五年に平壌に移住。朝鮮戦争に従軍した後、五二年にソ連に留学し、全ソ国立映画大学の脚本科に学んだ。五六年、祖国での金日成独裁を糾弾する学生運動を組織し、危うく北朝鮮へ送還されそうになったが、監禁されていた大使館から脱走し、医科大学に留学していた恋人とともに政治亡命を申請した。亡命は認められたが、モスクワへの居住は許されず、中央アジアのタシケントで大学の教師として働いた。ソ連国籍を取得し、六四年にモスクワへ戻り、八八年までソ連文化省の日本課で働いた。

モスクワで撮影されたと思われる写真。向かって西岡の右上が許、西岡の右隣はロシア語通訳の河島みどり。前列の左端はソ連・ボリショイ劇場のゲオルギー・イワノフ総裁（西岡昌紀提供）

許の名前についてはこんな情報もある。元の名は雄培だが、亡命後に「私たちは今、真の人間になるという意味で、同じ『真』（ジン）という名前に変えよう」とその後に亡命する留学生仲間に提案し、許は生涯許真という名前を通したという（吉野太一郎「『北朝鮮の冬』を逃れ『ソ連の春』を求めた留学生たち　その数奇な生涯をたどる」『ハフィントンポスト』一五年一〇月二日付）。

許は詩や小説のほか、「地上の楽園」と喧伝《けんでん》された北朝鮮の政治体制の実態を暴いた著書も執筆した。モスクワ国際朝鮮大学（その後ユーラシア国際大学院と改称）の設立に尽力し、学長に就任。九〇年に設立された全ソ朝鮮人協会では第一副議長に選任された。九七年にモスクワで死去。「朝鮮民族の復興と韓ソ友好強化への寄与」により韓国大統領から勲章が授与されている。

著書出版の顚末

実は許は「林隠」のペンネームで、八二年に一冊の本を日本で出版している。タイトルは『北朝鮮王朝成立秘史――金日成正伝』。出版実現に協力したのが毎日新聞を退社し、すでにフリーの身であった谷畑であった。

谷畑の記述によれば、八〇年に谷畑が日ソ円卓会議出席のためにモスクワを訪れた際、許と久しぶりに会った。許は、かねて執筆していた金日成批判の原稿がまとまったので日本の出版社を紹介してほしいという。たまたま同じ円卓会議に出席していた自由社社長の石原萠記が朝鮮半島問題に詳しかったことから許を引き合わせ、出版が決まった。原稿は八一年に日本に無事届いたが、印刷前に出版計画が外部に漏れ、モスクワの許はKGBの取り調べを受けた。谷畑によれば、モスクワ駐在の北朝鮮大使からソ連外務次官に正式な「抗議」があり、KGBが動いたという。しかし、当時のソ連・北朝鮮の関係が冷戦状態であったことも幸いし、約半年間の「丁重かつ紳士的な」取り調べの後に「不問」にされたと許から連絡を受けた。

この時、谷畑の指示で許の原稿の受け渡しの一端を担ったのが、モスクワ支局で谷畑の元で働いたこともあった平野裕（一九三一～、元毎日新聞社専務取締役・主筆）。

「僕の記憶ではモスクワ支局の江川（昌）君が、許さんから原稿を受け取り、ちょうどモスクワに来ていた西岡夫人に託した。彼女はそれを日本に持ち帰り、私のところに郵送してきたんです。それを谷畑さんの指示で、僕が石原さんに届けました。ただ、そのことを西岡さんはえらく怒っていた。僕がこの（原稿の）やりとりを仕組んだのだと勘違いして、自分の妻を危ないことに巻き込むな、というわけです。仕組んだのは谷畑さんなんですが」。

実は許が「ソ連文化省で働いていた」ことについて、ソ連文化省の元幹部は私の取材に「お金を払って文化省が雇うなどありえない」と否定し、「西岡さんが個人で雇っていたのだろう」と語っている。この件について平野はこう推測する。

「おそらく非公式だったのでしょう。許さんは有能で要領も良く、人付き合いもよかった。ちょうど文化省は、省をあげて日本と交流をはじめた時期ですから、日本語の達者な許さんに眼を付けてスカウトしたのではないでしょうか。でも、ロシア人のエリートからは、あんな奴をどこで拾ってきたんだろう、くらいに思われていたのかもしれませんね」。

危険な原稿のリレーを経て、許の著作は八二年に出版された。巻末の著者自己紹介には「職業・朝鮮革命家」と記されている。

「この本はバイブル」

長らく北朝鮮情勢を取材し、『ドキュメント　金日成の真実——英雄伝説『一九一二年〜一九四五年』を踏査する』（毎日新聞社）などの著作があるジャーナリスト・恵谷《えや》治《おさむ》は「革命家」としての許に直接会った数少ない日本人の一人だ。一八年四月、筆者の取材に次のように語ってくれた。

林隠のペンネームで許が執筆した『北朝鮮王朝成立秘史　金日成正伝』（自由社、1982年）

「『北朝鮮王朝成立秘史』は私にとってバイブルのような本です。ちょうど私も金日成の伝記を書いていたので、ぜひ著者に会ってみたいと思ったのです。北朝鮮研究者の李命英さんらと九四年ごろにソウルで会ったのが最初だったと思います。許さんの本が出た八二年ごろは、金日成批判や北朝鮮批判が多少聞こえてきても、活字になるのは金日成万歳という論調ばかりでした。ですから、金日成批判のこの本を読んだ時、『北』の内部情報があまりにも具体的で、強い衝撃を受けました。これは想像ですが、権力闘争で金日成がどんどん反対勢力の粛清を進めていく中、許さんはどちらの側にも引きずり込まれることなく冷静に観察できる立場にいたのではないかと思いました」。

恵谷は許が語ってくれたモチーフで『姜《カン》一族の物語』というフィクションも執筆している。許とは数回会っているが、肩書として聞いていたのは在ソ高麗人協会の幹部であることだけで、日本へのソ連の音楽家招聘に協力していたことはまったく知らなかった。

「ただ、許さんと話していて、非常に文化的な教養のある人だと感じました。許さんは『両班《リャンバン》』という、朝鮮の上流階級の出身で、幼い頃から西洋音楽に触れていたのかもしれませんね」。

許は自分のことをあまり語らぬ人であったらしく、一緒に仕事をした新芸の元社員らも、有能な通訳兼コーディネーターで、モスクワ大学で日本語を教えたり、翻訳の仕事をしたりしていたようだ、といった漠然とした情報しか持ち合わせていなかった。しかし、冒頭で紹介した西岡の言葉から、西岡自身は許の素性をある程度知った上で仕事を依頼していたと思われる。国際電話を申し込んでつながるまでに何時間も待たなければならなかったという時代に、有能な協力者が現地にいたことは、ソ連との仕事をする上で大きな強みであったはずだ。

もう一人の功労者

七〇年大阪万博の時期を中心に新芸が手がけたソ連の仕事を見てきたが、最後に、西岡が学生時代から交流のあった、もう一人のキーマンと見られる人物を紹介したい。劇団青年劇場製作局長として長らく同団を指導し、演劇制作者、翻訳家、文化政策研究者として知られる土方与平《ひじかたよへい》(一九二七〜二〇一〇)である。

父・与志《よし》(一八九八〜一九五九)は二四年、私財を投じて日本初の新劇専門の小劇場「築地小劇場」を開設。伯爵家の出身ながら、左翼演劇に傾倒したことから「赤い伯爵」と呼ばれた。与平は戦前、父母とともにソ連やフランスで暮らした時期もあり、戦後の五七年には、第六回世界青年学生平和友好祭・モスクワ大会の日本代表を組織するなど、ソ連との縁も深かった。

西岡と土方与平が出会ったのは北海道大学の学生時代と見られる。土方は旧制中学卒業後、北海道大の予科に入学。北海道で終戦を迎えている。西岡とリヒテル夫妻の橋渡し役を務めた小野光子は著書の中で次のように記している。

「西岡社長は、私達の友人土方與(与)平さんと北海道(北大)での仲間で一緒に文化活動を行っていて(オーケストラを組織し西岡氏自身チェロを弾いていたとのこと)上京後、今度は事業として東欧やロシヤのクラッシック音楽家を呼ぶことになり、やはりその最大の目標はリヒテルだったようだ。まだ若い土方さんはその母国語ともいうべき（?）ロシヤ人的ロシヤ語を頼みとされて時折通訳を引き受けたこともあるらしく、私が留学から帰った頃には、母も多分音楽会や歓迎パーティーに招かれるなどで珍しくも西岡氏を信用するようになっていた」（小野光子『回想　音楽の街　私のモスクワ』）。

小野光子の母で声楽家の関鑑子《せきあきこ》（一八九九～一九七三）は、一九五〇～六〇年代に活発に行われた「うたごえ運動」の指導者として知られるが、研究者の梅津紀雄によると、その母体となった青共（日本青年共産同盟、現在の日本民主青年同盟）中央合唱団創設の中心人物の一人が土方与平であったという。土方は中央合唱団成立前の四六年に、札幌で青共札幌コーラス隊を組織。その後上京して青共文化部長を務めている。青共は日本共産党の指導を受ける組織で、学生時代に共産党員として活動していた西岡は、青共で土方と活動を共にしていた可能性もある。

ちなみに関鑑子の夫で小野光子の父である小野宮吉（一九〇〇～三六）も築地小劇場などで活動した演劇人で、土方与志とも親しい関係だった。なお、築地小劇場をめぐっては、一八年七月になくなった演出家の浅利慶太の父・鶴雄も劇場開設時の同人の一人であった。浅利慶太もまた、西岡と浅からぬ交流があった人物だ。

梅津はこう総括する。

「左翼思想と文化的な啓蒙の意識が、いろいろな人々の中で結びついていたのではないか。労音やうたごえ運動もそうですし、西岡さんもおそらく根っこのところにそういう意識があったのではないか。そう考えるとすべてがつながってくる気がします。西岡さんが札幌で土方さんと会っていた意味は決して小さくないと思います」。

6　三大バレエ団招聘

全国を巡演

新芸がソ連から継続的に招聘していたのが、いわゆる三大バレエ団である。一九六七年のキーロフ（レニングラード）・バレエ（現マリインスキー・バレエ）を皮切りに、八〇年までほぼ毎年、ボリショイ・バレエ、キエフ・バレエ（現ウクライナ）のいずれかの来日公演を実施。毎回約一～二カ月の滞在期間中に地方公演も行い、本場ロシアスタイルのバレエを日本に広めた功績は大きい。

新芸招聘のバレエ公演で熱狂的な拍手を送る来場者。撮影日不明（西岡昌紀提供）

新芸招聘以前にも、ソ連のバレエはあこがれの存在として日本人を熱狂させてきた。二二年のアンナ・パヴロワ一行の帝国劇場での公演は、高額な入場料にもかかわらず連日超満員だった。五七年には日ソ国交回復の機会に乗じた興行師の神彰らによってボリショイ・バレエの初来日が実現。ダンサーのアクロバティックな踊りは観客を魅了したばかりでなく、日本のバレエ界に奮起を促した。

戦後の日本バレエ界では、四六年に既存のバレエ団の枠を超えた「東京バレエ団」が「白鳥の湖」全幕の日本初演を成功させたものの、第七回公演を最後に自然消滅し、低迷期を迎えていた。

舞踊評論家の山野博大《はくだい》はこう振り返る。

「白鳥の湖初演後、業界内では互いを蹴落とそうという動きばかりで、皆が疲れていた。そんな時、ボリショイ・バレエの高度なテクニックを目の当たりにし、『今のままではだめだ』と気づいたのでしょう」。バレエ界の再結集の機運が高まり、五八年に日本バレエ協会が発足する。

ボリショイ・バレエ招聘を成功させた神は「赤い呼び屋」と呼ばれ、六〇年にキーロフ・バレエ招聘も実現したものの六四年に倒産。ソ連のバレエ団の本格的な来日公演は、新芸がキーロフ・バレエを招聘した六七年まで行われていない。

自炊する団員たち

六七年の来日は総勢一二〇人という大規模なもので、新芸はチケットの販売促進に力を入れた。元社員の永松俊樹によれば、クラシックの世界ではまだ珍しかった電車の中吊り広告でのPRや、新芸の事務所があった虎ノ門かいわいの官庁街でのチラシ配りが相乗効果を発揮。さらには来日したバレリーナが日本のバレエ団で指導し、そこで入場券をさばくという戦術も奏功したという。

この頃のソ連のアーティストの出演料は格安な上、バレエ人気を追い風にチケットはよく売れたらしい。新芸でバレエ公演の責任者を務めた吉田亮一は「家族で見に来られるように入場料を抑えて、との西岡さんの意向で、経費削減に努めた」と振り返る。他方、ゴスコンに出演料を吸い上げられ、わずかな日当しか受け取れなかった団員たちは、ホテルでの自炊を余儀なくされ、宿泊先で電気のブレーカーが落ちることも珍しくなかったという。

来日公演を彩ったスターたち

ボリショイ・バレエのマイヤ・プリセツカヤ、キーロフ・バレエのイリーナ・コルパコワといったプリマバレリーナを筆頭に、新世代のスターとして頭角を現し、七一年のキーロフ・バレエ公演で「ドン・キホーテ」のバジル役を好演したミハイル・バリシニコフなど、新芸が手がけた来日公演にはきら星のごときダンサーが顔をそろえている。

酷使されたダンサーの肉体をマッサージやしんきゅうでケアし、公演を裏から支えたのが井上良太（小守スポーツマッサージ療院）だ。長年有名スポーツ選手や俳優などの治療を手がけてきた人ならではの思い出を語ってくれた。

「一番印象深いのはコルパコワ。楽屋から舞台まで向かう間、彼女が歩くと、さっと道が開くのです。若い頃の（坂東）玉三郎や全盛期の清原（和博）選手もそうでしたが、姿が見えなくてもその人がいるとわかる強烈なオーラがありました。バリシニコフは、手足がこんなに素早く動くわけがないだろう、というくらい人間離れした踊りで、他の人と全然違っていましたね」。

井上はバレエ団の地方公演にも同行したが、不思議なアメリカ人の存在を鮮明に記憶している。「ファンと称して、必ずといっていいほどバレエ団の公演に付いてきた男性がいました。背が高く、格闘技をやったら強そうな体格で、しかもあきれるほど陽気。ソ連のバレエ団には、副団長などの肩書で監視役が付いてきていたのですが、その暗い感じと対照的でした。みな、あのアメリカ人は米中央情報局（CIA）で、チャンスがあったら亡命させようとしているのだ、とうわさしていました」。

米ソ冷戦時代ならではの舞台裏の一コマである。

七章　日本の音楽家支援と音楽祭

新芸と言えば、もっぱら「呼び屋」という印象が強いが、草創期から西岡は日本人の若手アーティストのマネジメントを手がけ、国際的な活動を支援している。ここでは、新芸ゆかりの演奏家たちの活躍とともに、日本人演奏家や作品の紹介にも力を注いだ「音楽祭」という意欲的な取り組みについて振り返りたい。

1　柳川守

才能を見いだされた高校生

「君は四、五年もたてばホロヴィッツのようなピアニストになるに違いない」。

一九五〇年一〇月に来日したフランスのピアニストでパリ国立高等音楽院教授、ラザール・レヴィ（一八八二〜一九六四）は、公開講座で一人の少年が弾いたショパンのソナタ（第二番）を激賞した。少年の名は柳川守（一九三二〜）。前年（四九年）の第一八回音楽コンクールで第一位特賞を受賞していた。レヴィは「できうる限りのレパートリーをもって国際的なコンクールに出なさい。出場すれば必ず認められるに違いない」と太鼓判を押し、フランスに留学するならできる限り援助すると申し出た。

当時の柳川は奈良の五條高校在学中で、その後東京芸術大学に進み安川加寿子に師事したが、中退して五二年に渡仏しパリ国立高等音楽院に入学。以後約一五年間、一度も日本の土を踏むことなく留学を続け、六七年に帰国後、新芸術家協会がマネジメントを担当した。

戦後の来日演奏家第一号

ラザール・レヴィは戦後に日本を訪れた大物演奏家第一号で、毎日新聞社の招きでフランス政府派遣芸術使節として来日した。レヴィは二〇年にアルフレッド・コルトーの後任として同音楽院教授に就任。原智恵子や安川、野辺地瓜丸（勝久）の師として、日本でもその名が知られていた。三七年に指揮者のワインガルトナーが来日して以来の大物演奏家の訪日に日本は沸いた。約一カ月の滞在を締めくくる特別演奏会が日比谷公会堂で行われた時には、会場に入れなかった約二〇〇〇人が公会堂の玄関に設置された拡声機に耳を傾けた（『毎日新聞』五〇年一一月六日付）。この後、各新聞社は競って海外から大物演奏家を招聘するようになる。

留学後の試練

柳川の両親は小学校の教員で、二人とも音楽の専任教師を目指すような音楽好きの家庭に育った。特に母親は我が子の才能に期待をかけ、ピアノの勉強を後押しした。その熱心さが重荷になった時期もあった。

「小学校三年ぐらいの時、母にショパンの即興曲を弾かされたのですが、なんかしんねりした感じの曲で弾くのが嫌でした。そのうち、耳に入る音が『バカ、バカ』と聞こえたり、鍵盤が急に遠くに見えたりしました。ノイローゼのような状態だったと思います」。

音楽コンクールは四六年から毎年挑戦していた。「周囲が一生懸命になって、自分も夢中でコンクールに向かって、勉強のノリとかいろいろなもののコンビネーションで、うまく行く時があるんですね。でもそういうのは根が足りない。留学していざ勉強しようと思った時、勢いだけで先に行けるわけはないんです」。

確かに留学生活はバラ色ではなかった。留学を機に、ピアノの技術を基礎から学び直したかった柳川と、彼を一人の演奏家のように扱い、目指す表現も異なるレヴィ教授との間には次第に距離が生まれた。留学の翌年に早くも一等賞で卒業するが、音楽上の迷いは解けないままだった。ジュネーブ国際音楽コンクールやショパン国際ピアノコンクールに出場したが結果を出すことはできなかった。

「何のためにピアノを弾いているんだろう、と完全に行き詰まっていました」。

音楽院で和声法や室内楽を学んだり、エコール・ノルマルに籍を置き、指揮をジャン・フルネに学んだりしたが、「結局自分にはピアノしかない」と感じた。

カラヤンと共演

暗中模索の中、五五年にカラヤンと協演する機会が与えられる。

「たぶん留学前から御世話になっていた有馬大五郎先生と安宅英一さんがチャンスをくださったのではないでしょうか。留学して四年ほど経ち、結果次第で留学を続けるか帰らせるか判断しよう、ということだったのかもしれません」。

N響の副理事長や国立音楽大学の学長などを歴任した有馬は、当時の音楽界の大ボスである。一方、安宅は当時日本有数の総合商社であった安宅産業の会長などを務め、多くの音楽家の経済的な支援を行っていた。有馬とは神戸一中の同級で、音楽を語り合う友として生涯親しい関係にあったという。

五五年一二月、柳川はイタリアのトリノでカラヤン指揮・トリノ放送交響楽団とラフマニノフの協奏曲第二番を演奏した。その模様は翌五六年にNHKでも放送され好評を博したが、柳川自身は「失敗」と感じていた。

「カラヤンは親切でしたが、一つだけ注文がある、と言われました。何だったか思い出せないのですが、本番でそれができなかった。もう次はないな、と思いました」。

理想の師、そしてコンクール

結局、実家の援助で留学を続け、自分に適した師を探し続けた結果、ピアニストのアレクサンドル・ブライロフスキー（一八九六〜一九七六）と出会う。ショパン弾きとして有名であった彼の音の美しさ、そして何より音楽が息づく演奏に自分の理想を見た。弟子入りを申し出て、ブライロフスキーの国際的な演奏活動の合間を縫って指導を受け、彼が紹介したマルセル・シャンピに基礎的なテクニックの指導を受けた。

その成果を試すように、六一年にハンガリーで行われたリスト＝バルトーク国際コンクールに出場。入賞こそ逃したものの聴衆に支持され「名誉賞」を受賞する。実はこのコンクールの審査について、在ハンガリー公使が外務大臣に宛てた報告書が外交史料館（東京都港区）に保管されていた（六一年一〇月二九日付）。それによると、明らかに不公正な審査が行われ、約七〇人の参加者のうちで最優秀と思われた米国人が一次予選で落選したり、最終予選に残った九人の内五人がソ連人で、しかも技術的に明らかに劣った者が何人もいたりしたため、聴いていたハンガリーの学生たちが「納得できない」と騒ぎ出し、検挙者も出たというのだ。そんな中で、柳川は第二〇位で最後に表彰台に立ったにもかかわらず満員の聴衆の拍手が止まず、三回もアンコールを行い話題をさらったという。報告書はこう結ばれている。

日々の練習や体力作りを欠かさず、毎年リサイタルを開いている柳川守。2016 年 7 月（著者撮影）

「予選中の不公正な審査に対する不信任の感を表明する民衆の一種のレジスタンスであると共に、対日親愛感もあったものと一般に解釈されている」。

一五年ぶりの帰国

留学生活にピリオドを打ち、六七年、柳川は帰国する。

「とにかく帰らなければいけないと明確に、そして直感的に思いました。学ぶことはまだたくさんあったけれど、もう自分自身でやらなければいけない、と。そして、これまで学んだことを外国で生かすのではなく、日本で役に立ちたいという気持ちでした」。

帰国後は有馬の紹介で国立音楽大学に勤務、長らく後進の指導にあたった。新芸に所属したのも有馬や安宅の計らいであったらしく、柳川が西岡と直接会った記憶はないという。新芸で柳川を担当していた中筋栄一は、新芸倒産後もマネジメントを引き受け、その後神戸に拠点を移した中筋に代わり、元新芸の吉田亮一や永松俊樹が引き継いだ。

八〇歳を過ぎてもリサイタルを開催。時間をかけて本場で培った技術に支えられたスケールの大きな演奏は、今も輝きを失わない。

「パリのエコール・ノルマルで聴いた、カザルス八〇歳の演奏が忘れられません。本当に素晴らしかった。演奏家として、あの一〇〇分の一でも近づけたらいいなと思います。だから演奏はやめられません」。

2 賀集裕子

エリザベート・コンクール入賞

五六年六月二日、ベルギーの首都ブリュッセルで行われたエリザベート王妃国際音楽コンクールの本選会最終日に日本人の女性ピアニストが登場した。当時パリに留学中であった賀集裕子《かしゅうひろこ》（一九三五〜）である。国際コンクールの中でも最難関の一つとされ、この年ピアノ部門は四年ぶりの開催で、八〇人超の応募者のうち棄権者を除く六〇人が参加。二度の予選を勝ち抜いた賀集は、本選でラヴェルの「夜のガスパール」のスカルボ、課題曲のルネ・デフォッセの新作を演奏。最後にベートーヴェンのピアノ協奏曲第四番を力強く弾き終えると、客席から大きな拍手がわき起こった。

日付が変わって深夜〇時半過ぎ、審査結果が発表された。前評判の高かったラザール・ベルマンは第五位。一位の栄冠を手にしたのはベルマンの七歳年下、当時一八歳のウラディーミル・アシュケナージで、賀集は第一〇位だった。

アシュケナージは前年にショパン国際ピアノコンクールに出場。一位はアダム・ハラシェヴィチで優勝を逃したが、この時の審査員でアシュケナージを推していたアルトゥーロ・ベネデッティ＝ミケランジェリが結果を不服として審査員を降板するなど、その才能は大いに注目されていた。

五六年のエリザベート・コンクールには、ほかにもセシル・ウーセ（四位）、ヴァーシャリ・タマーシュ（六位）といった、その後国際的に活躍する「強者」たちが顔をそろえていた。そんな中、同コンクール演奏部門で日本人初の入賞は現地でも大きく報じられ、日本でも健闘をたたえる報道が相次いだ。

土壇場での強さ

賀集は兵庫県生まれ。父益蔵《えきぞう》は新光レイヨン（現三菱ケミカル）社長や日本化学繊維協会会長などを歴任した実業家であった。五歳からピアノを始め、幼い頃から歌うことが好きで、音羽ゆりかご会で童謡歌手として活躍した時期もあった。雙葉《ふたば》中学校卒業後の五一年に第二〇回音楽コンクールで第一位に入賞。五三年に日比谷公会堂で第一回のリサイタルを開いた後、私費留学でパリ国立高等音楽院に入学。イヴ・ナットに師事した。

エリザベート・コンクールに参加を決めたのは「音楽院卒業だけではだめ。もっと見聞を広めなさい」という父や姉の勧めがあったからだ。しかし、そのときすでにコンクールは数カ月後に迫っていた。「ベルギー人の作曲家の作品を弾く決まりがあるのですが、出版社のデュラン社に楽譜を買いに行ったら、『三年前に売れて、もう何もない。三年後に受けたら』とにべもなかった。父に『あきらめてジュネーブか何か他のコンクールを』と話すと、後ろから手を回したらしく、一週間ぐらいで楽譜が届いたのです（笑い）。コンクールまであまり時間がない中、全部で二〇曲ほど準備しなければいけませ

賀集と恩師のイヴ・ナット（賀集裕子提供）

んでした。先生に相談すると、短い曲を選ぼうといわれ、『僕は審査員だから後ろから助けてあげる』ともおっしゃった（笑い）。ところが先生は病気になって、審査員は別の方になりました」。

「どうせ落ちる」と開き直って受けたコンクールだったが、ピンチの時ほど思いがけない力が発揮できるタイプだった。本選出場の一二人の一人に選ばれたが、特に二次予選は冷や汗ものだった。そもそも一次予選を突破すると思っていなかったため、二次の課題の新曲は数回さらったきりだった。ところが、いざ自分の番になり「アジアから初参加の日本人の方です、と紹介されて、これはしっかりしなければ、という気持ちになりました。すると、練習で弾けていなかった新曲もすらすらと思い出して演奏できたのです」。

入賞という快挙をなし遂げたものの、賀集は浮かれるどころか、日本人ピアニストとしての自分の能力を冷静に見つめる。

「一等になったアシュケナージは、新曲でも二時間弾いたら『僕もうできちゃった』といって食堂へ下りてくるような人。実力以前の、もう何千年も続いてきた遺伝子の中に、音楽がしっかりと入っているような感じでした。自分が日本人であるということを考えさせられましたね。どうしても越えられないものがあるのではないか、と。正直、しっぽを巻きました」。

海外コンクール進出の黎明期

第二次世界大戦終了後、日本が独立国として新たな歩みを始めた五〇年代は、日本の若手音楽家が海外のメジャーコンクールに出場し、賀集のような入賞者も現れるようになる、まさに黎明期《れいめい》であった。ピアニストの筆頭は田中希代子（一九三二～九六）だろう。すでに紹介した柳川守とほぼ同時期にフランスに留学しパリ国立高等音楽院でラザール・レヴィに師事。五二年にジュネーブ国際音楽コンクールで一位なしの二位（イングリッド・ヘブラーも同位）、翌五三年ロン＝ティボー国際音楽コンクールで第四位に入賞。五五年にアシュケナージが二位となったショパン・コンクールでも第一〇位入賞を果たしている。その後五七年には井内澄子がミュンヘン国際音楽コンクール第二位。五九年には松浦豊明がロン＝ティボーで第一位を受賞している。

日本へ帰国後、賀集、田中、井内は新芸の所属となったことからも、新芸が日本の演奏家の海外進出とほぼ時を同じくして音楽マネジャーとしてスタートし、実績を重ねて若手の有望株を任されるだけの信頼を勝ち得ていたことが伺える。

「ずば抜けた技巧」

一九五七年末に帰国した賀集は、翌五八年六月には日比谷公会堂で凱旋《がいせん》公演（毎日新聞社主催）を開いた。会場は満員の聴衆で埋まり、「力強いダイナミックスとか、きちょうめんに曲の理解を徹底してゆく特質」に加え、「技巧はずばぬけて達者で一音もゆるがせにしない」と高く評価された（平島正郎評『毎日新聞』五八年六月二七日付夕刊）。同年N響の定期公演でラフマニノフの協奏曲第二番を弾く機会も与えられ、有馬大五郎と初めて会った。賀集の実力を認めた有馬は、西岡に推薦し、新芸が賀集のマネジメントを引き受けることになった。西岡はさっそく労音に売り込み、連日のように労音の例会に出演させた。ところが、プライベートな問題を抱え、演奏に集中できない時期もあったと賀集は振り返る。

「気持ちが落ち込んでいて、自分の演奏と認めたくないほど、よくない時期がありました。それに、きょうはここで演奏、あすはまた別のところで、というような切り替えがうまくできない。演奏家に向いていないんですね。いつだったか、リストのソナタがうまく弾けない日があって、西岡さんに『評判悪いよ。もっと頑張ってもらわなくちゃ困る』としかられた記憶があります」。

理想の音を求めて

再び外国へ行く道も考えたが、有馬の力添えで、国立音大で後進の指導に専念。九八年に東京・カザルスホールで開いた三〇年ぶりのリサイタルが評判となり、演奏活動を再始動させた。二〇一七年にはバッハ、シューマン、フォーレ、スクリャービンという意欲的なプログラムを披露し、衰えぬピアノへの情熱が感動を呼んだ。

「イヴ・ナット先生に最初にお会いした時、弾いてくださったピアノの音が忘れられません。真珠の玉のように一音一音輝いて、表情があって、命が息づいているようでした。この音をどうしても手に入れたい、と思いました。自分なりに研究を重ねて、四〇歳を過ぎたころでしょうか、音色が変わってきたという手応えを感じました。自分で納得して演奏会を迎えられるところまで来たのは八〇歳を過ぎてからです。今の私の演奏を西岡さんにも聴いていただきたかった。ようやく顔むけができそうです」。

3　海野義雄

岩城宏之と新芸専属に

「世界の海野」と呼ばれ、国際的に活躍したヴァイオリニスト、海野義雄（一九三六〜）は、新芸の初期から所属したアーティストの一人である。海野によれば、西岡は当初、ヴァイオリニストの巖本真理やピアニストの井口基成などが所属していた音楽事務所「音楽芸術家協会」の仕事をしていたという。西岡が「新芸術家協会」の名前で事務所をスタートさせたのは一九五五年だが、六〇年までは「倒産」を経験するなど経営が不安定な時期で、他の事務所の仕事も「兼業」していたのかもしれない。

「当時僕はNHK交響楽団のコンサートマスターになりたてで忙しい時期でしたが、時々音楽芸術家協会から、巖本さんのカルテットの仕事などを頼まれることがありました」。

まもなく新芸が日本人演奏家のマネジメントを本格化させることになり、「岩城宏之さんと一緒に、真っ先に専属になった」という。

新交響楽団・日本交響楽団（N響の前身）のヴァイオリニストであった父・次郎の手ほどきを受け、海野は幼い頃からヴァイオリンを学び、東京芸術大学に入学。五七年にアカデミー弦楽四重奏団（海野、川上久雄、白柳昇二、斎藤鶴吉）を結成し、オーケストラのソリストとしても招かれるなど、在学中から才能が注目されていた。五八年の芸大卒業と共にN響に入団。翌五九年四月に二三歳の若さでコンサートマスターに就任した。

突然のソ連デビュー

六三年六月から約一年四カ月間、海野はN響の派遣でヨーロッパに留学する。最初の三カ月間はベルリン・フィルハーモニー管弦楽団のコンサートマスター、ミシェル・シュヴァルベの元で指導を受け、その後はスイスへ移り、ヨーゼフ・シゲティの薫陶を受けた。

帰国が近づいたある日、西岡から手紙が届いた。

「日本に帰る前にソ連で仕事ができるからモスクワへ行くように、という手紙でした。モスクワで通訳が出迎えて説明するから、と指示を受けました」。

六四年といえば西岡がソ連からアーティスト招聘に乗り出していた時期だ。招聘だけの一方通行ではなく、日本からの売り込みも、と考えたのかもしれない。キエフ（現ウクライナ）で行われた海野の公演は、ソ連が同時期に打ち上げた有人宇宙船ヴァスホートにささげられ、現地でも大きく報じられたという。

演奏家として国際的に活躍した海野義雄。指導者としても多くの優れたヴァイオリニストを育てた（海野義雄提供）

実は、この時海野をモスクワの空港で出迎えたのが、その後ソ連の仕事で西岡の片腕となる許真《ホジン》であった。

「『私、許です。あなた海野さんでしょう』といきなり声をかけられました。日本人だと思ったら、自分は韓国の人間で日本人ではない、大学で日本語を教えています、とのことでした。あまりにも完璧な日本語を話すので、帰国して西岡さんに報告しました。すごい通訳がいた、と。西岡さんが許さんに通訳を依頼するようになったのはそれからだと思います」。

北朝鮮からソ連に亡命した許が、タシケントからモスクワに移ったのが六四年。新芸関係者で最も早く許に会ったのは海野であったようだ。

ソ連での「偉大な成功」

西岡は一九六八年にも海野のソ連ツアーをアレンジしている。海野は六七年にウィーンでトーン・キュンストラー管弦楽団の定期公演にソリストとして出演。その足でドイツのハンブルクへ向かい、ドイツ・グラモフォンとの契約でハンス・シュミット＝イッセルシュテット指揮・北ドイツ放送交響楽団とメンデルスゾーン、チャイコフスキーの二大協奏曲を録音するなど、海外で快進撃を続けていた時期であった。

「当初はリサイタルだけ五カ所ぐらいの予定でしたが、モスクワに行くと、西岡さんがひょっこり現れたのです。応援に来たぞ、という感じでした（笑う）。着いた二日後だったでしょうか、西岡さんから『すごいオーケストラと、ボリショイホール（モスクワ音楽院大ホール）でメンデルスゾーンのコンチェルトができるぞ』といわれました。ロジェストヴェンスキー指揮のモスクワ放送交響楽団。当時ソ連の三大オーケストラの一つでした。西岡さんがモスクワに来て急に話が決まったのです。以前から、響きの良いこのホールでコンチェルトを弾いてみたい、と西岡さんと話していました。夢を実現してくれたのです」。

ボリショイホールでの演奏会は拍手がやまず、バッハの無伴奏曲をアンコールで弾いた。その場には毎日新聞のモスクワ特派員の姿もあり、帰りに支局へ寄らないかと誘われた。

「支局に行くと、ポコポコと機械の音がして、タス通信から記事が入って来ました。『さっきの演奏会の記事がもう世界中に配信されているんですよ』といわれて驚きました」

六八年二月一七日付毎日新聞夕刊はモスクワ支局発で次のような記事を掲載している。

「（二月一六日の海野の演奏は）聴衆を魅了した。タス通信は同夜『偉大な成功』と論評した。海野氏は一月二五日訪ソ、（中略）演奏旅行を行ない、プラウダ紙まで珍しく『新しき天才』と伝えるなど絶賛を浴び、この夜はサヨナラ公演だった。（中略）演奏し終わると会場から『オーオー』と感激の歓声がわき起こった」。

一〇大協奏曲の夕べ

以前に痛めた右手首の状態が悪化し、海野は七〇年四月にN響を退団。ソロ活動に軸足を置く。七三年三月には一人で連続三晩かけて協奏曲一〇曲を演奏するという壮大な企画が注目を集めた。プログラムは第一夜がタルティーニのニ短調▽ヴィヴァルディの「四季」から〝春〟▽モーツァルトの第五番▽チャイコフスキー、第二夜がバッハの第二番▽プロコフィエフの第二番▽ブラームス、第三夜がモーツァルトの第三番▽メンデルスゾーン▽ベートーヴェン。協演は森正指揮の読売日本交響楽団だった。

実はこの演奏会、東京文化会館で新芸が予定していた何かの演奏会が実現せず、穴埋めのために考えられた企画だったらしい。

「予約した会場を使わないで返すわけにいかないから、と西岡さんに頼まれたのです。東京芸大の入試の時期で、昼は入試、夜本番、すごい無理をしてやった演奏会だったんです（笑う）」。それにもかかわらず見事な演奏を聴かせ、海野の実力を改めて印象づけることになった。

世界二八カ国、九〇都市で演奏活動を展開。指導者としても多くの優れた演奏家を育てた海野は西岡より一四歳年下だが不思議と気が合い、よく食事を共にしたという。
「N響を辞めた後も、ソロの仕事をちゃんと作ってやるから、と、とても親身になって、外国でもたくさん演奏活動ができるようにバックアップしてくれました。本当にお世話になりました」。

4 大橋国一

ヨーロッパの第一線で活躍

ドン・ジョバンニ、フィガロ、ザラストロ、エスカミリオなどの役を得意とし、一九六〇〜七〇年代前半の日本のオペラ界を牽引《けんいん》した歌手、大橋国一（一九三一〜七四）。ヨーロッパの歌劇場と専属契約を結んだ最初の日本人歌手で、新芸がマネジメントを行った、ただ一人の日本人声楽家である。

ヨーロッパの歌劇場と日本人の専属契約はまず不可能とされていた時代に、六一年のザルツブルク州立歌劇場を皮切りに、オーストリアでウィーン国立歌劇場に次ぐ格式を誇っていたグラーツ歌劇場（六三年）、ドイツのケルン市立歌劇場（六八年）と、いずれも第一バス（バスの主役を歌う歌手）として専属契約。本場の第一線で活躍した。

大橋は東京都出身。都立新宿高校時代にコーラス部に入ったのがきっかけで、声の良さを認められ五一年に東京芸術大学に入学。在学中の五四年に二期会オペラ「アマールと夜の訪問者」（メノッティ作曲、日本初演）のバルタザール役でデビューした。五六年のオペラ「薔薇の騎士」（R・シュトラウス作曲、日本初演）のオックス男爵役で毎日音楽賞及び芸術祭奨励賞を受賞するなど、早くから頭角を現し、日本のオペラ界に欠かせぬ存在となる。

五九～六一年にウィーン国立音楽大学に留学。六〇年にはコンツェルトハウスでバッハ「ヨハネ受難曲」のイエズス役を歌いウィーンデビューし、同年一一月にはヒンデミットのオペラ「世界の調和」のウィーン初演（演奏会形式）にも出演している。

五七年に大橋と結婚し、ウィーン留学に同行した妻・京子は当時の様子をこう振り返る。

「ウィーンで指導してくださった先生に認められて、六〇年からあちこちの公演に出演するようになりました。二年間の留学を終えたらすぐに帰国するつもりでしたが、ザルツブルクの歌劇場で『フィガロの結婚』のバルトロ役の欠員補充のためのオーディションがあり、大橋も受けたところ、五〇人ほどの応募者の中から採用されました。歌は問題なかったのですが、劇場側は日本人がオペラの舞台に立って果たして公演が成立するだろうかと、一度公演に出して舞台姿をテストしたのです。結局、これなら

舞台映えのする容姿でファンを魅了した大橋
（大橋京子提供）

ヒンデミットと大橋（大橋京子提供）

いける、とＯＫが出て、正式契約を結ぶことになりました」。

身長一七五センチ、外国人に比べれば決して大柄ではなかったが、声、容姿、演技の三拍子そろった歌手として、本場のオペラファンをも魅了した。各地の歌劇場に客演する機会も増え、六五年には世界三大歌劇場の一つ、アルゼンチン・ブエノスアイレスのテアトロ・コロンでの「さまよえるオランダ人」に出演し成功を収める。ちなみに相手役はビルギット・ニルソンの予定だったが急病でキャンセルされ、この世界的ソプラノとの共演は幻に終わった。

海外での豊かな経験は、日本のオペラ公演でも生かされた。特に、六六年の「タンホイザー」にはじまり、「パルジファル」（六七年）、「ラインの黄金」（六九年）、「ワルキューレ」（七二年）、「さまよえるオランダ人」（七三年）と続く〝二期会ヴァーグナー路線〟では、歌い手の要として公演を成功に導いた。

「ウィーン」という共通項

西岡に大橋を紹介したのは、二期会の事務局長であり、西岡の友人でもあった河内正三らしい。ヨーロッパから大橋が帰国するのは年末の「第九」の時期など限られており、オペラに関しては二期会の仕切りだから、マネジャーとしての新芸の出番はそれほど多くはなかったはずだ。だが、ウィーンへ「修業」に行ったのが大橋の留学と同時期で、呼び屋としての初仕事もウィーン・コンツェルトハウス弦楽四重奏団、パウル・バドゥラ＝スコダといった「ウィーンもの」である。西岡にしてみれば、いわば「ウィーンつながり」の大橋との会話は大いにはずんだのではないか。

「主人は割と自分をさらけ出す人で、気の合う人とはとても親しくなるのです。西岡さんとも、マネジャーと演奏家という関係を通り越して意気投合していたのではないでしょうか」。

七〇年の大阪万博にボリショイ・オペラの指揮者として初来日して以来、八一年の新芸倒産以後も西岡と交流が続いた指揮者のユーリ・シモノフが興味深い思い出を語ってくれた。

「七三年にボリショイ・バレエとともに来日した時のことです。公演のない日に『ユーリ、きょうは一緒にオペラ劇場へ行こう』と西岡さんに誘われました。ヴァーグナーの『さまよえるオランダ人』の公演（二期会、東京文化会館）でしたが、レヴェルが高くとても驚きました。特に、ヨーロッパで学んだというバス歌手（ダーラント役の大橋と思われる）が素晴らしかった。西岡さんは『これが私たちのオペラだ』と誇らしげに話していたのを覚えています」。

後輩をバックアップ

大橋は先駆者として、後輩歌手たちのヨーロッパ進出も助けている。七二年に日本人で初めて「バイロイト音楽祭」に出演した河原洋子も大橋がバックアップした一人だった。

「日本の演奏会で共演した時に、河原さんはドイツで通用すると確信を持って、主人がヨーロッパへ連れていったようなものでした。最初にボンの歌劇場（市立劇場）と契約したのですが、ケルンの劇場でソプラノの空きが出た時に、大橋はインテンダント（総裁）に河原さんを採るようにと直談判したそうです。今採らなければケルンを通り越してハンブルクへ行ってしまうぞ、と。でもケルンでは別のソプラノを採用しました。その後河原さんは主人の予言通り、ハンブルクの州立劇場と契約したのです」。

病気で断たれたキャリア

順風満帆に思われた大橋の歌手人生は、病によって断たれる。病名は結腸がん。七一年に手術を受け、いったんは回復しヨーロッパに戻ったものの、七三年に再発。すでに手の施しようのない状態だったが、病名は本人に最後まで伏せられた。オペラ出演の最後は七三年一一月の「魔笛」で、七四年一月のNHK「ニューイヤーオペラコンサート」が最後の舞台となった。

二期会の総帥《そうすい》・中山悌一は、自らの後継者として大橋に白羽の矢を立てていたといわれる。大橋自身、亡くなる数年前から「日本のオペラのためにプラスになるなら、ある程度欧州での仕事を犠牲にしても尽くしたい、という気持ちになってきた」と心境の変化を語っていた。

オペラの公演監督のような仕事や、母校・東京芸大での指導など、日本での新たな活動に思いをめぐらせていた矢先に病に倒れ、一番無念であったのは大橋自身であったに違いない。

七四年三月二一日、大橋は家族にみとられて自宅で息を引き取った。四二歳の早すぎる死であった。

5　音楽祭開催

財団を設立

一九七八年から八一年に行われた「東京音楽芸術祭」の存在を記憶している人は、今どのくらいいるだろうか。主催は「日本音楽芸術振興会」。七七年四月に認可された財団法人である。設立の推進役は新芸の西岡で、事務局も社内に置くなど、新芸と財団は表裏一体の関係であった。西岡はこの五、六年も前から財団設立を考え始めていたという。

「ここ数年内の仕事を通して、呼び屋はどんどんできるし、それがバラバラで勝手なことをやってる時代は終わったのではないか、と思うようになって。音楽の事業を拡げようとすると、ほかの事業体ないし運動体、二期会や日本のオーケストラね、そういうとこと一緒に共存してゆかないと、定着しないのじゃないかと強く感じた。そういうことなら、財団をつくって、これを共通の場として、みんなでいい仕事をやることができないだろうか……」（木村英二「インタビュー・音楽界を支える人③」『音楽現代』七七年一〇月号）。

財団の理事の顔ぶれはそうそうたるものだ。理事長は福井直弘（武蔵野音楽大学学長）。理事は江戸英雄（三井不動産会長）▽大賀典雄（ＣＢＳソニー社長）▽高清一郎（ポリドール社長）▽團伊玖磨（作曲家）▽堤清二（西武百貨店会長）▽長沢泰治（ＮＨＫサービスセンター理事長）ら一一人。西岡も専務理事として名を連ねていた。顧問には安達健二（前文化庁長官、現東京国立近代美術館長）▽有馬大五郎（国立音楽大学学長）▽今日出海（国際交流基金理事長）の三氏。評議員には、同業の神原、梶本両音楽事務所の社長や東京コンサーツ代表の滝淳らの名前が見える（肩書はいずれも当時のもの）。

東京音楽芸術祭開幕

財団設立の翌年、七八年五月九日～六月八日の約一カ月間、「第一回東京音楽芸術祭」が実施された。公演パンフレットには次のような開催趣旨が記されている。

「この音楽祭には世界第一級の芸術家・団体ならびに我が国の演奏家が参加してこの期間に集中して公演し、皆様にそれぞれの分野を代表する演奏を楽しんで頂くと同時に、特に日本と外国の演奏家が共演するなど、様々な形で両者が直接交流し、また我が国の演奏家による日本の作品を含む演奏会等を企画することにより、音楽芸術の質的向上と創造活動の一つの場として役立つように進めたい」。

当時の日本で、国際音楽祭といえばまず「大阪国際フェスティバル」が思い浮かぶ。カラヤン指揮のベルリン・フィルハーモニー管弦楽団、バイロイト・ワーグナー・フェスティバル初の海外公演など、世界のトップクラスの演奏家・団体を続々と招聘し、その豪華なラインアップが〝売り〟であった。同じく一流主義の西岡ではあったが、「大阪」との差別化を図るために、あえて日本人の演奏家や作品の紹介を重点項目として掲げたようにも思われる。

第一回は五月九日、ウォルフガング・サヴァリッシュ指揮、NHK交響楽団、二期会合唱団らによるベートーヴェンの「荘厳ミサ」で幕を開けた。当初はモーツァルトのオペラ「イドメネオ」の日本初演を企画していたものの、財団設立から音楽祭開催まで約一年という準備期間の短さもあってか、やむなく断念したようだが、「荘厳ミサ」の演奏は「すさまじいばかりの迫力と、終始息を抜かせぬ緊張の中で、彫りの深い姿に作品をよみがえらせた」（丹羽正明評『読売新聞』五月一二日付夕刊）など、好意的な評価が目立つ。

第一回は、フィラデルフィア管弦楽団（ユージン・オーマンディ指揮、アイザック・スターン特別出演）など新芸招聘のアーティストの他、パイヤール室内管弦楽団（梶本音楽事務所）、イーストマン管楽アンサンブル（神原音楽事務所）といった他社招聘の演奏家も参加。日本人の演奏家や作品の紹介として、西武劇場の看板企画で、作曲家の武満徹が企画・構成する演奏会シリーズの「今日の音楽（ミュージック・トゥデイ）」を組み込んでいるのも興味深い。ちなみに「今日の音楽」は第三、四回の同音楽祭にも参加している。

新たな試み

さらに第二回からは「日本の音楽家」シリーズがスタート。人選にあたる企画委員は、上浪渡（NH

K芸能局洋楽チーフディレクター）、柴田南雄（作曲家）、船山隆（音楽学者）、森正（指揮者）、丹羽正明（音楽評論家）、河内正三（二期会事務局長）、滝淳（東京コンサーツ代表）に西岡を加えた八氏。

シリーズに登場した主な演奏家・作曲家は、第二回＝海野義雄、藤原真理、鶴田錦史、三善晃、井上直幸、木村俊光▽第三回＝酒井竹保、菊井松音、吉原すみれ、サウンド・スペース・アーク、ニューアーツ弦楽四重奏団、一柳慧・高橋悠治（ピアノ・デュオ）▽第四回＝一柳慧・高橋悠治（ピアノ・デュオ）、柴田南雄、海老彰子、宗倫匡、沢井忠夫。まさに多士済々である。

第四回に登場した「フェスティバル・アンサンブル」も話題を呼んだ企画だ。コンサートマスターは徳永二男、N響の楽員に加え古澤巌、堀米ゆず子、千住真理子ら若手のソリストも参加し、アイザック・スターン、江藤俊哉がソロを弾く豪華版だった。

ほかにも、サヴァリッシュ指揮のN響がピットに入り、ペーター・シュライアーなど外国勢をソリストに迎えた二期会オペラ「魔笛」（第二回）や「フィデリオ」（第四回）、東京楽所による雅楽のオープニング（第三回）など、注目された公演がいくつもあったにもかかわらず、音楽祭トータルとしての訴求力が十分でなかったことが惜しまれる。実は当時音大生であった私も第四回音楽祭の公演のうち、ミュンヘン・バッハ合唱団と管弦楽団、マウリツィオ・ポリーニ、アイザック・スターンの演奏会を聴いているが、残念ながら音楽祭を聴いたという意識も記憶もない。

「新芸が呼んだ外タレを並べただけ」「文化庁の助成金や寄付目当ての財団設立」など、とかく批判を浴び、マスコミの扱いも冷ややかだったこの音楽祭は、八一年夏の新芸倒産で幕を下ろす。斜陽の音楽事務所の「あだ花」的な仕事と見ることもできるが、業界の「一強」であった新芸ならではの大胆で先駆的な企画も行われていたことは記憶にとどめておきたい。

ロシア＝ソビエト音楽祭

ここでもう一つの「音楽祭」について触れておきたい。七五年と七八年の二回、新芸（二回目は日本音楽芸術振興会主催）が手がけた「ロシア＝ソビエト音楽祭」である。

第一回は五月一六～二二日の七日間で、毎日新聞社も主催に名を連ね、外務省、文化庁、ソ連文化省、ソ連大使館が後援。総勢四五〇人が来日する大規模なものであった。記者会見の記事によると、一週間で二三人の作曲家による六九の作品を発表する予定で、日本で開催以前に、フランス、イギリス、アメリカ、イタリアで同様の催しが行われ、ソ連側は「こういう形は伝統になった」としている。

ソ連の国を挙げての催しだけに、ムラヴィンスキー指揮のレン・フィル、ルドルフ・バルシャイ指揮モスクワ室内オーケストラ、エレナ・オブラスツォワ（メゾ・ソプラノ）、国立ロシア合唱団、レオニード・コーガン（ヴァイオリン）、オシポフ・バラライカ・オーケストラなど、豪華な顔ぶれが一堂に会した。最終日の「カンタータと協奏曲の夕べ」ではN響と国立ロシア合唱団、オブラスツォワ、コーガンが顔をそろえ、プロコフィエフの「アレクサンドル・ネフスキー」や、スヴィリドフの「クルスクの歌」、ショスタコーヴィチのヴァイオリン協奏曲第一番が演奏された。

一週間の音楽祭のインパクトはそれなりに大きく、音楽評論家の船山隆は次のような批評を記している。

「こんなにたてつづけにロシア音楽を聴いたのははじめてである。（中略）いうまでもなく、これらの音楽会は、演奏形態もプログラムも異なっていたが、一種の音楽的リアリズムとでもいうべき理念——ずっしりと手ごたえのある音響、そしてその音響を入念に連続させて作る重厚な表現と劇的な緊張感——が、多種多様な演奏と作品の底に共通して流れていた」（『毎日新聞』七五年五月二八日付夕刊）。

ＮＨＫはこの音楽祭を電波に乗せたが、思わぬところから反響があった。ちょうど同時期に、中部日本放送（ＣＢＣ）の創立二五周年の記念事業として、アメリカからメトロポリタン・オペラ（ＭＥＴ）が来日していたが、まったく電波に載らないではないかと在日アメリカ人達が騒ぎ出したのだ。ＮＨＫが放送を見送った理由は高額の中継料だった。

「大使館か国務省からメトロポリタンの首脳に圧力がかかり、慌ててなんとかテレビ放送をしなければならなくなったが、中部日本放送は急なことで自社にはオペラ中継になれたスタッフも器材もないところから、中継料を大幅に下げてＮＨＫに改めて放送を依頼してきたというのが実情らしかった」（杉理一「メトロポリタン歌劇『椿姫』中継」『洋楽放送七〇年史　一九二五－一九九五』）

交渉の結果「椿姫」を収録することになったが、カメラテストなしの一発勝負の収録で、しかも放送は五五分のハイライト版のみ。悪条件にもかかわらず収録は無事に終わり、立ち会ったＭＥＴの支配人はＮＨＫのスタッフを「ワンダフル！」とねぎらったという。

米ソ冷戦時代の中、華やかなステージの裏側で、文化戦略としても大国のつばぜりあいがあった。

論評されぬ第二回

第二回の「ロシア＝ソビエト音楽祭」は七八年一〇月一五～二七日まで開催されたが、規模はかなり縮小され、総勢二五〇人が来日した。しかし、来日メンバーの顔ぶれはなかなか豪華で、ラザール・ベルマン（ピアノ）▽ソビエト国立交響楽団（スヴェトラーノフ指揮）▽モスクワ放送合唱団▽ギドン・クレーメル（ヴァイオリン）▽モスクワ五重奏団――が一堂に会した。

だが、個別の演奏会についての批評は見られても、「音楽祭」として論評した記事はほとんど見当たらない。ソ連に強い音楽事務所が財団法人を隠れ蓑に、ソ連ものをずらりと並べて興行しているだけ、といった程度の評価だったのだろう。第一回ほどの熱気や反響は感じられない。

八章　王者の落日

一九七〇年代末期から、業界の「絶対王者」の仕事は変調をきたす。特にソ連関係でモスクワ五輪ボイコットや亡命事件など予期せぬトラブルが相次いだ。ソ連の仕事で急成長した新芸が、ソ連もので表舞台から去る運命の皮肉——。投機の失敗だけではなかった倒産の真相に迫る。

1　相次ぐトラブル

人民芸術家の亡命

一九七九年、ボリショイ・バレエのアメリカ公演で亡命が相次ぎ、ソ連に衝撃を与えた。さらに同年のソ連のアフガニスタン侵攻に反発した米国のカーター大統領がモスクワ五輪ボイコットを表明し、米ソ関係は新たな冷戦時代を迎えていた。

ソ連当局が厳戒体制で臨んだ八〇年のボリショイ・バレエ来日公演で、まさかの亡命事件が起こる。二月五日、男性ダンサー、ミハイル・メッセレルが、母親のスラミフ・メッセレルとともに在日アメリカ大使館に保護を求め、翌六日にアメリカに向け出国した。

メッセレル家はソ連のバレエ界の名門で、マイヤ・プリセツカヤはスラミフのめいにあたり、スラミフの兄アサフ・メッセレルもボリショイの中枢にいた。スラミフ自身も一時期ボリショイを背負ったスターで、ソ連で厚遇されていたため、亡命は「信じられない」とする関係者も多かった。

スラミフは日本との縁も深く、六〇年から二年間、チャイコフスキー記念東京バレエ学校での指導を皮切りに、たびたび来日。亡命は東京バレエ団の招きで滞日中の出来事だった。亡命の真の理由は、ソ連で思うような評価を得られない息子の才能を新天地で開花させたいとの母親としての思いがあったといわれる。

九カ月後、スラミフ・メッセレルは谷桃子バレエ団の「バヤデルカ」（ラ・バヤデール）全幕上演の振り付けのために来日し、同行した息子ミハイルは主役を踊った。

「谷桃子バレエ団の稽古《けいこ》場でメッセレルが指導して息子が踊っている周りを警官隊が取り巻いていました。妨害が入ったり、ソ連側が二人を取り返しに来たりする懸念がありましたし、日本のソ連支持者が襲撃する可能性もあり、非常にぴりぴりした雰囲気でした」と舞踊評論家の山野博大は振り返る。

やがて新芸は、米ソ関係緊張の余波で、深刻な経営危機に直面する。

揺れるボリショイ・バレエ

八〇年一～二月のボリショイ・バレエ来日公演は、亡命事件はあったものの、公演自体は遂行された。実はこの公演をめぐっては、来日前から不穏な空気があった。当初の計画では人気ダンサーのエカテリーナ・マクシモワ、ウラジミル・ワシリエフ夫妻を中心とした「この魅惑のひびき」といった演目が目玉になるはずだったが、結局二人は「悪性の風邪」を理由に来日しなかった。

1973年ボリショイ・バレエ来日時とみられる写真。（左から）ボリショイ劇場副総裁のアロン・レフ、西岡、マクシモワ、ワシリエフ、西岡の妻旬子、ボリショイ劇場舞台監督のアララート・チャルフチャンツ（西岡昌紀提供）

振付家として一時代を築いたグリゴローヴィチ。撮影日不明（西岡昌紀提供）

真相は不明だが、来日にあたって団員五人に日本への出国許可が出ず、ワシリエフはこの五人が抜けるなら自分も日本に行かない、と主張したという報道もある（『朝日新聞』七九年一一月二四日付夕刊）。

さらに、冬の公演ならではのトラブルも起こった。新芸の元社員、児玉真はこう振り返る。

「当時はナホトカから船で来日するのが普通でしたが、ナホトカ港が凍結して出港できなくなりました。出演者は飛行機で来日しましたが、舞台装置などの荷物は数日遅れで到着し、公演の開幕に間に合わなかったのです。結局最初の二日ぐらいの公演は、舞台装置なしの『バレエコンサート』風に切り替えて何とかしのぎました」

公演内容の大幅な変更を受け、芸術監督のユーリー・グリゴローヴィチが急きょ来日し記者会見で「政治的な理由ではない」ことを強調する一幕もあった。

折あしく、七九年末のソ連のアフガニスタン侵攻に加えて、元陸上自衛隊陸将補がソ連大使館付武官に秘密情報を渡していたスパイ事件（宮永事件）が発覚し、日本では反ソ感情が高まっていた時期であった。

「こんな時にソ連のものをやるとは何事か、という雰囲気がありました。地方では地元のマスコミが主催に入っているところもありましたが、主催者が抗議を受けたところが何カ所かありました。岡山では右翼の街宣車がやってきて、ホテルから一歩も出られなかったこともありました。それでも公演は全部、無事に終えました」。

モスクワ五輪ボイコットの余波

八〇年のモスクワ五輪ボイコット問題は、ソ連の演奏家の相次ぐ来日中止など音楽界にも少なからぬ影響を与えた。五～六月にソ連でのプレ五輪コンサートなどに出演する予定だったN響のヨーロッパ公演が急きょ中止され、「文化交流はその時々の外交に左右されるべきではない」などの批判も浴びている。

そんな中、キエフ・バレエの来日公演で不測の事態が起きた。来日は当初七～八月に予定されていたが、ソ連側が五輪終了までバレエ団を派遣できないと通告してきたのだ。西岡は倒産後に雑誌のインタビューで当時の様子を語っている。

「もうすべて準備を完了しており、地方公演の主催をお願いした県や市では文化事業として予算も組んでますから、抜き差しならない状況です。私は一～二カ月くらいずらすのは可能だと思い、日程の調整を始めたんですが、どうしてもうまく行きません」。ソ連から来るバレエ団一〇〇人超に加え、日本のオーケストラや裏方なども加えると、公演関係者は二〇〇人以上に上る。会場の日程調整に加え、彼らの旅行の手配をすべて変更するのは大仕事で時間もかかった。入場券の販売期間が短くなった主催者は、契約金の値下げを求めたり、興行のリスクを新芸側が引き受ける「委託契約」に切り替えたりした。

その結果、新芸は間接経費を含め一億数千万円の損失を被ったという（『日経ビジネス』八二年二月八日号）。

新芸は毎年夏にソ連の三大バレエのいずれかを招聘するのが定例の事業だったが、八〇年に限っては、冬にボリショイ、夏にキエフの二本立てだった。経営に陰りが差しはじめていた時期だけに、「安く仕入れて高く売れる」利益率の高い興行で巻き返しを狙ったのかもしれない。しかし、結果的には収益を上げるどころか経営に大きなダメージを与えたのが、このキエフ・バレエであった。

困難を乗り越えて敢行したものの、二つのバレエ公演についての評価が見える。音楽年鑑（八一年版）は、ボリショイ・バレエについて「主要メンバーの入れ替えなどがあって、舞台の出来はいままでの最低であった」とし、キエフ・バレエも「新演出と宣伝されていた『白鳥の湖』は、全くの駄作であった」と手厳しい。

2　終焉へ

オペラは鬼門か

音楽事務所は一種の「問屋業」でもある。地方公演の場合、通常は主催者と一定の金額で契約し企画を「卸す」。事務所側がチケットの売れ行きに左右されずに確実に収入を得られる方法である。ところが委託契約は、事務所側が主催者に一定経費を払って公演業務を委託し、入場料収入のリスクは事務所が取る。委託契約が増えれば事務所の経営が不安定になるという図式で、末期の新芸がまさにそうであった。

ところで、新芸が「委託される側」として公演を行ったケースがある。七九年六月のウィーン国立フォルクスオーパーの初来日公演である。招聘は中部日本放送（ＣＢＣ）で、全一三公演のうち、東京での七公演を請け負っている。

八一年の新芸倒産の理由は西岡が商品相場に手を出して失敗、というのがマスコミを含めた大方の見方だが、投機に深入りしたのはフォルクスオーパーの仕事の頃ではないか、とのうわさがあったらしい。

「チケットを売って、売り上げの何パーセントかが新芸に入る仕組みで、オペラ七公演だと膨大な売り上げです。ところが精算してＣＢＣに支払うのは半年先。目の前にどかんと大金があって、半年間でそれを増やそうと思ったのかもしれませんね。西岡さんがいつだったか、『こういうことは昔からやっていたんだよ』と話していた記憶があります。お金が手元にある時に増やそう、ということを西岡さんはずっとやってきていたんでしょう。それがこの時にうまくいかなくて、金額も大きいからずるずると深みにはまったのではないか」と元社員の児玉。

西岡は筆者に「七〇年にボリショイ・オペラを呼んで、もうオペラはこりごりだ」と語っている。大金が動くオペラは、西岡にとってある種の「鬼門」だったのかもしれない。

一流主義を貫いて

ソ連のバレエ団招聘で足元をすくわれた形の新芸であったが、八〇～八一年に手がけた外来アーティストの主な顔ぶれを見ると、最期まで王道を行く音楽事務所であったことがうかがえる。

八〇年＝パリ八重奏団、ウォルフガング・シュルツ（フルート）、コーガン（ヴァイオリン）ウィーン室内アンサンブル、オブラスツォワ（メゾ・ソプラノ）、ジュリアード弦楽四重奏団、ベルリン放送交響楽団（指揮：エーリッヒ・ラインスドルフ）、ドイツ・バッハソリステン（指揮：ヘルムート・ヴィンシャー

マン）、スーク（ヴァイオリン）、ウィーン・フィルハーモニー管弦楽団（指揮：マゼール、ベーム）、デムス（ピアノ）

八一年＝リヒテル（ピアノ）、ベルリン・フィル木管ソリストによる室内楽、マウリツィオ・ポリーニ（ピアノ）、スターン（ヴァイオリン）、ミュンヘン・バッハ管弦楽団＆合唱団（指揮：ギュンター・イェーナ）

恩人の死

八〇年一〇月三日、西岡にとってかけがえのない恩人であった有馬大五郎（N響副理事長、国立音楽大学名誉学長）が亡くなった。享年八〇歳。同月二一日に東京・青山葬儀所で行われた合同音楽葬には来日中のウィーン・フィルのメンバーらも参列し、外山雄三の指揮でN響と合同でモーツァルトの「フリーメーソンのための葬送音楽」などを演奏。五四年にN響の指揮者として招かれて以来交流があったカラヤンは「私の日本及び日本人に対する憧憬の念は有馬博士との友情が芽生えた日に始まった」と弔電を送っている（『広報くにたち』八〇年一二月八日）。

「音楽マネジャーになれたのは有馬先生のおかげ」と繰り返し語っていた西岡は、新芸の演奏会の際には、有馬のために必ず最上の席を二席空けていたという。実際、新芸が招聘したリヒテル、ポリーニ、スターンなど一流のアーティストたちは、N響の定期演奏会に必ずといっていいほど登場している。西岡と個人的にも親しかった元N響首席チェロ奏者の小野崎純はしばしばN響と西岡の交渉の場に立ち会っている。「N響に対する西岡さんの交渉は、はったりなどまったくない、きれいなものでした。変な取引もない。最初のうちは西岡さんはN響と関係が近くなってメリットもあったでしょうが、途中からは、単独でリサイタルをやったほうが儲かるようなポリーニなんかを義理堅くN響の定期に入れたりしていました。N響は身内、という感覚でした」。それは、有馬への西岡なりの恩返しだったのではないだろうか。

ライバルの音楽事務所が台頭し、音楽ビジネスをめぐる状況が変わりつつあるなか、強気で推し進めてきた西岡のワンマン経営にも暗雲が垂れこめていた時期である。恩人の死がもたらした喪失感ははかりしれない。

「バッハの伝道師」急逝

八一年五月七~二一日、新芸の招聘でカール・リヒター率いるミュンヘン・バッハ合唱団、同管弦楽団の一二年ぶりの来日が予定されていた。計一三回の演奏会のうち東京の四公演は、「第四回東京音楽芸術祭」の一環で、会場はNHKホール、東京文化会館、昭和女子大・人見記念講堂（二回）といった「大箱」だった。「バッハの伝道師」といわれたリヒターとその手兵の久々の来日は音楽祭の目玉であり、西岡も興行師としての勝算があったに違いない。

実際、六九年の初来日は伝説的な成功を収めている。朝日新聞社、日生劇場の主催で、バッハの「ロ短調ミサ」や「マタイ受難曲」などの演奏会を実施。「日本における真のバッハ演奏元年」と言われるほどの一大ブームを巻き起こした。あの感動をもう一度、と願う音楽ファンも多く、八一年の公演チケットの売れ行きも当初は順調だった。

ところが来日前の二月一五日、突然の悲劇が襲う。リヒターが心臓病のためミュンヘンで急死したのだ。享年五四歳。西岡は後に雑誌のインタビューでこう語っている。

「代わりの指揮者が決まったのが三月末でした。これから切符が一番売れるという時期に、指揮者の急死で宙に浮いた形になったため、払い戻しこそなかったものの、切符の売れ行きがばったり止まりました。しかし契約上、義務があるので公演を実行しましたが、赤字は避けられませんでした」（『日経ビジネス』八二年二月八日号）。

この頃の新芸は、先物取引に熱中する西岡に不信感を持った幹部社員が続々と辞めた後で、残った数人の若手が現場で奮闘していた。児玉真もその一人だった。

「お客さんはリヒター目当てですから普通なら中止です。でも西岡さんは『やる』と言った。会社として動いていなければお金が回らない、無理やりでもやらなければ、という状況でした。それと、西ドイツ政府の助成をリヒター側が受けることになっていて、（中止できない）プレッシャーになっていたかもしれません。チケットは本当に売れず、地方公演の主催者の中には、リヒターが来ないならやらない、と言い出すところもありました」。その場合には興行としてのリスクを新芸が負う方式に切り替え、公演は実施された。

結局、リヒターの代わりに来日したのは、彼の弟子で、ハンブルクを拠点にオルガン奏者や合唱指揮者として活動していたギュンター・イェーナで、バッハの「ヨハネ受難曲」、「ロ短調ミサ」、ヘンデルの「メサイア」などを演奏。「故リヒターの衣鉢を寸分違えずについでいるというのではなく、作品を完全に掌握した上でイェーナ

カール・リヒターの追悼演奏会となった1981年ミュンヘン・バッハ合唱団、同管弦楽団来日公演のプログラム（著者蔵）

自身の〈ヨハネ受難曲〉を創り、聴衆をも十分納得させるだけの成果を収めた」といった好意的な評価も見える（中村洪介評『音楽の友』八一年七月号）。

しかし「バッハ演奏の一つの時代の終焉《しゅうえん》」といわれたリヒターの死による「主役不在」の興行は、すでに体力が弱っていた新芸に大きなダメージを与える結果となった。

スターンとの友情

同じ頃、アメリカの名ヴァイオリニスト、アイザック・スターン（一九二〇〜二〇〇一）も一〇回目の来日を果たし、東京音楽芸術祭をはじめ、各地での演奏会を精力的にこなした。

スターンがNHKの招聘で初来日したのは五三年で、二回目は六一年、東京文化会館の落成記念に行われた「東京世界音楽祭」（主催・文化自由会議ほか）などへの出演だった。六五年から八一年までは新芸の招聘で、ほぼ二、三年に一度来日し、音楽ファンに親しまれた。

六七年の来日時には、帝国劇場で上演中のミュージカル「屋根の上のヴァイオリン弾き」を見て感激し、公演の合い間に主演の森繁久弥を呼び出し「どうして君は私たちユダヤ人の気持ちがわかるのか」と絶賛。「いつでもあなたのためにヴァイオリンを弾く」と申し出た。結局その機会は訪れなかったが、八年後の七五年、同作を再演していた劇場を訪れたスターンは、カーテンコールに登場し、森繁との再会を喜び、涙を流して抱き合った。

スターンをめぐっては、新芸の依頼でマッサージ治療を行った井上良太が興味深い思い出を語ってくれた。

「面白い方でした。『とにかくいい音色が出るようにマッサージしてくれ』という注文でした。僕は、

スターンと西岡の妻旬子（左）、長女の奈美。1978年5月（西岡昌紀提供）

どんな音色がいいか分かりませんが、姿勢良く立って、きちんと楽器を構えて弾けるようにと心がけて調整しました。治療の後、スターンさんは何とその場でヴァイオリンを弾くのです（笑う）。実際に弾いてみて『これならいいや』と納得して。ショーマンシップからそんなことをされたのかもしれませんが、驚きました」。

スターンと西岡は、ビジネスを超えた家族ぐるみのつきあいで、倒産の年も何度か会っていた。西岡の長男昌紀がこう振り返る。

「スターンが父に向かって、あなたはヒューロックを思い起こさせる、と語りかけたのです。でも、違いがある、とも。ヒューロックは何人もの若い人たちに支えられていたけれど、あなたは何でも一人でやりすぎるのではないか、と言うのです。親しい間柄ゆえの忠告でしょう。さすがスターンはちゃんと見ている、と思いました。彼は新芸の経営が危なくなっていることにも気づいていました」。

ソル・ヒューロック（一八八八〜一九七四）はアメリカを代表する興行師（インプレサリオ）で、世界の名だたる音楽家やバレエ団をアメリカに紹介。ニューヨーク・タイムズ紙が「ヒューロックはアメリカの音楽のために、蓄音機の発明にまさる貢献をした」と評したほどの人物であった。才能ある新人を発掘する能力にも秀で、スターンもヒューロックのマネジメントで若い頃から活動していた。広告に「ヒューロック・プレゼンツ」と記されることが当時の音楽家にとって最高のステータスで、その意味では、新芸の一流主義と相通じるところがあった。

スターンが心配してくれていると感じた昌紀は、ホテルの部屋まで送った時、いったん帰りかけたが引き返し、思いきって父親の話を切り出した。

「よく戻って来たね、ぜひお父さんの話を聞かせてくれ、と言ってくれました。『お父さんは何かリスキーなビジネスをやったのか』と聞かれ、知っていることを話すと、『そうか』とうなずいて聞いていました」。

実際「日本のヒューロック」と呼ばれた時期もあった西岡率いる新芸だが、終焉が間近に迫っていた。

ムラヴィンスキー夫妻と西岡。1977年8月13日との日付がある（西岡昌紀提供）

ムラヴィンスキー＆レン・フィル直前のキャンセル

八一年五月、ミュンヘン・バッハ合唱団、同管弦楽団の地方公演に同行していた児玉真は、会社から「東京へ至急戻れ」との連絡を受けた。

出先の名古屋から慌ただしく帰京すると、目前に迫ったムラヴィンスキー、レン・フィルの来日が急きょ中止になったと知らされた。ゴスコンから「ムラヴィンスキーの病気で（日本へ）出せない」と連絡があったという。

「中止ですか」。児玉が西岡に尋ねると、西岡は「中止にはしない」と言い切った。ゴスコンは代わりにモスクワ・フィルハーモニー交響楽団と、ドミトリー・キタエンコ、ユーリ・シモノフの二名の指揮者を派遣する、と言ってきたのだ。

「無茶じゃないか、断りなさいよ、と内心思いました。でも西岡さんとしては、ゴスコンに対しての信用を維持しないと、今後商売ができないと思っていたのでしょう」。

「地方の公演をなくすな」と西岡に厳命され、児玉のほか藤田善彦といった若手社員がすぐさま予定していた地方公演の主催者を回った。契約条件の変更などはあったものの、キャンセルは二会場のみで、東京含め一七公演の見通しが付いた。

この時、西岡がつぶやいた言葉を児玉は忘れられないという。

「西岡さんは『勝った』と言ったのです。何に対して勝ったのか。商売的には〝やばい〟というのは皆わかっていた。推測ですが、新芸が経営的に危ない、という情報がソ連側に伝わっていて、この来日公演で西岡さんが試されたのではないか。その試練に『勝った』という意味ではないでしょうか」。

火の車の経営

しかし、新芸の経営危機のうわさはすでに国内外に広まっており、ミュンヘン・バッハの出演料の先払いを要求されたり、旅行会社を通さず直接手配していたＪＲの切符やホテルの宿泊費も早期の支払いを求められたりし、資金繰りに悪戦苦闘していた。藤田はこう振り返る。

「興行の前払い金を早くもらうようにとか、プレイガイドの精算を事前精算にとか、そういう指示が多くなり、僕のレヴェルでも経営が危ないのでは、と感じるようになりました。ある時、会社が融通手形を出していると知って、銀行員の友人に話すと『そりゃもう、藤田、お前の会社だめだよ』と言われたのが耳に残っています」。

西岡自身は後に雑誌のインタビューで次のように語っている。

「オーケストラが交代したので、前売り券は払い戻しをしなければなりませんでした。また地方都市では出演料を値下げさせられ、極端な所では当初の半値ぐらいに下げました。このためレニングラード・フィルでの損失は二億二〇〇〇万円にもなりました。

私は、そんなにひどい損失にはならないと思ってやってたんですがねえ。モスクワ・フィルに代わっても、一度ケチのついた企画は駄目ですよ」。

児玉の言うように、中止という選択肢はなかったのだろうか。

「今になってみると、対応の仕方がまずかったという風に思えてなりません。なぜなら、中止してしまえば良かったんですから。ミュンヘン・バッハの場合は、指揮者の死亡という不可抗力によるものですから、やめられませんでしたが、キエフのバレエやレニングラード・フィルは中止しようと思えばできたんです。

こんな事態になってから、規模をぐっと切り詰めることになるなら、あの時点で赤字の危険が大きい公演を果断に中止すれば、傷を広げずに済んだはずでした。しかしこれも今反省すればということであって、当時は、何とか障害を克服して、公演を実現したいという考えが先に立っていたんです。まあ私のような者も含めて、こういう仕事に携わっている人間は、いわゆる音楽バカですから、普通の経済人と比べると、欠けるものがあったんでしょうねえ」(『日経ビジネス』八二年二月八日号)。

来日中止の真相

ムラヴィンスキーは実際病気だったのだろうか。あるいは西岡は試されたのだろうか。来日中止の真の理由は、実は別のところにあったようだ。

ソ連文化省の職員としてリヒテルやムラヴィンスキーらに同行して来日し、西岡とも親交の深かったヴラディーミル・ベススドノフ（ロ日協会副会長、企業グループ「ＩＮＡＲＴＥＸ」社長）はこう語る。

「当時のソ連では、国外に出るには共産党の中央委員会の許可が必要で、亡命の恐れがあると当局が判断すれば許可は下りなかったのです。八一年の時は、ムラヴィンスキーのオーケストラのメンバーで約三〇人が出してもらえなかった。ムラヴィンスキーは、それなら私もソ連に残りますと言いました。それで公演自体がキャンセルになり、代わりにモスクワ・フィルが来ました。でも当時、オケのレヴェルはレン・フィルに比べて明らかに低かった。結果的に西岡さん側に損失が出たと思います」。

七〇年大阪万博以来、度々来日し、新芸倒産後も西岡が晩年までマネジメントを引き受けていたシモノフもこんな証言をしてくれた。

「長き友情に感謝――93」とシモノフのサインがある西岡とのツーショット（西岡奈美提供）

「ムラヴィンスキーは全く健康でした。来日公演の半年ほど前、レン・フィルのメンバーの中で、約三〇人がイスラエルへの移住の申請を出しました。亡命ではないのですが、当時はタブーでした。反ソビエト主義だということで、そういうことをしたらアウトです。当局に呼ばれ責任を問われたムラヴィンスキーは、『あなたたちに問題があるからではないか』と反論しました。その頃、党の決定は絶対でしたから、『そんなことを言うならあなたのオケは日本へ行けない』と言われたのです」。

ムラヴィンスキーは後々まで、自らが新芸を危機に追いやったという痛恨の念を抱いていたという。

一本の電話

新芸の公演は倒産直前まで続いた。七月、藤田は中村紘子、海野義雄、堤剛の人気トリオの岐阜市での公演に同行している。公演は前売開始日に切符が売り切れる盛況ぶりだった。

「主催者から直接ギャラを受け取って、マネジメント料を差し引いた出演料をその場で渡したのを覚えています。（経営が）やばいなと感じながらも一方では大丈夫だと思っていました。目先でお金が動き、とりあえず会社は回っていますからね」。

七月三一日、児玉の自宅に会社から電話が来た。「あす、倒産の記事が新聞に載るから」。

2 残映

「敗戦処理」

「クラシック音楽〝呼び屋〟の最大手『新芸術家協会』ピンチ」。毎日新聞の記事（八一年八月一日付夕刊）によれば、八一年七月三一日に約二〇〇万円の不渡り手形を出し、経営危機が表面化。負債は約一五億円。西岡芳和社長は取材に対し「（不渡り手形は）社内の者が詐取したものだ」と答えている。しかし別の報道では、倒産の直接の原因は社長の投機失敗で、四億五〇〇〇万円が流用されたとしている（『東京新聞』八一年八月四日付夕刊）。

新芸は同年秋にディートリッヒ・フィッシャー＝ディースカウ、カラヤンとベルリン・フィルを招聘予定で、前売り券も販売されていた。特に後者はＴＢＳが創立三〇周年記念特別番組で放送することになっており、西岡は影響を最小限に食い止めるべく、六月一日付でＴＢＳに要望書を提出し興行の肩代わりを申し入れていた。最終的にはＴＢＳを中心に電通、音楽事務所の東京コンサーツで構成された実行委員会が公演の主催者となった。

児玉はこう振り返る。

「倒産後はＴＢＳの社員がチケットを管理していた。その後、私はＴＢＳから公演の制作の手伝いを頼まれました。実は西岡さんが『少々うるさいやつだが仕事はできる』と推薦してくれたらしい（笑い）。結局ＴＢＳの一室でずっとこの公演の仕事をしました」。

一方、Ｆ＝ディースカウの公演は、芸能プロダクションのホリプロ（ホリ・グループ）が支援、西岡が理事長代行を務める財団法人日本音楽芸術振興会を中心とした実行委の主催で、回数を減らして実施された。

当初はホリプロが新芸を再建し、クラシックの興行に本格的に乗り出すとの見方もあったが、ホリプロは翌八二年、ＴＢＳとともに「パンコンサーツ」を設立。Ｆ＝ディースカウの公演を手伝った藤田善彦が入社している。同社はＦ＝ディースカウのほか、ルチア・ポップ、アンネ＝ゾフィー・ムターなどを招聘し、九一年ごろまで事業を続けている。

ゲルブとの対決

八一年のベルリン・フィル来日をめぐって面白いエピソードがある。ちょうど同時期、小澤征爾率いるボストン交響楽団も来日しており、二つのオケの公演はともに創立一〇〇周年記念ツアーの一環であった。

この機会を狙って「夢の共演」を持ちかけたのが、現在、ニューヨークのメトロポリタン歌劇場総裁を務めるピーター・ゲルブである。当時ボストン響のアシスタント・マネジャーであったゲルブが、新芸倒産前、西岡に小澤とベルリン・フィルの共演を打診。小澤とボストン響を招聘していた梶本音楽事務所の藪田益資が「会談」に立ち会った。

「西岡さんの考えはわかっているので、ピーターに『会っても意味がないよ』と言ったのですが、『俺は何でもできる』と自信満々で、結局ホテルオークラで引き合わせました。西岡さんは終始高飛車に、怒鳴るような調子で話し、予想通り決裂しました。ピーターは相当プライドが傷ついたと思います」。

ゲルブといえば、七四〜七五年ごろに新芸がホロヴィッツ招聘に動いていた時期に、ホロヴィッツ側の関係者だった。西岡の「けんもほろろ」の対応は、ホロヴィッツ招聘が実現しなかったことへの意趣返しだったのか、あるいは経営破綻目前で、西岡にそうしたハンドリングが不能となっていたためだったのか、今となってはわからない。

負のスパイラル

倒産の引き金は、すでに記したようにムラヴィンスキーとレン・フィルの来日中止と、西岡個人の商品相場投機失敗とされているが、それ以外に、西岡は筆者に「自分の知らないところで多額の手形が振り出されていた。八一年五月に経理の責任者が辞め、(手形の控えにあたる)耳が残っておらず、結局調べが付かなかった」と語っている。乱発された手形は五〇数枚、総額は一億数千万円にものぼっていたという(『日経ビジネス』八二年二月八日号)。

これが事実であったとしても、経営者としての西岡の管理責任は免れられない。一強の地位に甘んじることなく、社員の助言に耳を貸し、社会の変化を冷静に見極めていれば、違った結果になったかもしれない。

だが一方で、不安定な世界情勢に翻弄されたのも事実だ。為替差損、モスクワ五輪ボイコット、亡命問題、演奏者の急死など、不可抗力的なトラブルが相次ぎ、当初は手元の余剰金を少しでも増やしておこうという程度の軽い気持で手を出したのかもしれない投機にのめり込み、「負のスパイラル」から脱出不能となったように見える。

アーティストたちとの友情

西岡が貫いた「アーティスト第一主義」に対する返礼は思わぬ形で示された。リヒテルは八四年の来日時、西岡のために無報酬で公演したいと申し出ている。

通訳として同席した毎日新聞の元モスクワ特派員、佐野真によれば「契約上の法的問題もからんで見送りとなったが、早期の再訪日と、より大きな計画の実現をN氏（西岡）に約束した」（『毎日新聞』八四年三月五日付夕刊）。新芸の行く末を案じていたアイザック・スターンも、西岡には世話になったからと、数千万円の債権を放棄したという。

ゆかりの音楽家たちの多くが去ってからも、西岡は細々とマネジャー業を続けていた。指揮者のユーリ・シモノフは、二〇〇二年まで西岡の仲介でN響にたびたび客演している。「私はムラヴィンスキーの弟子。彼と西岡さんのよい関係を私が遺産としてもらったような気持ちです」と懐かしむ。

七八年チャイコフスキー国際コンクール第二位で、パリ国立高等音楽院教授などを歴任したピアニスト、パスカル・ドゥヴァイヨンも、西岡が晩年まで手がけたアーティストだ。八四年に初来日し、現在は日本を拠点に演奏や教育活動を続ける。

「西岡さんは英語があまり上手ではなかったが、いつもすし屋で日本酒を飲みながら、不思議とコミュニケーションが取れていた」と笑う。

さらにこう付け加えた。「西岡さんは日本との橋渡しをしてくれたはじめての人であり唯一の人です」。

「私を息子のように扱ってくれた」と語るドゥヴァイヨン（著者撮影）

二〇〇六年のN響との共演が西岡との最後の仕事となった。西岡にとってもこれが最後のマネジメントであった。

おわりに——新芸とは何だったか

ビジネスモデルを確立

音楽マネジャーはソムリエに似ている。自らが吟味した演奏家を招聘し、演奏会という形で聴衆に供する。新芸の場合は極上で値も張ったが、日本が好景気に沸いていた時代は、聴衆もその「特別感」、いわばハレの感覚に酔っていた。

新芸の時代はまた、大企業のコマーシャリズムや、海外の巨大エージェントが本格介入してくる以前の、コンサートが純粋に音楽を聴く場として機能していた時代であった。当時の演奏会の客席は、客同士の不思議な一体感が感じられた。

ところが新芸の末期には、その状況に変化が起きていた。オイルショックの影響もあって、音楽ファンの財布の紐は固くなり、入場料に対してシビアになっていた。一方で、後発の音楽事務所は「新芸に追いつけ追い越せ」を合い言葉に、新たなルートを開拓して海外から有望なアーティストを招聘、手頃な料金でチケットを売るようになる。それでも「良いものは高い、高くても売れる」の信念を貫き、高額な料金設定を変えない新芸に、音楽ファンは次第に背を向けていった様子がうかがえる。

時代の変化を、西岡ほどの人物が見逃していたのだろうか。たぶん見逃してはいないし、彼なりの対

取材に応じる西岡。2008年1月（著者撮影）

応策を考えていたのではないか。その一例が財団設立であり東京音楽芸術祭開催であろう（世間のニーズに合致していたどうかは別だが）。足下をすくわれた投機にしても、世の中の変化に耐えうるような財政基盤を作ろうという思いがあったのかもしれない。

しかし時代の波は過酷である。業界トップの会社をいともたやすく運び去った。

確かに会社は消滅したが、新芸の残したものは決して小さくない。

第一に、音楽マネジャーという職業のビジネスモデルを確立したこと。西岡は雑誌のインタビューで、マネジャーの仕事について「演奏家のセクレタリーとか、興行師的な性格が強調されがちだ」と苦言を呈し、次のように述べている。

「時には積極的に、時には慎重に、客観的にみつめ（演奏家に）アドバイスし、さらにそれを実現すべく緻密な計画を立てることが任務だと思います。たんに目先の利害にとらわれず、永い眼でみて良い仕事をしてもらいたい、そのためにはどうしたらよいか、という考え方が基本にあるわけです」（矢島繁良「楽壇の『縁の下の力持ち』 マネージャー〈西岡禧一氏〉」『音楽芸術』六五年二月号）

それを裏付けるような証言が、今回の取材で新芸のアーティストたちから得られたのは、大きな収穫であった。

ひるがえって、今の音楽マネジャーの仕事はどうか。「経費の精算をする人」というため息混じりの声がアーティストから聞こえてくるのもしばしばだ。実際、もっとマネジメントがしっかりしていれば世界に羽ばたけるのでは、と感じる演奏家も少なくない。西岡が理想としたマネジャー像は時代遅れどころか、実は今も求められている姿ではないか。

日本人の耳を作った

そして、新芸は日本人の耳を作った、というのは言い過ぎだろうか。例えばウィーン・フィルを始めとするウィーンの音楽家たちに格別の思いを持つ日本の音楽ファンは少なくないが、それは西岡が有馬大五郎と出会ってウィーンへ「修業に」行き、六〇年以降、ウィーンから次々と演奏家を呼んだ、そのことがベースになってはいないだろうか。

また、新芸招聘のアーティストの多くはＮ響と共演し、ＮＨＫの電波にのる機会が多かった。そうした点でも音楽界、音楽ファンへの影響力が大きかったと言えよう。

道なき場所に道を切り開き、国際的な市場として日本のステータスを高めた功績は正統に評価されるべきだろう。

新芸がマネジメントしたアーティストたちは、ライバル会社の争奪戦の後に落ち着くべきところに落ち着き、新芸が欠けた「穴」は何事もなかったように埋められた。「私はワンマンで、人（社員）を育てなかった」と、取材の際に反省交じりに西岡は語っていたが、元社員たちは新芸で培ったノウハウを頼みに、音楽の世界でそれぞれの道を歩んでいる。

「日本アーティスト」を率い、スタニスラフ・ブーニンやスターン、ルドルフ・ヌレエフなどを招聘した寺田友輔。ＩＶＳ音楽出版でショパン国際コンクール関連の企画に携わった吉田亮一。古楽専門で独特の存在感を示す「アレグロ・ミュージック」の小川和彦。倒産時に社員であった児玉真はカザルスホールプロデューサーなどを経て地域創造プロデューサーとして地方の音楽振興に尽力。IMGディレクターとして長年イツァーク・パールマンを担当した藤田善彦。大阪労音から西岡がスカウトした中筋栄一は「神戸コンサート協会」を設立し、関西の演奏家の支援に力を注いだ。新芸で会員向けの冊子『音楽ジャーナル』の編集を手がけた笠原孝夫は、玉村穆《きよし》（現日本アーティストプロデューサー）とともに「ソティエ音楽工房」を設立し、古楽と現代音楽のマニアックな企画が注目を集めた。「アーツ・プラン」で安永徹、柳川守などの演奏会のマネジメントを行う永松俊樹も手堅い仕事を続けている。

また、音楽祭開催のために西岡が中心となって設立した財団法人「日本音楽芸術振興会」は、同財団理事で西岡と親交のあった大賀典雄が引き継ぎ、公益財団法人ソニー音楽財団として、文化支援活動を行っている。

感動は消えない

一三年五月三日、西岡は九〇歳で死去。歴史に残る演奏家の来日を次々と実現させ、日本人の演奏家の海外進出を後押ししたカリスマ音楽マネジャーは静かに世を去った。

「新芸が呼んだ一流の演奏家に僕も刺激されたし、日本のプレーヤーたちも刺激されたはず。西岡さんや新芸の名前が忘れ去られても、感動は心の中にいつまでも残るものです」（指揮者の堀俊輔）。

昭和という時代の子であった新芸が、半世紀も前にまいた「感動」の種子は、様々な場所で花開き、実を結び、今も生き続けている。

参考文献（発行年順）

『北海道年鑑』北海道新聞社、一九四七〜六五年
『音楽年鑑』音楽之友社、一九五〇〜八二年度
大島正健『クラーク先生とその弟子たち』宝文館、一九五八年
青江徹『興行師』知性社、一九五八年
『開校七〇周年　一九六一　記念誌』三笠市立幾春別小学校開校七〇周年記念協賛会、一九六一年
藤原義江『オペラうらおもて　藤原オペラの二十五年』カワイ楽譜、一九六二年
朝尾直弘『大阪労音一〇年史　勤労者芸術運動の一つの歩み』大阪勤労者音楽協議会、一九六二年
思想運動研究所『恐るべき労音　五〇万仮装集団の内幕』全貌社、一九六七年
『開校八〇周年記念誌』三笠市立幾春別小学校、一九七一年
『北海道大学交響楽団五〇年史』北海道大学交響楽団、一九七一年
『日本万国博覧会公式記録　第2巻』日本万国博覧会記念協会、一九七二年
掛下慶吉『昭和楽壇の黎明　楽壇生活四〇年の回想』音楽之友社、一九七三年
竹内勉『民謡に生きる　町田佳聲八十八年の足跡』ほるぷレコード、一九七四年
井口基成『「わがピアノ、わが人生」音楽回想《メモワール》』芸術現代社、一九七七年
『ＮＨＫ交響楽団五〇年史　一九二六－一九七七』日本放送出版協会、一九七七年
小牧正英『バレエと私の戦後史』毎日新聞社、一九七七年

『北海道大学　理学部同窓会誌　第二〇巻　昭和五三年度』北海道大学理学部同窓会、一九七八年
村松道彌『おんぶまんだら』芸術現代社、一九七九年
『北大理学部五〇年史』北海道大学理学部、一九八〇年
『北大百年史　部局史』北海道大学、一九八〇年
杵淵直知『ピアノ知識アラカルト』ムジカノーヴァ、一九八一年
関鑑子追想集編集委員会編『大きな紅ばら　関鑑子追想集』音楽センター、一九八一年
林隠『北朝鮮王朝成立秘史—金日成正伝—』自由社、一九八二年
『北大百年史　通説』北海道大学、一九八二年
和田義雄『札幌喫茶界昭和史』沖積舎、一九八二年
『二期会史〈一九五二～一九八一〉』二期会オペラ振興会、一九八二年
真鍋圭子『カール・ベーム　心より心へ』共同通信社、一九八二年
『立正佼成会史　第一巻』佼成出版社、一九八三年
岩井正和『松下=電子楽器事業部　ガリバー支配市場への果敢な挑戦』ダイヤモンド社、一九八四年
ローベルト・C・バッハマン『カラヤン　栄光の裏側に』横田みどり訳、音楽之友社、一九八五年
『斎藤秀雄・音楽と生涯　心で歌え、心で歌え!!』民主音楽協会、一九八五年
松前重義『私の民間外交二十年　日本対外文化協会二〇年の記録』日本対外文化協会、一九八六年
『京都市交響楽団三〇年史』京都市交響楽団、一九八六年
東京芸術大学百年史編集委員会編『東京芸術大学百年史　東京音楽学校篇　第一巻』音楽之友社、一九八七年
山田秀三監修、佐々木利和編『アイヌ語地名資料集成』草風館、一九八八年
フランツ・エンドラー記『カラヤン　自伝を語る』吉田仙太郎訳、白水社、一九八九年
岩城宏之『回転扉のむこう側』集英社、一九九〇年
長谷恭男『斜めから見たマエストロたち』同成社、一九九〇年

『室蘭音楽協会創立五〇周年記念誌』室蘭音楽協会事務局、一九九二年
山田一雄『一音百態』音楽之友社、一九九二年
『日生劇場の三十年』『同―全記録―』ニッセイ文化振興財団、一九九四年
山川三太『「白鳥の湖」伝説　小牧正英とバレエの時代』無明舎出版、一九九五年
週刊朝日編『戦後値段史年表』朝日新聞出版、一九九五年
前川公美夫『北海道音楽史』大空社、一九九五年
『都民劇場五〇年史』別冊『都民劇場定期公演記録　一九四六年七月～一九八六年三月』都民劇場、一九九六年
細野達也『ブラボ！　あの頃のN響　国際舞台に躍り出た昭和三十年代』三省堂教育開発、一九九六年
井上頼豊著、外山雄三・林光編『聞き書き　井上頼豊　音楽・時代・ひと』音楽之友社、一九九六年
谷畑良三『クレムリンの赤い星をみつめて』恵雅堂出版、一九九六年
洋楽放送七〇年史プロジェクト『洋楽放送七〇年史　一九二五―一九九五』ミュージアム図書、一九九七年
惠谷治『金正日非公認情報　反乱する北朝鮮』徳間書店、一九九八年
イヴェット・ジロー『幕が下りる前に…』桐島敬子訳、日本経済新聞社、一九九九年
岩城宏之『チンドン屋の大将になりたかった男　N響事務長　有馬大五郎』日本放送出版協会、二〇〇〇年
ブリューノ・モンサンジョン『リヒテル』中地義和・鈴木圭介訳、筑摩書房、二〇〇〇年
ダンスマガジン編『日本バレエ史　スターが語る私の歩んだ道』新書館、二〇〇一年
村上輝久『いい音ってなんだろう　あるピアノ調律師、出会いと体験の人生』ショパン、二〇〇一年
増井敬二著、昭和音楽大学オペラ研究所編『日本オペラ史　～一九五二』水曜社、二〇〇三年
川上貴光『アリアは響いて　大谷洌子――オペラひとすじの道』グローバルヴィジョン、二〇〇三年
『東京労音演奏会記録集　一九五三～一九九四年の例会プログラム』東京労音、二〇〇三年
西岡昌紀『ムラヴィンスキー　楽屋の素顔』リベルタ出版、二〇〇三年
河島みどり『リヒテルと私』草思社、二〇〇三年

芸術研究振興財団、東京芸術大学百年史編集委員会編『東京芸術大学百年史　音楽学部篇』音楽之友社、二〇〇四年
『東京労音運動史　一九五三～二〇〇〇年の歴史』東京労音、二〇〇四年
草刈津三『私のオーケストラ史　回想と証言』デュオ ジャパン（音楽之友社制作）二〇〇四年
大島幹雄『虚業成れり　「呼び屋」神彰の生涯』岩波書店、二〇〇四年
東条碩夫、近藤憲一、辻本廉、斉藤啓介『伝説のクラシック・ライヴ　収録現場からみた二〇世紀の名演奏家』TOKYO　FM出版、二〇〇五年
河島みどり『ムラヴィンスキーと私』草思社、二〇〇五年
佐野之彦『N響八〇年全記録』文藝春秋、二〇〇七年
日本戦後音楽史研究会『日本戦後音楽史　上　戦後から前衛の時代へ』平凡社、二〇〇七年
『カラヤン生誕一〇〇周年記念BOX』解説書、NHKエンタープライズ、二〇〇八年
田村宏著、萩谷由喜子執筆協力『ある長老ピアニストのひとりごと』ショパン、二〇〇九年
眞鍋圭子『素顔のカラヤン　二十年後の再会』幻冬舎、二〇〇九年
土方与平『或る演劇製作者の手記』本の泉社、二〇一〇年
野中裕『カール・リヒター論』春秋社、二〇一〇年
アイザック・スターン／ハイム・ポトク『アイザック・スターン　すばらしきかな、わがヴァイオリン人生』清流出版、二〇一一年
関根礼子著、昭和音楽大学オペラ研究所編『日本オペラ史　一九五三～』水曜社、二〇一一年
中川右介『二〇世紀の一〇大ピアニスト　ラフマニノフ／コルトー／シュナーベル／バックハウス／ルービンシュタイン／アラウ／ホロヴィッツ／ショスタコーヴィチ／リヒテル／グールド』幻冬舎、二〇一一年
小野光子『回想　音楽の街　私のモスクワ』朔北社、二〇一一年
幸松肇『世界の弦楽四重奏団とそのレコード　第二巻　ドイツ・オーストリア編』（改定新版）クヮルテット・ハウス・ジャパン、二〇一一年

幸松肇『世界の弦楽四重奏団とそのレコード　第三巻　東欧諸国編』クヮルテット・ハウス・ジャパン、二〇一二年
長﨑励朗『「つながり」の戦後文化誌　労音、そして宝塚、万博』河出書房新社、二〇一三年
幸松肇『世界の弦楽四重奏団とそのレコード　第六巻　日本編』クヮルテット・ハウス・ジャパン、二〇一三年
幸松肇『ウィーンの弦楽四重奏団二〇〇年史～弦楽四重奏の魅力にとりつかれた演奏家たち』クヮルテット・ハウス・ジャパン、二〇一四年
山野博大編著『踊る人にきく　日本の洋舞を築いた人たち』三元社、二〇一四年
戦後外交記録　外交史料館所蔵
一九七〇年大阪万博資料　大阪府所蔵
昭和音楽大学バレエ情報総合データベース

『同時代人の思い出の中のホー・ウン・ペ〔ホー・ジン〕』モスクワ、学術図書出版、一九九八年
『(ロシア) 朝鮮人科学技術協会』サイト
『独立国家共同体朝鮮人情報』ポータルサイト
Государственный архив Российской Федерации (ГАРФ)〔ロシア国立文書館〕, Ф. 9518: Комитет по культурным связям с зарубежными странами при совете министров СССР.〔ソ連閣僚会議付属対外文化交流委員会〕.
Российский государственный архив литературы и искусства (РГАЛИ).〔ロシア国立文学芸術文書館〕, ф. 2329: Министерство культуры СССР〔ソ連文化省〕; ф. 3162: : Государственное концертное объединение СССР (Госконцерт СССР)〔ソ連国立コンサート公団（ゴスコンツェルト）〕

＊この他、文中に記した定期刊行物及び関係公演プログラムなどを参照した

新芸が招聘または演奏会をマネジメントした外国人演奏家（1959〜1981）

来日年	月	アーティスト名	伴奏者、共演者	備考	新芸・西岡動向など
1959（昭和34）	1〜2月	ラディスラフ・ヤーセック（vl）	ヨゼフ・ハーラ（p）		59年か60年ごろに西岡がウィーンで「修業」
	5〜7月	ヨゼフ・スーク（vl）	アルフレッド・ホレチェク（p）		
	10〜11月	イゴール・オジム（vl）	イルゼ・フォン・アルペンハイム、田村宏（p）		
	11月	ミハイル・ワイマン（vl）	マリア・カランダショーワ（p）	東京労音主催、新芸協賛	
1960（昭和35）	10月	タマーラ・サローキナ（Sp）	ナウム・ワルテル	東京労音主催、新芸協賛	
	10〜11月	ウィーン・コンツェルトハウス弦楽四重奏団（アントン・カンパー、ワルター・ヴェラー、エーリッヒ・ヴァイス、ルードヴィッヒ・バインル）			
	11〜1月	パウル・バドゥラ＝スコダ（p）			
1961（昭和36）	3〜4月	アダム・ハラシェヴィチ（p）			
	4〜6月	イェルク・デムス（p）			
	4月〜約9ヶ月滞在	アントニン・モラヴェッツ（vl）	ヨゼフ・ハーラ（p）		
	4月	ゲルティ・ヘルツォーク（p）			
	5月	アルトゥール・エイゼン（Br）	キリル・ヴィノグラドフ（P）	東京労音・新芸主催	
	9〜11月	スーク・トリオ（ヨゼフ・スーク、ヨゼフ・フッフロ、ヤン・パネンカ）			
	11月	デーネシュ・コヴァーチ（vl）	ミハイ・ベッヒャー（p）		

1962(昭和37)	2月	ハンス・ホッター(B・Br)	ワルター・クリーン(p)		
	4月〜約3ヶ月滞在	ゼノン・プロシャイ(vl)	カシミール・モルスキー(p)		
	4月〜約2ヶ月滞在	ルティルデ・ベッシュ(Sp)			
	5〜6月	ウィーン・コンツェルトハウス弦楽四重奏団(アントン・カンパー、ワルター・ヴェラー、フリッツ・ヘンチュケ、ルートヴィッヒ・バインル)、フリードリッヒ・フックス(cl)			
	9月〜63年3月	ラディスラフ・ヤーセック(vl)	ヨゼフ・ハーラ(p)	国立音大で教鞭	
	9月〜63年3月	ヨゼフ・ハーラ(p)			
	9〜10月	ボリス・グトニコフ(vl)	リーディア・ペチョルスカヤ(p)		
	10〜11月	ソチエタ・コレルリ合奏団			
	11〜12月	ハンガリー弦楽四重奏団(ゾルタン・セーケイ、ミヒャエル・カットナー、デーネシュ・コロムサイ、ガブリエル・マジャール)			
1963(昭和38)	1〜2月	リリー・クラウス(p)			4月9日、オーストリアのリンツ近くで岩城宏之運転の車に同乗し交通事故。幸い軽傷
	2月	ポーランド国立放送交響楽団 指揮・ヤン・クレンツ、イェージ・カトレヴィチ	バーバラ・ヘッセ=ブコウスカ(p)		
	3月	ドイツ・バッハソリステン(指揮・ヘルムート・ヴィンシャーマン)			

来日年	月	アーティスト名	伴奏者、共演者	備考	新芸・西岡動向など
1963（昭和38）	6月	ジュリアス・ベーカー(fl)	本荘玲子(p)、青木十良(vc)	日本フルートクラブ、村松フルート製作所主催	
	6～7月	ハンス・リヒター=ハーザー(p)			
	9～10月	オリジナル・ブダペスト・ジプシー・オーケストラ			
	9～10月	ウィーンフィルハーモニー弦楽四重奏団(ウィリー・ボスコフスキー、オットー・シュトラッサー、ルドルフ・シュトレンク、ロベルト・シャイヴァイン)			
	10月	ディートリッヒ・フィッシャー=ディースカウ(Br)	イェルク・デムス(p)	日生劇場招聘(ベルリン・ドイツ・オペラ)	
	10～12月	イェルク・デムス(p)			
	11～12月	パウル・バドゥラ=スコダ(p)			
1964（昭和39）	1月	ルネッサンス合奏団		ドイツ・ゲーテ・インスティテュート派遣	
	1～2月	ディミトリー・バシキーロフ(p)			
	3月	ハンス・ホッター(B・Br)	クルト・ラップ(p)		
	3月	ドゥロルク弦楽四重奏団(エドアルト・ドゥロルク、ワルター・ペシュケ、ステファノ・パッサジオ、ゲオルグ・ドンデレル)			
	3～4月	ミシェル・シュヴァルベ(vl)	小林仁(p)		
	5～6月	ワルシャワ・ピアノ五重奏団(ブロニスラフ・ギンペル、タデウシ・ヴロンスキ、ステファン・カマサ、アレキサンデル・チェハンスキ、ヴラジスラフ・シピルマン)			神彰の「アート・フレンド・アソシエーション」が倒産(6月)

	5〜7月	ウィーン・アカデミー合唱団、指揮・クサヴァ・マイエル			
	9月	ボリス・グトニコフ(vl)	リーディア・ペチョルスカヤ(p)		
	9月	ジョージ・ロンドン(B・Br)	レオ・タウプマン(p)		
	10〜11月	ヴェニス合奏団(イ・ソリスティ・ヴェネティ)、指揮・クラウディオ・シモーネ			
	12月	リリー・クラウス(p)			
1965(昭和40)	1月	ハンガリー弦楽四重奏団(ゾルタン・セイケイ、ミーハイ・クットネル、デーネシュ・コロムサイ、ガボール・マジャール)			
	2月	ムスティスラフ・ロストロポーヴィチ(vc)	アレクサンドル・デデューヒン(p)		
	5〜6月	ウィルヘルム・ケンプ(p)			
	6月	エットーレ・バスティアニーニ(Br)	三浦洋一(p)		
	9〜10月	ヴェーグ弦楽四重奏団(シャンドール・ヴェーグ、シャンドール・ゼルディ、ギオルギ・ヤンツェル、パウル・サーボー)			
	10〜11月	ドイツ・バッハソリステン(指揮・ヘルムート・ヴィンシャーマン)			
	11月	フリードリッヒ・ヴューラー(p)			
	11〜12月	アイザック・スターン(vl)	アレキサンダー・ザーキン(p)		
1966(昭和41)	1〜2月	ピエール・フルニエ(vc)	フランツ・ホレチェク(p)		オーストリア政府から文化功労金章

来日年	月	アーティスト名	伴奏者、共演者	備考	新芸・西岡動向など
1966（昭和41）	3月	ボロディン弦楽四重奏団（ロスチスラフ・ドゥビンスキー、ヤロスラフ・アレクサンドロフ、ドミトリ・シェバーリン、ワレンティン・ベルリンスキー）			契約不履行でシュヴァルツコップを訴える（3月）。本来は65年来日予定だった
	5～6月	ヨゼフ・スーク（vl）	小林仁（p）		
	6月	アベイ・サイモン（p）			
	6月	モスクワ室内オーケストラ　指揮・ルドルフ・バルシャイ			
	9月	ジュリアード弦楽四重奏団（ロバート・マン、アール・カーリス、ラファエル・ヒリヤー、クラウス・アダム）			
	10月	ワルシャワ・フィルハーモニー交響楽団、指揮・ヴィトルド・ロヴィツキ、スタニスラウ・ヴィスロツキー	ワンダ・ヴィルコミルスカ（vl）、中村紘子（p）		
	11月	ディートリッヒ・フィッシャー＝ディースカウ（Br）	イェルク・デムス（p）	日生劇場招聘（ベルリン・ドイツ・オペラ）	
	11～12月	イェルク・デムス（p）			
	11～12月	パウル・バドゥラ＝スコダ（p）			
1967（昭和42）	1～2月	ハンス・ホッター（B・Br）	クルト・ラップ（p）		
	2～3月	フリードリッヒ・グルダ（p）			
	3～4月	ダヴィッド・オイストラフ（vl）	フリーダ・バウエル（p）	12年ぶりの来日	
	4月	イーゴリ・オイストラフ（vl）	ナターリヤ・ゼルツァローワ（p）		
	4月	モスクワ・フィルハーモニー交響楽団、指揮・キリル・コンドラシン、ダヴィッド・オイストラフ	ダヴィッド・オイストラフ（vl）、イーゴリ・オイストラフ（vl）		

	6月	リリー・クラウス(p)			
	6月	ヴェニス合奏団(イ・ソリスティ・ヴェネティ)、指揮・クラウディオ・シモーネ			
	7～8月	キーロフ・バレエ			
	9～10月	ゲザ・アンダ(p)			
	10～11月	アイザック・スターン(vl)	アレキサンダー・ザーキン(p)		
	11月	ヴィルヘルム・ケンプ(p)			
	11～12月	ジェラール・スゼー(Br)	ダルトン・ボールドウィン(p)		
	11～12月	ウィーン・アカデミー合唱団、指揮・クサヴァ・マイエル			
	12月	ヤコフ・フリエール(p)		全国労音招聘	12月、シュヴァルツコップと和解
1968(昭和43)	2月	アダム・ハラシェヴィチ(p)			
	2月	アルフォンス・コンタルスキー、アロイス・コンタルスキー(p)			
	3月	ブルーノ・ホフマン(グラスハープ)			
	3月	ウィーン・フィルハーモニー弦楽四重奏団(ヨゼフ・シヴォー、オットー・シュトラッサー、ルドルフ・シュトレンク、リヒャルト・ハランド)			
	4～5月	エリーザベト・シュヴァルツコップ(Sp)	ジェフリー・パーソンズ(p)		
	4～5月	ジュリアン・ブリーム(g)			
	5～6月	グリゴリー・ソコロフ(p)			
	5～6月	レオニード・コーガン(vl)	ナウム・ワルテル(P)		
	6月	ソビエト国立交響楽団、指揮・エフゲニー・スヴェトラーノフ、マキシム・ショスタコーヴィチ	レオニード・コーガン(vl)、グリゴリー・ソコロフ(p)、ヴィクトル・トレチャコフ(vl)		

来日年	月	アーティスト名	伴奏者、共演者	備考	新芸・西岡動向など
1968（昭和43）	6月	ヴィクトル・トレチャコフ(vl)	ミハイル・エローヒン(p)		
	9月	リアナ・イサカーゼ(vl)	タイシャ・シュピーレル(p)		
	10月	クラウディオ・アラウ(p)			
	10～11月	ベルリン聖ヘドヴィヒ大聖堂合唱団、ボン・ベートーベンホール交響楽団、指揮・アントン・リッペ、フォルカー・ヴァンゲンハイム	アグネス・ギーベル(Sp)、ヘルタ・テッパー(A)、ヨーン・ヴァン・ケステレン(T)、大橋国一(B・Br)	提供＝武蔵野音楽大学・新芸	
	11月	ヴラド・ペルルミュテール(p)			
	11月	ボロディン弦楽四重奏団(ロスチスラフ・ドゥビンスキー、ヤロスラフ・アレクサンドロフ、ドミトリ・シェバーリン、ワレンティン・ベルリンスキー)			
	11～12月	ピエール・フルニエ(vc)	ジャン・フォンダ(p)		
1969（昭和44）	1～2月	ハンス・リヒター＝ハーザー(p)			
	3～4月	ハンス・ホッター(B・Br)	ハンス・ドコウピル(p)		
	4～5月	フリードリッヒ・グルダ(p)			
	5～6月	イーゴリ・オイストラフ(vl)	フセヴォロード・ペトルシャンスキー(p)		
	6月	ヴァン・クライバーン(p)			
	7～8月	キーロフ・バレエ			
	9～10月	ソビエト国立ウクライナ・バンドゥラ合唱団、指揮・グリゴリー・ノビコフ	ベラ・ルデンコ(Sp)		
	9月	ベラ・ルデンコ(Sp)	ロザリア・トロフマン(p)		
	10～11月	マリオ・デル・モナコ(T)	マンリコ・デ・トゥラ(cond)		
	11～12月	パウル・バドゥラ＝スコダ(p)			

	11～12月	ダヴィッド・オイストラフ(vl)	フリーダ・バウエル(p)	
1970（昭和45）	1～2月	エリーザベト・シュヴァルツコップ(Sp)	ジェフリー・パーソンズ(p)	
	1～2月	ドイツ・バッハソリステン、指揮・ヘルムート・ヴィンシャーマン		
	3～4月	ウィルヘルム・ケンプ(p)		招聘=武蔵野音大・新芸
	4月	ソビエト音楽家シリーズ第1組 ヴィクトル・エレシコ(p)、オレグ・クルイサ(vl)、コンスタンチン・オグニェヴォイ(T)、マイヤ・ヴォロディナ(バレエ)、パーヴェル・ネチポレンコ(バラライカ)、オリガ・ヴォロネツ(民謡)	マリアンナ・ハザノワ(p)、ラファイル・ボブコフ(バヤン)	第1～4組とも大阪万博に出演後新芸がコンサートをマネジメント
	4月	ディートリッヒ・フィッシャー=ディースカウ(Br)	ギュンター・ヴァイセンボルン(p)	提供＝日生劇場・新芸
	4月	ワルシャワ・フィルハーモニー交響楽団、指揮・ヴィトルド・ロヴィツキ	コンスタンティ・クルカ(vl)、中村紘子(p)	
	5月	ソビエト音楽家シリーズ第2組 セルゲイ・ドレンスキー(p)、ヴィルギリウス・ノレイカ(T)、アルカジー・オストロメツキー(ツィンバリ)、ウラジーミル・オトジェリョーノフ(Br)、ワレンチナ・レフコ(Ms)	マルガリータ・ステパコワ(p)	
	5～6月	ソビエト音楽家シリーズ第3組 プロコフィエフ弦楽四重奏団(ポリーナ・グベルマン、リュドミラ・グラノワ、ガリーナ・オディネツ、キーラ・ツヴェトコワ)、ヴィクトリヤ・イワノワ(Sp)、ニーナ・イサコワ(Ms)	マルガリータ・ステパコワ(p)	

来日年	月	アーティスト名	伴奏者、共演者	備考	新芸・西岡動向など
1970（昭和45）	6～7月	ソビエト音楽家シリーズ第4組 イリーナ・ボチコワ(vl)、ミハイル・ホミツェル(vc)、イリーナ・ボガチョワ(Ms)、エリーソ・ヴィルサラーゼ(p)、ナターリヤ・シャメーエワ(hp)、ガリーナ・コワリョワ(Sp)	ナウム・ワルテル(p)		
	7月	レニングラード・フィルハーモニー管弦楽団　指揮・アルヴィド・ヤンソンス、アレクサンドル・ドミトリエフ	ボリス・グトニコフ(vl)	当初予定のムラヴィンスキー来日せず	
	8～9月	ボリショイ・オペラ、指揮・ユーリ・シモノフ、ゲンナジ・ロジェストヴェンスキー、ムスティスラフ・ロストロポーヴィチ、マルク・エルムレル			
	9月	ボリショイ・バレエ			
	9～10月	スヴャトスラフ・リヒテル(p)	ルドルフ・バルシャイ(cond)		
	10月	ノラ・グルムリコワ(vl)	ヤロスラフ・コラールズ(p)		
	10～11月	イェルク・デムス(p)			
	11月	グリゴリー・ソロコフ(p)			
	11～12月	ストラディヴァリウス・トリオ(ハリー・ゴールデンベルク、ヘルマン・フリードリッヒ、ジャン・ポール・ジェノー)	ヴェルナー・ギガー(p)		
1971（昭和46）	2～3月	ニキタ・マガロフ(p)			
	3月	ベラ・ルデンコ(Sp)	ロザリヤ・トロフマン(p)		
	4月	ヨゼフ・スーク(vl)	アルフレッド・ホレチェク(P)		
	4～5月	ユーディ・メニューイン(vl)	ルイス・ケントナー(p)	20年ぶりの来日	

	4〜5月	リリー・クラウス(p)	
	5〜6月	キーロフ・バレエ	
	6〜7月	ウィーン・フィルハーモニー室内合奏団(ゲルハルト・ヘッツェル、ウィルヘルム・ヒューブナー、ルドルフ・シュトレンク、アダルベルト・スコチッチ、ウェルナー・トリップ、アルフレッド・プリンツ)	
	9〜10月	アイザック・スターン(vl)、ユージン・イストミン(p)、レナード・ローズ(vc)	アレクサンダー・ザーキン(p)
	10〜11月	フランコ・コレルリ(T)	アルベルト・ベントゥーラ(p, cond)
	10〜11月	ムスティスラフ・ロストロポーヴィチ(vc)、ガリーナ・ヴィシネフスカヤ(Sp)	アレクサンドル・デデューヒン(p)
	11〜12月	ワレリー・クリモフ(vl)	レオニード・ブローク(p)
1972（昭和47）	1月	ジョン・ブラウニング(p)	
	1〜2月	エリーザベト・シュヴァルツコップ(Sp)	ジェフリー・パーソンズ(p)
	2〜3月	ピエール・フルニエ(vc)	小林仁(p)
	2月	エリー・アメリンク(Sp)	
	2〜4月	ドイツ・バッハソリステン、指揮・ヘルムート・ヴィンシャーマン	エリー・アメリンク(Sp)
	4月	ハンス・ホッター(B・Br)	トム・ボーレン(p)
	4〜5月	エミール・ギレリス(p)	
	5月	フィラデルフィア管弦楽団、指揮・ユージン・オーマンディ	

来日年	月	アーティスト名	伴奏者、共演者	備考	新芸・西岡動向など
1972（昭和47）	5月	タートライ弦楽四重奏団（ヴィルモシュ・タートライ、イストファン・ヴァルコニー、ジェルジ・コンラード、エデ・バンダ）			
	6月	ギャリック・オールソン(p)			
	6〜7月	ヴァン・クライバーン(p)			
	7〜8月	キエフ・バレエ			
	9〜10月	クラウディオ・アラウ(p)			
	9〜10月	ソビエト国立交響楽団、指揮・エフゲニー・スヴェトラーノフ、ドミトリー・キタエンコ	ラリサ・アヴデーヴァ(Ms)、ワレリー・クリモフ(vl)、ニコライ・ペトロフ(P)		
	10〜11月	ウィルヘルム・ケンプ(p)		招聘=武蔵野音大、新芸	
	10〜11月	レオニード・コーガン(vl)	ニーナ・コーガン(p)		
	11月	ザルツブルク・モーツァルテウム管弦楽団、指揮・レオポルド・ハーガー(pも)			
	11〜12月	エレーナ・オブラスツォワ(Ms)	アレクサンドル・エローヒン(p)		
	11〜12月	ヴラド・ペルルミュテール(p)			
1973（昭和48）	1〜2月	ベルリン放送交響楽団、指揮・ロリン・マゼール	イスラエラ・マルガリット(p)、豊田耕児(vl)		
	2月	グリゴリー・ソコロフ(p)			
	3〜4月	ウィーン・フィルハーモニー管弦楽団、指揮・クラウディオ・アッバード			
	4月	ダニエル・バレンボイム(p)			

	4月	ピンカス・ズーカーマン(vl)			
	5～6月	レニングラード・フィルハーモニー管弦楽団、指揮・エフゲニー・ムラヴィンスキー、アレクサンドル・ドミトリエフ	アレクサンドル・スロボジャニク(p)		
	5～6月	ジュリアード弦楽四重奏団(ロバート・マン、アール・カーリス、サミュエル・ローズ、クラウス・アダム)			
	7～8月	ボリショイ・バレエ、ボリショイ劇場管弦楽団、指揮・ユーリ・シモノフ、アリギス・ジュライティス			
	10月	イェルク・デムス(p)			
	10～11月	パウル・バドゥラ=スコダ(p)			
	11月	レナータ・テバルディ(Sp)、フランコ・コレルリ(T)		オケ伴奏のみ	
	11月	イーゴリ・オイストラフ(vl)	イーゴリ・チェルヌイシェフ(p)		
1974(昭和49)	1月	ベラ・ルデンコ(Sp)	ニーナ・スヴェトラノワ(p)		
	2～3月	プロコフィエフ弦楽四重奏団(ポリーナ・グベルマン、リュドミラ・グラノワ、カリーナ・オディネツ、キーラ・ツヴェトコワ)			
	3月	ハンガリー国立交響楽団、指揮・ヤノシュ・フェレンチク	ジュラ・キッシュ(p)、ミクローシュ・セントヘーイ(vl)		
	3～4月	ハンス・ホッター(B・Br)	ジェフリー・パーソンズ(p)		
	4月	ドイツ・バッハソリステン、指揮・ヘルムート・ヴィンシャーマン			
	4月	マウリツィオ・ポリーニ(p)			
	4月	ワレンチナ・レフコ(Ms)	グリゴリー・ジンゲル(p)		

来日年	月	アーティスト名	伴奏者、共演者	備考	新芸・西岡動向など
1974（昭和49）	4～6月	スビャトスラフ・リヒテル(p)	スビャトスラフ・リヒテル(p)		
	5月	オレグ・カガン(vl)			
	5月	ガリーナ・ピサレンコ(Sp)	三浦洋一(p)		
	5～6月	リリー・クラウス(p)			
	6～7月	チェコ・フィルハーモニー管弦楽団、指揮・ヴァツラフ・ノイマン、ズデニェック・コシュラー	ヨゼフ・フッフロ(vc)、アイザック・スターン(vl)		
	6～7月	アイザック・スターン(vl)	アレクサンダー・ザーキン(p)		
	7～8月	キエフ・バレエ			
	9月	バンクーバー交響楽団、指揮・秋山和慶			
	9～10月	ウィーン・フィルハーモニー室内合奏団(ゲルハルト・ヘッツェル、ウィルヘルム・ヒューブナー、ルドルフ・シュトレンク、アダルベルト・スコチッチ、ウェルナー・トリップ、アルフレッド・プリンツ)			
	10月	ヨゼフ・スーク(vl)	小林仁(p)		
	10月	ディートリッヒ・フィッシャー=ディースカウ(Br)	ウォルフガング・サヴァリッシュ、小林道夫(p)	新芸・民音主催(9月から「ミュンヘン・オペラ」で来日)	
	10～11月	ウィルヘルム・ケンプ(p)		招聘＝武蔵野音大・新芸	
	11月	ミハイル・ホミツェルvc	イーゴリ・チェルヌイシェフ(p)		
	11月	ヴィクトル・エレシコ(p)			
	11～12月	エリーザベト・シュヴァルツコップ(Sp)	ジェフリー・パーソンズ(p)		

	11～12月	リュドミラ・ジーキナ(ロシア民謡歌手)	ウラジミル・ペテリン指揮、ロシア民族楽器合奏団		
1975(昭和50)	1月	ギャリック・オールソン(p)			
	2月	ヤナーチェク弦楽四重奏団(ボフミル・スメイカル、アドルフ・シーコラ、イルジ・クラトフヴィール、カレル・クラフカ)			
	2月	アイザック・スターン(vl)	(NHK交響楽団、指揮・外山雄三)	1回のみの公演	
	5月	モスクワ室内オーケストラ、指揮・ルドルフ・バルシャイ	マクワラ・カスラシヴィリ(Sp)、エフゲニー・ネステレンコ(Bs)	ロシア＝ソビエト音楽祭参加	ロシア＝ソビエト音楽祭開催(5月)
	5月	エレーナ・オブラスツォワ(Ms)	アレクサンドル・エローヒン(p)、アレクサンドル・スロボジャニク(p)	ロシア＝ソビエト音楽祭参加	
	5月	オシポフ・バラライカ・オーケストラ、指揮・ヴィクトル・ドゥブロフスキー、ヴィタリー・グヌトフ		ロシア＝ソビエト音楽祭参加	
	5月	国立ロシア合唱団、指揮・エドゥアルド・セーロフ、ユーリー・ウーホフ	アレクセイ・マスレンニコフ(T)	ロシア＝ソビエト音楽祭参加	
	5～6月	レニングラード・フィルハーモニー管弦楽団、指揮・エフゲニー・ムラヴィンスキー、アレクサンドル・ドミトリエフ、エドゥアルド・セーロフ	レオニード・コーガン(vl)、アレクサンドル・スロボジャニク(p)	ロシア＝ソビエト音楽祭参加、富山公演でコーガン帰国のためギドン・クレーメル代演	
	6月	ヴァン・クライバーン(p)			
	8月	ボリショイ・バレエ			
	9～10月	モイセーエフ・バレエ			
	10月	ゾルタン・コチシュ(p)			
	11月	パウル・バドゥラ＝スコダ(p)			

来日年	月	アーティスト名	伴奏者、共演者	備考	新芸・西岡動向など
1975（昭和50）	11月	プラハ室内オーケストラ		指揮者なし	
1976（昭和51）	1～2月	モスクワ・フィルハーモニー交響楽団、指揮・アルヴィド・ヤンソンス、ワシリー・シナイスキー	ワレンチン・ジューク（vl）、エリーソ・ヴィルサラーゼ（p）		3～4月に予定していたホロヴィッツ招聘を断念
	3月	マウリツィオ・ポリーニ（p）			
	5月	ホルヘ・ボレット（p）			
	5～6月	アレクサンドロフ・アンサンブル			
	6～7月	スーク・トリオ（ヨゼフ・スーク、ヤン・パネンカ、ヨゼフ・フッフロ）			
	7～9月	キーロフ・バレエ			
	9～10月	ウィーン室内合奏団（ゲルハルト・ヘッツェル、ウィルヘルム・ヒューブナー、ルドルフ・シュトレンク、アダルベルト・スコチッチ、ウェルナー・トリップ、アルフレッド・プリンツ）	イェルク・デムス（p）、ブルクハルト・クロイトラー（cb）		
	9～11月	イェルク・デムス（p）			
	10～11月	ウィルヘルム・ケンプ（p）		招聘=武蔵野音大、新芸	
	11月	ユージン・フォドア（vl）	ステファン・スウェディッシュ（p）		
1977（昭和52）	1月	ジュラ・キッシュ（p）			新芸の出資で財団法人「日本音楽芸術振興会」が認可され専務理事となる
	2月	マルガリータ・フョードロワ（p）			
	2～3月	ウィーン・フィルハーモニー管弦楽団、指揮・カール・ベーム、クリストフ・フォン・ドホナーニ	アニヤ・シリヤ（Sp）		
	4～5月	ディートリッヒ・フィッシャー=ディースカウ（Br）	ウォルフガング・サバリッシュ（p）		

	5～6月	グリゴリー・ソコロフ(p)			
	6月	ギドン・クレーメル(vl)	オレグ・マイゼンベルク(p)		
	6月	シカゴ交響楽団、指揮・ゲオルク・ショルティ			
	7～8月	キエフ・バレエ			
	9～10月	ラザール・ベルマン(p)			
	9～10月	レニングラード・フィルハーモニー管弦楽団、指揮・エフゲニー・ムラヴィンスキー、マリス・ヤンソンス	ヴィクトル・トレチャコフ(vl)		
	10月	ヴィクトル・トレチャコフ(vl)	ミハイル・エローヒン(p)		
	11～12月	ピンカス・ズーカーマン(vl)	マーク・ネイクラグ(p)		
	11～12月	ガリーナ・ピサレンコ(Sp)	三浦洋一(p)		
1978(昭和53)	1月	ゾルタン・コチシュ(p)			第1回東京音楽芸術祭開催(5～6月)
	1～2月	レオニード・コーガン(vl)	サムヴェル・アルミヤン(p)		
	1～2月	アルフレッド・プリンツ(cl)、ウェルナー・トリップ(fl)=2月	深沢亮子(p)、堀了介(vc)	公開講座含む	
	3～4月	モイセーエフ・バレエ			
	4月	エミール・ギレリス(p)			
	4月	エレーナ・ギレリス(p)			
	5月	カルテット・カナダ(ロナルド・トゥリニ、スティーヴン・スタリク、ジェラルド・スタニック、堤剛)		第1回東京音楽芸術祭参加	
	5～6月	フィラデルフィア管弦楽団、指揮・ユージン・オーマンディ	アイザック・スターン(vl)	第1回東京音楽芸術祭参加	
	5～6月	アイザック・スターン(vl)		第1回東京音楽芸術祭参加	
	7～8月	ボリショイ・バレエ			

来日年	月	アーティスト名	伴奏者、共演者	備考	新芸・西岡動向など
1978（昭和53）	10月	ソビエト国立交響楽団、指揮・エフゲニー・スヴェトラーノフ、オタール・タクタキシヴィリ、ウラジミル・ヴェルビツキー	モスクワ放送合唱団、チーホン・フレンニコフ(p)、ニコライ・ペトロフ(p)、ニーナ・デルビナ(Ms)アレクセイ・マスレンニコフ(T)、アレクサンドル・ヴェジェルニコフ(Bs)、東京荒川少年少女合唱隊、熊本児童合唱団	第2回ロシア＝ソビエト音楽祭参加	第2回ロシア＝ソビエト音楽祭開催（10月）
	10月	モスクワ放送合唱団、指揮・クラウジー・プチッツァ、リュドミラ・エルマコワ		第2回ロシア＝ソビエト音楽祭参加	
	10月	ラザール・ベルマン(p)		第2回ロシア＝ソビエト音楽祭参加	
	10月	ギドン・クレーメル(vl)	エレーナ・バシキロワ(p)	第2回ロシア＝ソビエト音楽祭参加	
	10月	モスクワ五重奏団（イーゴリ・ポプコフ、アナトリー・コルチャーギン、アレクサンドル・ソボレフ、ボリス・シシキン、アレクサンドル・ポプラフスキー）		第2回ロシア＝ソビエト音楽祭参加	
	11月	ザルツブルク・モーツァルテウム管弦楽団、指揮・レオポルド・ハーガー	カール・エンゲル(p)		
1979（昭和54）	2～3月	スヴャトスラフ・リヒテル(p)			第2回東京音楽芸術祭（4～6月）
	3～4月	ウィーン室内合奏団（ゲルハルト・ヘッツェル、ヒューブナー、ルドルフ・シュトレンク、アダルベルト・スコチッチ、ブルクハルト・クロイトラー、アルフレッド・プリンツ、フリッツ・ファルトゥル、フランツ・ゼルナー）			

4～5月	ウィルヘルム・ケンプ(p)		第2回東京音楽芸術祭参加	
4～5月	ディートリッヒ・フィッシャー=ディースカウ(Br)、ユリア・ヴァラディ(Sp)	ウォルフガング・サヴァリッシュ(p)、ウィーン室内合奏団、小林道夫(p)	第2回東京音楽芸術祭参加	
5月	ペーター・シュライアー(T)	ノーマン・シェトラー(p)、二期会オペラ「魔笛」出演	第2回東京音楽芸術祭参加	
5月	ノーマン・シェトラー(p)			
5～6月	レニングラード・フィルハーモニー管弦楽団、指揮・エフゲニー・ムラヴィンスキー、アルヴィド・ヤンソンス	ヴィクトル・トレチャコフ(vl)、ウラジミル・クライネフ(p)	第2回東京音楽芸術祭参加	レン・フィルの楽員2人が米国へ亡命（6月10日出国）
5～6月	スーク・トリオ(ヨゼフ・スーク、ヤン・パネンカ、ヨゼフ・フッフロ)			
6月	アイザック・スターン(vl)	デイヴィッド・ゴループ(p)	第2回東京音楽芸術祭参加	
6月	ウィーン・ムジークフェライン弦楽四重奏団(ライナー・キュッヒル、ペーター・ヴェヒター、ペーター・ゲッツェル、フランツ・バルトロメイ)			
6月	ウィーン国立フォルクスオパー、指揮・フランツ・バウエル=トイスル、ルドルフ・ビーブル、ヘルベルト・プリコーパ		招聘はCBC、東京公演はCBC、新芸主催	
7～8月	キーロフ・バレエ			
9～10月	ソ連国立ボリショイ劇場管弦楽団、指揮・ユーリ・シモノフ			
9～10月	パウル・バドゥラ=スコダ			

来日年	月	アーティスト名	伴奏者、共演者	備考	新芸・西岡動向など
1979（昭和54）	10月	ベルリン・フィルハーモニー管弦楽団、指揮・ヘルベルト・フォン・カラヤン	ウィーン楽友協会合唱団、アンナ・トモワ=シントウ(Sp)、ミレッラ・フレーニ(Sp)、ルーザ・バルダーニ(A)、アグネス・バルツァ(A)、ペーター・シュライアー(T)、ルイス・リマ（T）ホセ・ヴァン・ダム(B・Br)、ニコライ・ギャウロフ(Bs)		
	10月	ベルリン・フィル管楽アンサンブル			
	10月	ベルリン・フィル12人のチェロ奏者たち			
1980（昭和55）	1月	パリ八重奏団			
	1～2月	ボリショイ・バレエ			ボリショイ・バレエのメッセレル母子が米国へ亡命（2月6日出国）
	2月	ウォルフガング・シュルツ(fl)	ヘルムート・ドイチュ(p)		
	2月	レオニード・コーガン(vl)	ニーナ・コーガン(p)		第3回東京音楽芸術祭（5～6月）
	4～5月	ウィーン室内アンサンブル（ウォルフガング・シュルツ、アントン・フィーツ、ウィルヘルム・ヒューブナー、ヘルムート・ヴァイス、フリッツ・ドレツァル、アロイス・ポッシュ）	寺田悦子(p)		
	5月	エレーナ・オブラスツォワ(Ms)	ヴァージャ・チャチャワ(p)	第3回東京音楽芸術祭参加	
	5月	ジュリアード弦楽四重奏団（ロバート・マン、アール・カーリス、サミュエル・ローズ、ジョエル・クロスニク）		第3回東京音楽芸術祭参加	
	6月	ベルリン放送交響楽団、指揮・エーリッヒ・ラインスドルフ	ユストゥス・フランツ(p)	第3回東京音楽芸術祭参加	

	8～9月	キエフ・バレエ			モスクワ五輪ボイコットの影響でキエフ・バレエの来日日程変更
	9～10月	ドイツ・バッハソリステン、指揮・ヘルムート・ヴィンシャーマン	クリスチャン・アルテンブルガー(vl)		
	9～10月	ベルリン・フィル二重奏（イェルク・バウマン、クラウス・シュトール）			
	10月	ヨゼフ・スーク(vl)	イヴァン・クランスキー(p)		有馬大五郎死去（10月3日）
	10～11月	ウィーン・フィルハーモニー管弦楽団、指揮・ロリン・マゼール、カール・ベーム			
	11～12月	イェルク・デムス(p)			
1981（昭和56）	1～3月	スヴャトスラフ・リヒテル(p)			カール・リヒター死去（2月15日）
	3月	ベルリン・フィル木管ソリストによる室内楽と協奏曲（ローター・コッホ、カール・ライスター、ゲルト・ザイフェルト、ヘニング・トローク）	アルフォンス・コンタルスキー(p)		
	4～5月	マウリツィオ・ポリーニ(p)		第4回東京音楽芸術祭参加	第4回東京音楽芸術祭（4～5月）
	5月	アイザック・スターン(vl)	アンドリュー・ウルフ(P)	第4回東京音楽芸術祭参加	
	5月	ミュンヘン・バッハ合唱団、同管弦楽団、指揮・ギュンター・イェーナ	リリアン・スキース(Sp)、ルーザ・バルダーニ(A)、アルド・バルディン(T)、ニコラウス・ヒレブランド(Bs)、エルンスト=ゲロルド・シュラム(Bs)	第4回東京音楽芸術祭参加	
	5～6月	モスクワ・フィルハーモニー交響楽団、指揮・ユーリ・シモノフ、ドミトリー・キタエンコ	ウラジミル・クライネフ(p)		レン・フィル&ムラヴィンスキーに代わって来日

来日年	月	アーティスト名	伴奏者、共演者	備考	新芸・西岡動向など
1981（昭和56）	10月	ディートリッヒ・フィッシャー＝ディースカウ(Br)	イェルク・デムス(p)	主催は日本音楽芸術振興会ディートリッヒ・フィッシャー＝ディースカウ公演実行委員会	7月31日、8月1日に不渡り手形を出し倒産
	10〜11月	ベルリン・フィルハーモニー管弦楽団、指揮・ヘルベルト・フォン・カラヤン	アンネ＝ゾフィー・ムター(vl)	主催はTBSカラヤン・ベルリンフィル日本公演実行委員会	武蔵野音大学長で振興会理事長の福井直弘死去（8月30日）
					町田佳声死去（9月19日）

新芸に所属した主な日本人アーティスト（順不同）

海野義雄、江藤俊哉、豊田耕児、田中千香士（ヴァイオリン）、井口基成、井内澄子、賀集裕子、田中希代子、園田高弘、中村紘子、小林仁、柳川守、寺田悦子（ピアノ）、堤剛（チェロ）、大橋国一（声楽）、外山雄三、岩城宏之、秋山和慶（指揮）

NHK弦楽四重奏団（61年結成時は海野良夫（義雄）、坂本玉明、奥邦夫、堀江泰氏）、N響室内合奏団

その他のマネジメント

・團伊玖磨の歌劇「夕鶴」の制作（一九五五〜七三年ごろ）

・宝塚歌劇団のソ連・パリ公演（一九七五〜七六年）

・桐朋学園弦楽合奏団のソ連・ヨーロッパ公演（一九七〇年、指揮＝斎藤秀雄、秋山和慶、井上道義、尾高忠明、小泉紘）

＊アーティストの来日データは、公演プログラムや新聞・専門誌（紙）の記事、音楽年鑑などを参照して作成した。

＊日本のオーケストラとの共演は省略した。
＊年表中の楽器・声種略称
p= ピアノ、vl= ヴァイオリン、vc= チェロ、cl= クラリネット、fl= フルート、g= ギター、hp= ハープ、cb= コントラバス、cond= 指揮、Sp= ソプラノ、Ms= メゾソプラノ、A= アルト、T= テノール、Br= バリトン、B·Br= バス・バリトン、Bs= バス
＊弦楽四重奏などグループの場合は担当楽器省略

あとがき

スポットがあたる華やかなステージよりも、舞台裏のドラマが気になる。新聞社に入社して最初の一三年半、事業本部でイベントの企画や運営に携わったせいかもしれない。裏方の悲哀も、ささやかな達成感も味わった。

そんな経験を踏まえて新芸術家協会の仕事を見わたした時、その質の高さと量の多さに、改めて畏敬の念を覚える。

有馬大五郎先生の長男、大造さんの紹介で西岡さんにお会いし、話を伺ったのが二〇〇一年。最後にお会いした二〇〇八年は、記者として青森支局に赴任中だった。この間、ずいぶん年を取られたなというのが率直な感想だった。「東京に戻ったらきちんと取材をして記事にまとめます」と約束して別れたが、その後も地方勤務が続き、取材が進まぬまま、時が流れた。

東京に戻った二〇一五年、まずはおおまかな年表作りから始めた。どんなアーティストをいつ新芸が招聘したか把握し、取材の基本資料とするためである。倒産で消滅してから三〇年以上経った会社について、どれほどのことがわかるのか、不安を感じながらも当時の新聞記事や音楽雑誌などを調べていくと、思いのほか、活字になっている情報があった。

「これならいけそうだ」と手応えを感じ、関係者への取材もスタートさせた。最初に西岡さんの長男昌紀さんに連絡を取り、残念ながら西岡さんが一三年に亡くなられたことがわかったが、妹の奈美さんとともに取材に協力いただき、お借りした古いアルバムなどから様々な取材の糸口をつかむことができた。

そして、元社員の方々や所属アーティストをはじめ、舞台監督、通訳など社外から新芸の仕事をサポートした人々にも取材を広げ、新芸の仕事が立体的にイメージできるようになった。

同じ会社で働いていても、かかわった仕事の内容、勤務した時期が違えば、思い出も違ったものになる。それぞれの立場で語られた新芸や西岡さんへの思い、担当したアーティストのエピソードなどは様々だが、いずれも現場に携わった人ならではの臨場感のある話で、取材のたびにひきこまれた。

毎日新聞のWEB版で連載がスタートしたのが一六年一〇月で、隔週掲載の記事を書きながら、資料調査とインタビューも並行して続け、気がつけば六〇回にわたる長い物語になっていた。

新芸の仕事の中で中心的な位置を占めていたソ連関係の仕事について、ロシアでの資料調査が実現したのは大きな収穫であった。日ソ文化交流の研究者である半谷史郎、梅津紀雄両氏の強力なサポートのおかげで、ロシア語という高いハードルがあるにもかかわらず、ソ連側にとっての新芸の位置づけや、謎の多い通訳、許真さんに関する情報などを得ることができた。

ロシア国立文学芸術文書館（略称ルガリ）での調査で驚いたのは「何でも保存している」こと。テレックスの断片のような細かいものまでファイリングされており、当時の交渉経過、様々な駆け引きも、それらの資料から読み解くことができるのだ。日本で問題になっている公文書の取り扱いとは雲泥の差がある。

また、北海道時代の西岡さんの仕事については、元北海道新聞記者の前川公美夫さんへの取材と前川さんの著書『北海道音楽史』に多くの示唆を得た。

西岡さん本人はもとより、ほかにもインタビューに応じてくださった方、貴重な情報を寄せてくださった方、また側面からご協力、ご支援くださった皆様の名前を記し、心から感謝の意を表したい（敬称略）。

明石好中、浅岡宣彦、有馬大造、伊藤京子、井上良太、今井顕、上杉春雄、植田和成、海野義雄、惠谷治、大石峯子、大島幹雄、大谷幸男、大橋京子、大橋ゆり、小川和彦、小野崎純、小尾旭、笠原孝夫、加藤三季夫、加納民夫、河島みどり、河内節子、岸田生郎、北川晉、黒岩恭介、児玉真、小林常吉、小林仁、鈴木功、高原加代子、高澤弘道、田川律、武内安幸、谷本美智子、玉村穆、寺田友輔、東条碩夫、外山雄三、永松俊樹、中筋栄一、長塚英雄、中藤泰雄、野崎明宏、平野裕、藤田善彦、堀俊輔、前田昭雄、前田朋子、松田次史、眞鍋圭子、村上輝久、村田理夏子、藪田益資、山野博文、吉田亮一、立正佼成会、パウル・バドゥラ＝スコダ、ヴラディーミル・ベススドノフ、イェルク・デムス、カーリン・トリップ、パスカル・ドゥヴァイヨン、ユーリ・シモノフ、アダルベルト・スコチッチ、宮嶋極、青木浩芳、正木裕美

そして、連載を書籍化するにあたって心強い伴走者であった人文書院の井上裕美さんにも心から御礼を申し上げたい。

長期間にわたる取材と執筆を終えた今、新芸の足跡がかなり明らかにできたという思いとともに、さ

らに取材を深めるべき、いくつもの「宿題」が残されているとも思う。
興味の赴くままに、時に道草を食いながらの〝長旅〟はひとまず終わるが、この旅で得た収穫を糧に、また新たな旅に出たいと思っている。

野宮 珠里

二〇一九年一〇月

本書は毎日新聞ＷＥＢ版「クラシックナビ」に連載された「新芸とその時代」（二〇一六年一〇月～一九年三月）に加筆し再構成したものです。

著者略歴

野宮　珠里（のみや・じゅり）

1962年青森市生まれ。国立音楽大学附属音楽高校音楽科（声楽専攻）、同大音楽学部声楽学科卒業。教員、画廊勤務などを経て90年毎日新聞社入社。事業本部で「日本音楽コンクール」（91〜99年度）、「没後500年　特別展『雪舟』」（2002年、京都国立博物館、東京国立博物館）などを担当。自ら企画、プロデュースした奈良・薬師寺の仏教儀礼「最勝会」の舞台上演で03年度文化庁芸術祭賞大賞（音楽部門）を受賞。その後記者として青森支局、京都支局などを経て現在東京本社学芸部。

新芸とその時代
昭和のクラシックシーンはいかにして生まれたか

二〇一九年一二月二〇日　初版第一刷印刷
二〇一九年一二月三〇日　初版第一刷発行

著　者　野宮珠里
発行者　渡辺博史
発行所　人文書院
〒六一二-八四四七
京都市伏見区竹田西内畑町九
電話〇七五・六〇三・一三四四
振替〇一〇〇〇-八-一一〇三

装　幀　㈱META　田端恵
印刷所　モリモト印刷株式会社

落丁・乱丁本は小社送料負担にてお取り替えいたします

ISBN978-4-409-10042-4 C0073

加藤周一著　鷲巣力・半田侑子編
加藤周一青春ノート 1937-1942
3800円

加藤周一が18から22歳にかけて書き綴った8冊のノート。そこには青年時代の加藤の思索があり、その後の思想と行動の原点を見出すことができる。ノートに残された、短編小説、詩歌、評論、随想、日記、らくがき……。戦争がはじまった厳しい時代に翻弄されながら、青年加藤は何を考えたのか？詳細な注付きで厳選して抄録。解説・鷲巣力。関連年譜を付す。

岩間優希著
PANA通信社と戦後日本
——汎アジア・メディアを創ったジャーナリストたち
3200円

アジアの、アジア人による、アジアのための通信社。かつて存在したPANA通信社とは何だったのか？敗戦から朝鮮戦争、安保闘争、東京オリンピック、ヴェトナム戦争の時代。岡村昭彦など個性的なジャーナリストたちを軸に描く戦後史！

富田武著
シベリア抑留者たちの戦後
——冷戦下の世論と運動　1945-56年
3000円

冷戦下で抑留問題はどう報じられ、論じられたか。
抑留問題は実態解明がまだまだ不十分である。本書は、従来手つかずだった抑留者及び遺家族の戦後初期（1945-56年）の運動を、帰国前の「民主運動」の実態や送還の事情も含めてトータルに描く。帰還者団体の機関紙、日本共産党文書、ロシア公文書館資料、関係者へのインタヴューをもとに実証的に分析したものである。シベリア抑留史のみならず戦後史としても貴重な研究であり、待望の一冊といえる。

河西秀哉著
うたごえの戦後史
2200円

うたうこと、それはまずは娯楽であり、同時に常にそれ以上の何かでもあった。戦時には動員の手段として、戦後には市民運動や社会闘争の現場で、民主と平和の理念を担い、うたごえは響いていた。本書では日本近代以降、とくに敗戦から現在にいたる「合唱」の歴史を追う。うたごえ運動、おかあさんコーラス、合唱映画…。戦後史に新たな視角を切り拓く意欲作。

価格は税抜価格　2019年12月現在